汽车电子电气与空调舒适系统技术

主　编 ◎ 刘德友　撖韶峰　易　顺

副主编 ◎ 高翠平　王　鞭　何　豪
苏新蕾

参　编 ◎ 杨　静　李　兵　罗　林
周林鑫　董　勇

西南交通大学出版社
·成　都·

图书在版编目（C I P）数据

汽车电子电气与空调舒适系统技术 / 刘德友，撖韶峰，易顺主编. —成都：西南交通大学出版社，2021.11
ISBN 978-7-5643-8360-2

Ⅰ. ①汽… Ⅱ. ①刘… ②撖… ③易… Ⅲ. ①汽车－电气设备－车辆修理－高等职业教育－教材②汽车－空气调节设备－车辆修理－高等职业教育－教材 Ⅳ. ①U472.41

中国版本图书馆 CIP 数据核字（2021）第 226857 号

Qiche Dianzi Dianqi yu Kongtiao Shushi Xitong Jishu

汽车电子电气与空调舒适系统技术

主　编 / 刘德友　撖韶峰　易　顺

责任编辑 / 赵永铭
封面设计 / GT 工作室

西南交通大学出版社出版发行
（四川省成都市金牛区二环路北一段 111 号西南交通大学创新大厦 21 楼　610031）
发行部电话：028-87600564　　028-87600533
网址：http://www.xnjdcbs.com
印刷：四川玖艺呈现印刷有限公司

成品尺寸　185 mm × 260 mm
印张　16.25　　字数　366 千
版次　2021 年 11 月第 1 版　　印次　2021 年 11 月第 1 次

书号　ISBN 978-7-5643-8360-2
定价　58.00 元

课件咨询电话：028-81435775
图书如有印装质量问题　本社负责退换

前言
PREFACE

本书是中等职业教育汽车运用与维修专业课程改革系列教材之一，依据中等职业学校汽车运用与维修专业领域技能型紧缺人才培养培训指导方案编写而成。汽车空调系统已成为现代汽车的标准配置，随着空调系统电子技术的高速发展以及空调系统在轿车上的广泛应用，汽车空调系统故障诊断与维修已成为汽车维修人员必须具备的维修技能，因此汽车空调系统故障诊断与维修课程也就成为汽车运用与维修专业不可缺少的一门专业技能课程。该课程主动对接“1+X”证书体系，在课证融通上做出了有益的探索。

本书在内容的安排上突出基础理论知识的应用和实践能力的培养，从典型的工作任务出发，较全面、系统地介绍了汽车空调系统的结构、工作原理、故障诊断及维修技术。本书具有以下特色：

（1）以学生为主体。从学生的认知规律出发，尊重学生的经验，鼓励学生探究学习，强调学生在学习过程中充分发挥自己的能动作用，主动地去学习知识、掌握知识。

（2）以能力为本位。从解决工作问题的角度出发，选择典型的工作任务作为学习任务，使学生在完成这些学习任务的过程中学会学习、学会工作。

（3）以行动为导向。以学习任务为载体，学生运用相关的理论知识来完成工作任务，学习过程以自主学习为主导。学生的学习遵循工作过程系统化的原则，让学生在完成学习任务的过程中获得相应的专业理论知识，培养学生的职业行动能力，最终让学生成为一个“有工作能力的人”。

（4）通用性好。考虑各个学校实训设备的差异，本书在编排工作任务时特别注重其使用的共性和个性的统一，每个学习任务的设计都适合不同型号实训设备的要求。

本书由重庆市黔江区民族职业教育中心刘德友、撤韶峰、易顺共同主编，由高翠平、王鞭、何豪共同执笔完成。参编人员有杨静、李兵、罗林、周林鑫、董勇。本书在编写过程中得到了佛山市勒流职业技术学校苏新蕾老师的悉心指导与大力支持，苏新蕾老师提出了许多建设性的宝贵意见，在此特别致谢！

由于编者水平有限，本书不足之处在所难免，敬请广大读者批评指正。

编　者

2021 年 10 月

目录
CONTENTS

项目一 线路读图与电子元件检查

项目目标

（1）会分析电子元件的结构、特征和作用。

（2）会检查电子元件性能。

（3）会进行典型电路图分析。

（4）能检查节气门位置传感器。

（5）能检查喷油器。

（6）能检查点火控制器。

项目任务

任务一　电子元件认识与检查

任务二　典型车型电路图识读方法

任务三　电子元件电路图识读与检查

资源准备

汽车电气系统检修一体化教室，并准备如下实训设备、仪器设备、工量具等。

（1）设备：电控系统台架或教学实训车辆（每小组 1 台，4～6 人一组），电阻、电容、二极管和三极管各 20 个。

（2）工量具、仪器设备：万用表、试灯、接线盒、常用工具等。

（3）辅助工具：导线、镊子、电胶布、手电筒等。

（4）其他材料：维修手册、实训指导书、教学软件、教学微课等。

任务一　电子元件认识与检查

一、任务目标

阅读下面文字内容和信息，标记电子元件的结构、特征、作用和检查方法的关键内容。

（1）电阻、电容、二极管和三极管的结构。

（2）电阻、电容、二极管和三极管的特征。

（3）电阻、电容、二极管和三极管的作用。

（4）电阻、电容、二极管和三极管的检查方法。

二、情境导入

有车主提问说：为什么现在的汽车各种信号灯甚至大灯都是 LED 的呢？除了觉得好看外却不知道它的功能优势是什么？其实 LED 是半导体二极管中的一种，汽车上的自动控制离不开各种半导体元件，比如转向灯闪光器有个关键性的元件叫电容器，由它控制着灯光的闪烁频率；雨刮间歇挡是由间歇继电器控制的，间歇信号的产生由一个关键性元件晶体三极管控制；汽车仪表盘亮度的调节是通过可变电阻调节电阻值的大小来改变电流大小从而调节亮度高低。下面让我们先来了解这些电子元件的相关知识吧！

三、信息收集

（一）电　阻

电阻是所有电子电路中使用最多的元件。电阻的主要物理特征是变电能为热能，也可说它是一个耗能元件，电流经过它就产生内能。电阻在电路中通常起分压分流的作用，对信号来说，交流与直流信号都可以通过电阻。电阻都有一定的阻值，它代表这个电阻对电流流动阻挡力的大小。

1. 色环电阻的识别方法

色环电阻上面用了四道色环或者五道色环或者六道色环来表示电阻值，如图 1-1-1 所示。色环电阻无需测量，可以通过色环把电阻值直接计算出来。色环标示主要应用于圆柱形的电阻器上，如碳膜电阻、金属膜电阻、金属氧化膜电阻、保险丝电阻、绕线电阻。

图 1-1-1　色环电阻

平常使用的色环电阻可以分为四环和五环，通常用四环。其中四环电阻前二环为数字，第三环表示阻值倍乘的数，最后一环为误差；五环电阻前三环为数字，第四环表示阻值倍乘的数，最后一环为误差。误差通常是金、银和棕三种颜色，金色的误差为 5%，银色的误差为 10%，棕色的误差为 1%，无色的误差为 20%，另外偶尔还有以绿色代表误差的，绿色的误差为 0.5%。在色环识别中有一个小口决：棕一红二橙是三，四黄五绿六为蓝，七紫八灰九对白，黑是零，金五银十表误差。如图 1-1-2 所示。

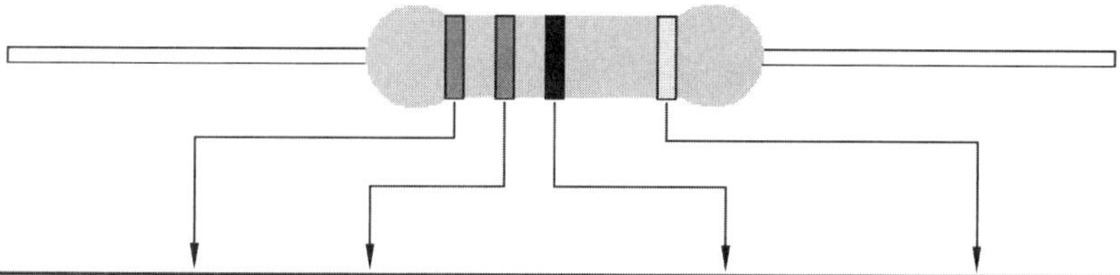

颜色	每一段	第二段	第三段	乘数	误差	
黑色	0	0	0	1		
棕色	1	1	1	10	±1%	F
红色	2	2	2	100	±2%	G
橙色	3	3	3	1 k		
黄色	4	4	4	10 k		
绿色	5	5	5	100 k	±0.5%	D
蓝色	6	6	6	11 M	±0.25%	C
紫色	7	7	7	10 M	±0.10%	B
灰色	8	8	8		±0.05%	A
白色	9	9	9			
金色				0.1	±5%	J
银色				0.01	±10%	K
无					±20%	M

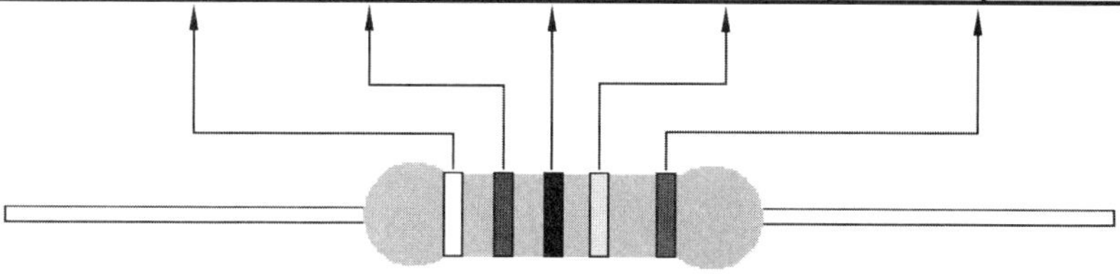

图 1-1-2　色环电阻数值读取方法

例如：

（1）一个电阻的第一环为红色（代表 2）、第二环为紫色（代表 7）、第三环为棕色

（代表 10 倍）、第四环为金色（代表 ±5%），那么这个电阻的阻值应该是 270 Ω，阻值的误差范围为 ±5%。

（2）一个电阻的色环依次为红、黄、棕、金，其电阻值为 $24\times10=240$ Ω，误差为 5%。

（3）一个电阻的色环依次为绿、红、黄、银，其电阻值为 $52\times10\,000=520$ kΩ，误差为 10%。

2. 贴片电阻的识读

常见的贴片电阻，有的上面标着三位数字，这种电阻的误差一般是 ±5%，前面的两位表示电阻的前两位数字，第三位数字表示后面有多少个零，单位是Ω。如 103，表示 10 000 Ω = 10 kΩ，误差 ±5%。误差 ±1%的精密电阻，则用四位数字表示，这样的电阻前三位数字是表示阻值的前三位数字，第四位表示后面有多少个零。如 5112，表示 51 100 Ω = 51.1 kΩ，误差 ±1%。

除了上面两种贴片电阻外，还有一种贴片电阻，在数字之间有字母 R。这种电阻一般是小于 10 Ω的电阻，R 代表小数点。如 6R2 表示阻值是 6.2 Ω，0R56 表示阻值是 0.56 Ω。电阻上有三位数字的误差 ±5%，有四位数字的误差是 ±1%（注意字母 R 也算一位数字）。贴片电阻识读如表 1-1-1 所示。

表 1-1-1　贴片电阻的识读

序号	贴片电阻	电阻值	误差
1		$10\,000\ \Omega=10\times10^3=10\ \text{k}\Omega$	±5%
2		$1\,000=1\times10^3=1\ \text{k}\Omega$	±5%
3		$51\,100\ \Omega=51.1\times10^3=51.1\ \text{k}\Omega$	±1%
4		5.6 Ω	±1%
5		6.8 Ω	±5%

3. 电阻器的检测方法

（1）外观检查。

检验标志清晰，保护漆完好，无烧糊，无伤痕，无裂痕，无腐蚀，电阻体与引脚紧密接触等。针对电位器还应检验转轴灵活，紧松适度，手感舒适。有开关按钮的要检验开关按钮动作是不是没问题等。

（2）万用表检测。

用万用表检测电阻器的步骤如表 1-1-2 所示。

表 1-1-2　万用表检测电阻器的步骤

序号	步　　骤	图　　示
1	将万用电表电阻量程调到 20，两个表笔短接后读出误差值	
2	将万用电表电阻量程调到 20，两个表笔接电阻的两个引脚。若显示一直为 1，说明挡位太低，向上调大量程，直至显示数据，若显示一直为 1，则说明电阻已断路	
3	读出结果后减去误差值，得出最终电阻值	

（二）电　容

电容器是一种储能元件，在电路中用于调谐、滤波、耦合、能量转换和延时。电容器通常叫作电容，用字母“*C*”表示；单位“法拉”，用“F”表示，常用单位还有微法（μF）、皮法（pF）等。

1. 电容的分类

按极性分类可分为无极电容、极性电容；按其结构可分为固定电容器、可变电容器、微调电容器三种，如表 1-1-3 所示。

表 1-1-3　电容器的分类

分类	名称	实物图
按极性分类	无极电容	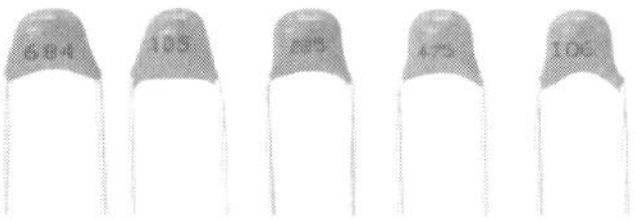
	极性电容	
按容量变化来分	固定电容器	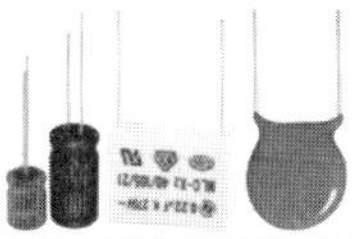
	可变电容器	
	微调电容器	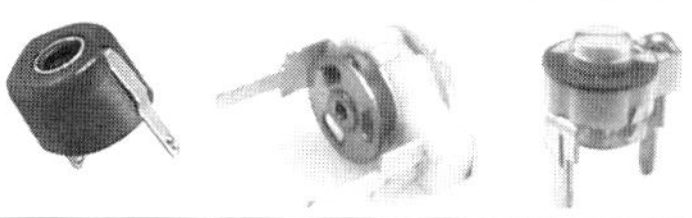

2. 主要性能指标

（1）标称容量和允许误差：电容器储存电荷的能力。

（2）额定工作电压：在规定的工作温度范围内，电容长期可靠地工作，它能承受的最大直流电压，就是电容的耐压，也叫作电容的直流工作电压。如果在交流电路中，要注意所加的交流电压最大值不能超过电容的直流工作电压值。常用的固定电容工作电压有 6.3 V、10 V、16 V、25 V、50 V、63 V、100 V、250 V、400 V、500 V、630 V、1 000 V。

（3）绝缘电阻：由于电容两极之间的介质不是绝对的绝缘体，它的电阻不是无限大，而是一个有限的数值，一般在 1 000 MΩ以上，电容两极之间的电阻叫作绝缘电阻，或者叫作漏电电阻，大小是额定工作电压下的直流电压与通过电容的漏电流的比值。漏电电阻越小，漏电越严重。

（4）介质损耗：电容器在电场作用下消耗的能量，通常用损耗功率和电容器的无功功率之比，即损耗角的正切值表示。损耗角越大，电容器的损耗越大，损耗角大的电容不适于高频情况下工作。

3. 电容器检测的一般方法

（1）固定电容器的质量检测。

固定电容器的质量检测如表 1-1-4 所示。

表 1-1-4　固定电容器的质量检测

序号	步　　骤	图　　示
1	检测 10 pF 以下的小电容。因 10 pF 以下的固定电容器容量太小，用万用表进行测量，只能定性的检查其是否有漏电、内部短路或击穿现象。测量时，可选用万用表 R×10 k 挡，用两表笔分别任意接电容的两个引脚，阻值应为无穷大。若测出阻值（指针向右摆动）为零，则说明电容漏电损坏或内部击穿	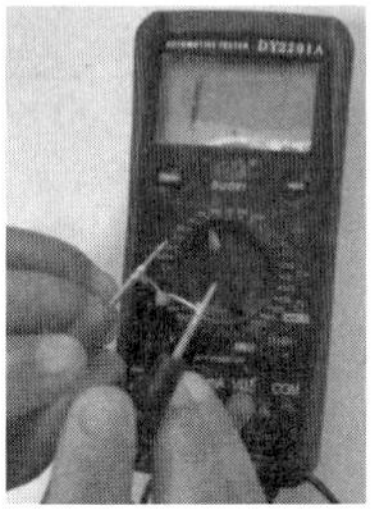
2	对于 0.01 μF 以上的固定电容，可用万用表的 R×10 k 挡直接测试电容器有无充电过程以及有无内部短路或漏电，并可根据数值大小估计出电容器的容量。在测试中，若正向、反向均无充电的现象，即显示 1，则说明容量消失或内部断路；如果所测阻值很小或为零，说明电容漏电大或已击穿损坏，不能再使用	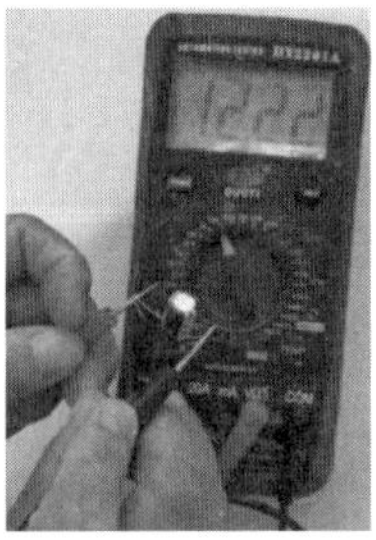

（2）固定电容器的电容量检测。

固定电容器的电容量检测如表 1-1-5 所示。

表 1-1-5　固定电容器的电容量检测

序号	步　　骤	图　　示
1	在表盘的左下角有一个大写的“F”标识，把表旋转至大于所测电容容量大小的量程；将黑表笔的位置固定在“COM”，红表笔的位置在“Cx”这个表孔中	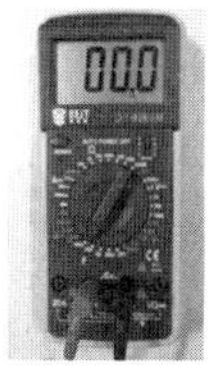
2	表笔没有正负极之分，所以在测量的时候两个表笔可以随意接。但是有一点需要注意，那就是手不能同时触摸两个表笔，这样对测量结果是有影响的。如果操作正确的话，在万用表上可以看到此时所测量出来的电容大小，图示的电容标注的是 4 μF，测量出来是 4.3 μF	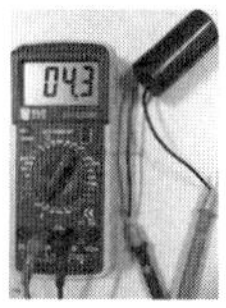

（三）二极管

二极管又称晶体二极管，简称二极管，它是一种能够单向传导电流的电子器件。半导体二极管的核心结构就是一个 PN 结，它实质上是将一个 PN 结封装在管壳内，并从两端各引出一个电极而构成的。如图 1-1-3（a）所示，P 区的引出端为正极（或阳极），N 区的引出端为负极（或阴极），其文字符号为 V，图形符号如图 1-1-3（b）所示。箭头的指向表示 PN 结正向电流方向。

（a）半导体二极管的结构　　（b）半导体二极管的表示符号

图 1-1-3　二极管的结构及电路符号

1. 二极管的种类

二极管的种类很多，不同种类的二极管其应用场合不太一样。按材料来分，二极管主要分为锗二极管（如 2AP9）和硅二极管（如 1N4001）。由于锗材料的二极管高温性能差，漏电流大，已很少使用，现在广泛使用的是硅材料的二极管。

按二极管在电子电路中的用途来分，可分为检波二极管、整流二极管、开关二极管、稳压二极管、变容二极管、光敏二极管、发光二极管等，如图 1-1-4 所示。

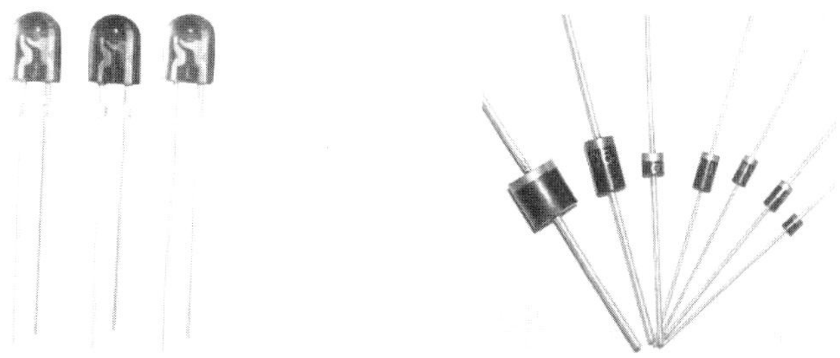

（a）发光二极管　　（b）整流二极管

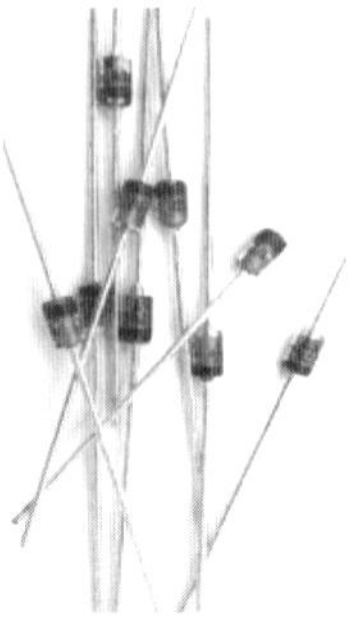

（c）稳压二极管

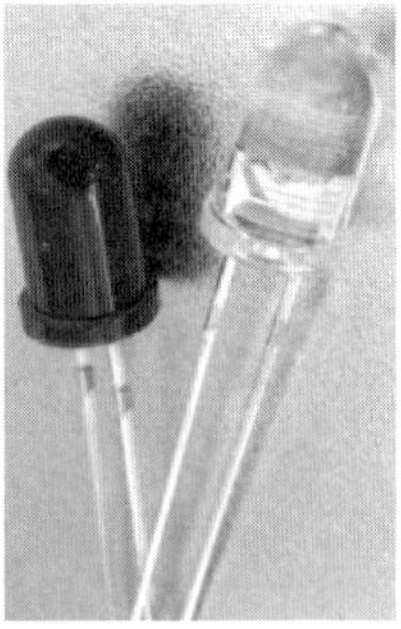

（d）光敏二极管

图 1-1-4　常见的二极管

2. 二极管的检测方法

用数字式万用表测量：数字式万用表与指针式万用表一样，也有欧姆挡，但由于两者测量原理不同，数字式万用表欧姆挡无法判断二极管的正、负极。不过数字万用表有一个二极管专用测量挡，可以用该挡来判断二极管的极性。对于二极管，正向测量时，二极管导通，反向测量时，二极管不通，说明二极管良好。若正向测量或反向测量时，二极管的测量值均为 0，说明二极管已击穿。若正向测量或反向测量时，二极管的阻值均为无穷大，说明二极管已开路。二极管的检测方法如表 1-1-6 所示。

表 1-1-6　二极管的检测方法

序号	步　　骤	图　　示
1	一般将万用表拨到蜂鸣挡，红表笔和黑表笔接二极管的正负极，黑表笔接二极管的负极。显示 1，说明红表笔和黑表笔方向接反	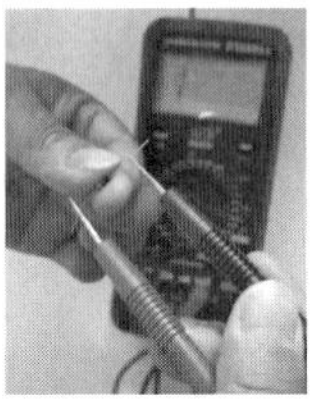
2	将万用表的红表笔和黑表笔调转后，测量值显示 100～800 的数字，说明二极管已导通；当前表中显示数字为 566，说明二极管的导通电压为 566 mV。此时红表笔对应的二极管连接脚为正极，黑表笔对应的二极管连接脚为负极	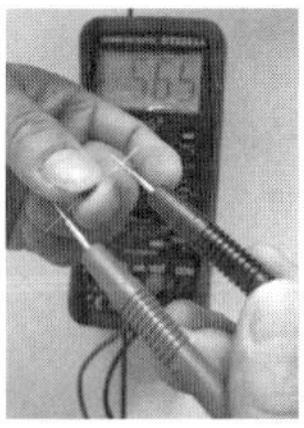

（四）三极管

三极管是由两个半导体二极管串联而成，也称晶体管，是一种控制电流的半导体元件。其作用是把微弱的电信号放大成幅度值较大的电信号，也可用作静态开关使用。

1. 三极管的结构与分类

按照三极管结构不同，可分为 NPN 型三极管和 PNP 型三极管。都是由 N 型半导体和 P 型半导体构成，中间形成 2 个 PN 结，如表 1-1-7 所示。三极管的 3 个半导体域分别为集电区、基区、发射区；3 个电极端分别是集电极（c）、基极（b）、发射极（e）；两种结构的三极管工作原理相同，区别在于电流方法不同。

表 1-1-7　三极管的结构

类型	PNP 型三极管	NPN 型三极管
立体图	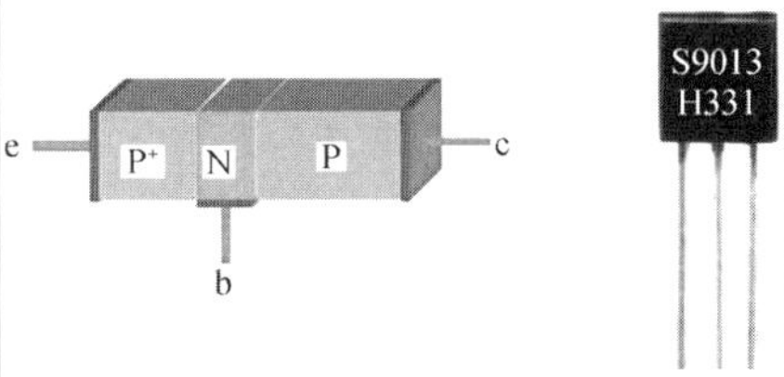	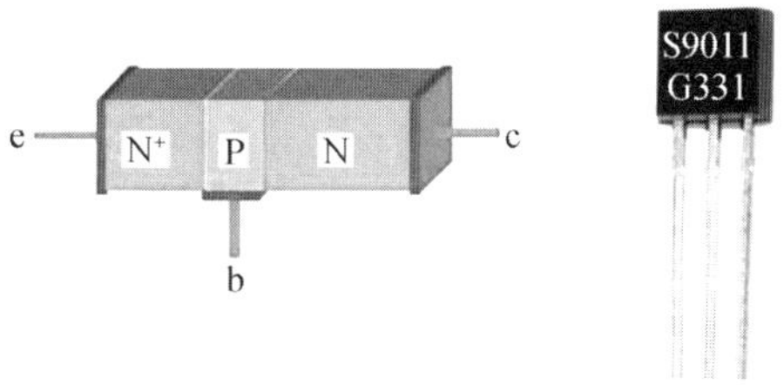
结构	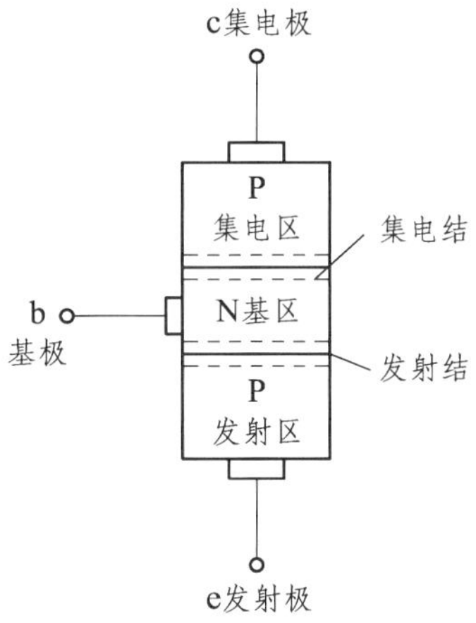	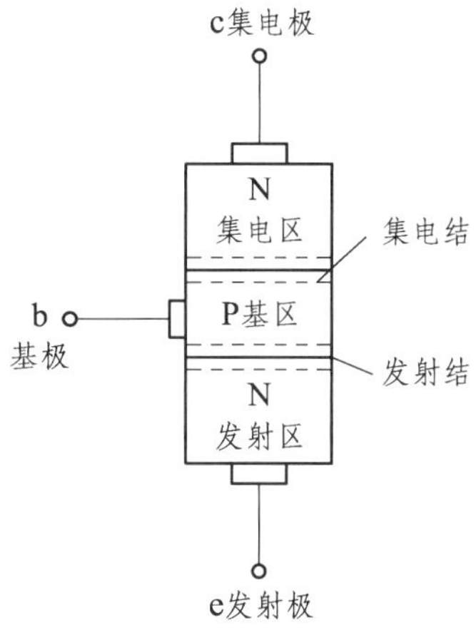

2. 三极管电路符号

三极管是三端元器件，有 3 个电极，分别是发射极、集电极和基极，分别用 e，c，b 来表示，如图 1-1-5 所示。

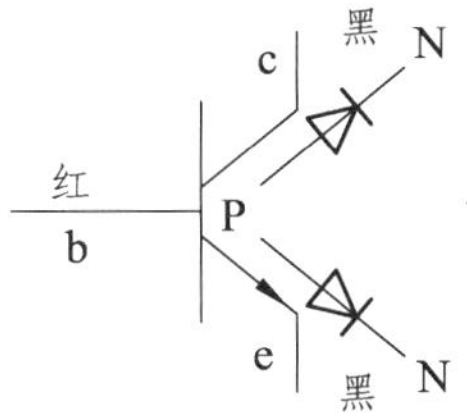

（a）NPN 型三极管

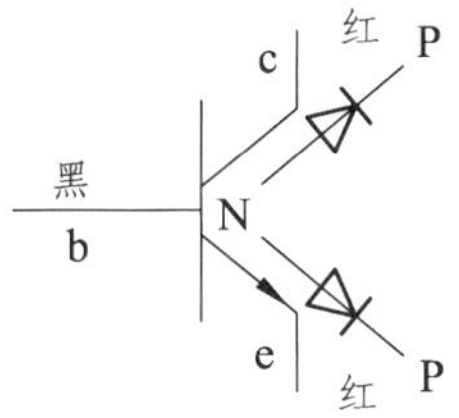

（b）PNP 型三极管

图 1-1-5　三极管电路符号

3. 三极管的作用

（1）线性放大。

三极管有 3 个工作状态，分别为截止状态、线性放大状态和饱和状态。三极管工作在线性状态时可以起到小电流控制大电流的目的，即所说的放大。如果把电流看成水流的话，三极管工作原理很好理解。只需要往基极注入一股小水流就能轻松打开阀门，使集电极部分的杆逐渐打开，集电极部分的大水流就能流到发射极了。也可以把三极管想象成为一个水龙头，通过调节阀门（基极电流）开度的大小就可以控制水流的大小，如图 1-1-6 所示。

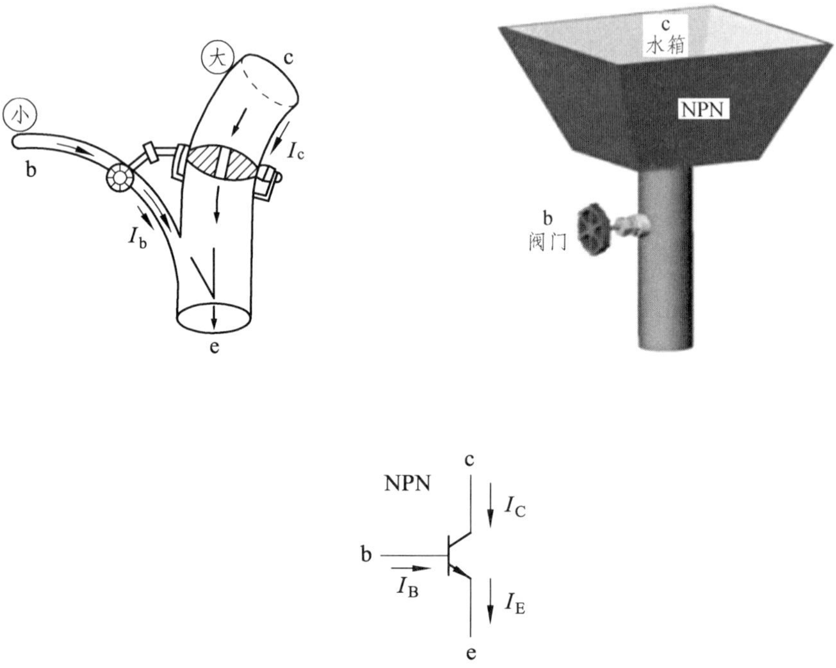

图 1-1-6　线性放大模拟图

（2）开关作用。

三极管用作开关时，工作在截止和饱和状态。当处于截止状态时，相当于开关断开；当处于饱和状态时，相当于开关闭合。

4. 三极管电极的判断

三极管电极的判断如表 1-1-8 所示。

表 1-1-8　三极管电极的判断

序号	步　　骤	图　　示
1	找基极，判断三极管类型。PNP 管的基极是两个负极的共同点，NPN 管的基极是两个正极的共同点。 用数字万用表二极管挡找出基极。对于 PNP 管，当黑表笔在基极上，红表笔接另两个极时导通（值为管压降，一般为 0.5 ~ 0.8），若表笔交换连接时截止（显示 1）。对于 NPN 型来说则是红表笔连在基极上，黑表笔接另两个极时导通	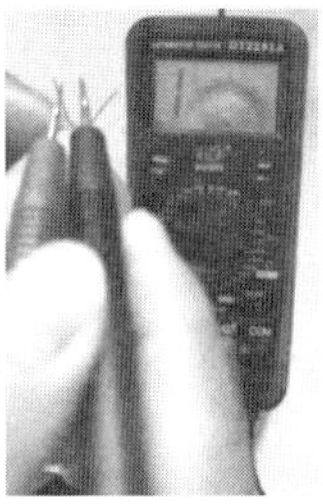 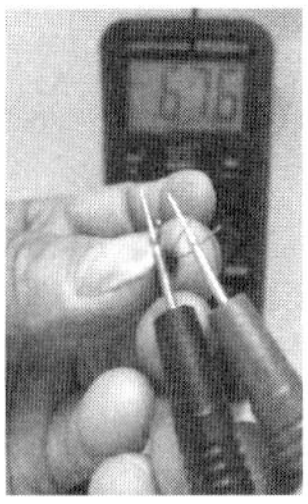
2	把数字万用表打到 hFE 挡上，将三极管插入到对应类型的小孔里，b 极对 B 字母。读数，再将二脚调换，再读数。两次读数较大的一次正确，这时对着字母孔确认 c，e 极即可	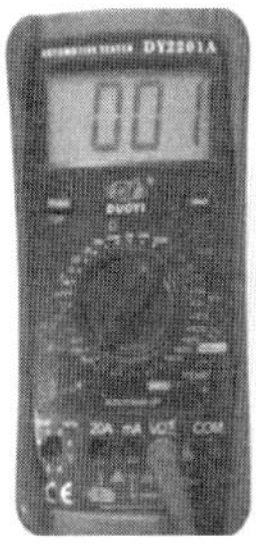 

活页工单一　电子元件认识与检查

一、信息测评

查阅相关维修资料，学习电子元件的结构、特征、作用，完成以下内容。

（1）电阻的识读与测量：根据图 H1-1-1 和贴片电阻的识读方法识读表 H1-1-1 中电阻的阻值，并实际测量。

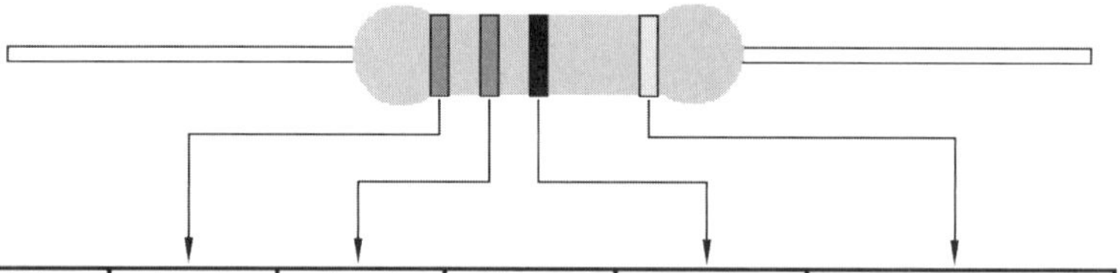

颜色	每一段	第二段	第三段	乘数	误差	
黑色	0	0	0	1		
棕色	1	1	1	10	±1%	F
红色	2	2	2	100	±2%	G
橙色	3	3	3	1 k		
黄色	4	4	4	10 k		
绿色	5	5	5	100 k	±0.5%	D
蓝色	6	6	6	11 M	±0.25%	C
紫色	7	7	7	10 M	±0.10%	B
灰色	8	8	8		±0.05%	A
白色	9	9	9			
金色				0.1	±5%	J
银色				0.01	±10%	K
无					±20%	M

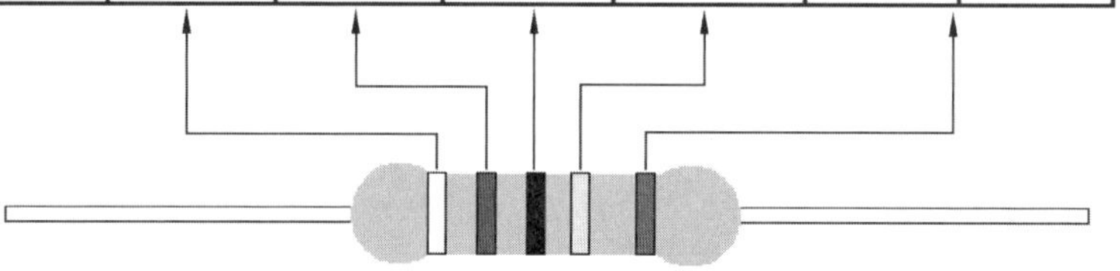

图 H1-1-1　四环和五环电阻数值读取方法

表 H1-1-1　电阻的识读与测量

元件名称	实物	理论值	实际测量值
色环电阻		$R=$	$R=$
	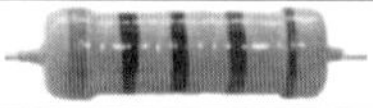	$R=$	$R=$
贴片电阻		$R=$	$R=$
		$R=$	$R=$
		$R=$	$R=$

（2）电容器的容量用字母______表示，单位是______，简称“法”，用字母______表示，常用单位还有微法_______和皮法______。

（3）1 F = ___________μF，1 μF = ___________pF。

（4）电容器极性和参数识别，请在表 H1-1-2 中正确的名称后面打钩。

表 H1-1-2　电容器极性和参数识别

名称	实物
瓷片电容（　　） 电解电容（　　） 贴片电容（　　）	
瓷片电容（　　） 电解电容（　　） 贴片电容（　　）	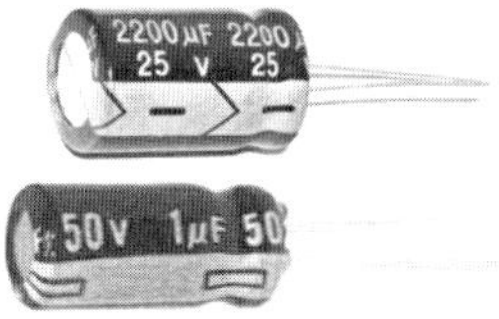
瓷片电容（　　） 电解电容（　　） 贴片电容（　　）	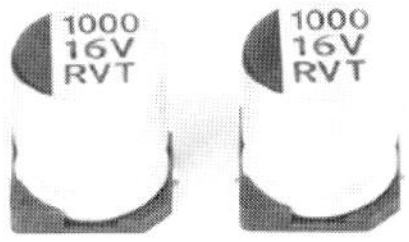

（5）在下列横线上填入正确答案的编号。

二极管的种类很多，按制造材料不同可分为_____二极管和______二极管两大类；按用途可分为______二极管、_____二极管、_____二极管和检波二极管等；按结构不同可分为______接触型二极管和______接触型二极管。

①　开关　②　锗　③　面　④　整流　⑤　硅　⑥　稳压　⑦　点　⑧　发光

（6）在表 H1-1-3 中写出常见二极管的符号及应用电路。

表 H1-1-3　常见二极管及符号

名称	实物图	电路符号	应用电路（1~2 个）
整流二极管			
发光二极管	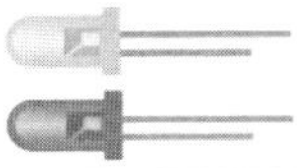		
稳压二极管			
光敏二极管			

（7）二极管的结构及原理。如图 H1-1-2 所示，普通二极管是由一个_____型半导体和一个_____型半导体，外加两根电极引线构成，中间形成一个______结。当把 P 型半导体接电源_____极，N 型半导体接电源______极时，PN 结处于______导通状态，叫 PN 结正偏。反之，把 P 型半导体接电源_____极，N 型半导体接电源______极时，PN 结处于________截止状态，叫 PN 结反偏。

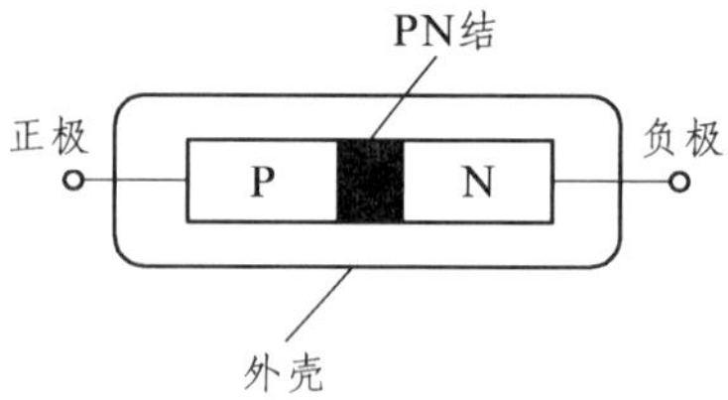

图 H1-1-2　二极管的结构

（8）分类：按制造三极管的半导体材料不同，可分为_____三极管和_____三极管两大类；按结构的不同，三极管可分为________型和_______型两种。

（9）三极管的结构（见表 H1-1-4）。

表 H1-1-4　三极管的结构

类型		
立体图	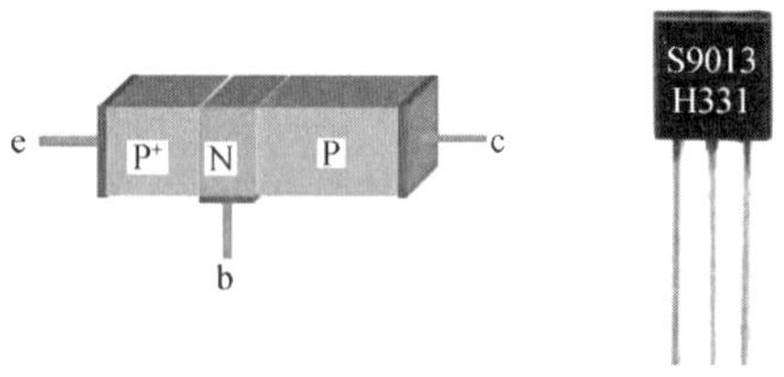	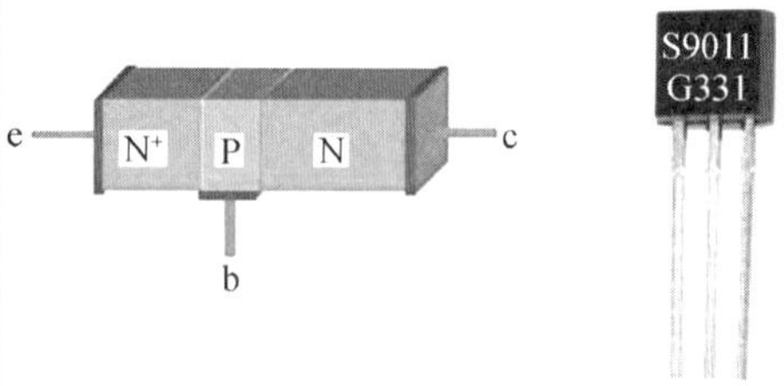
结构	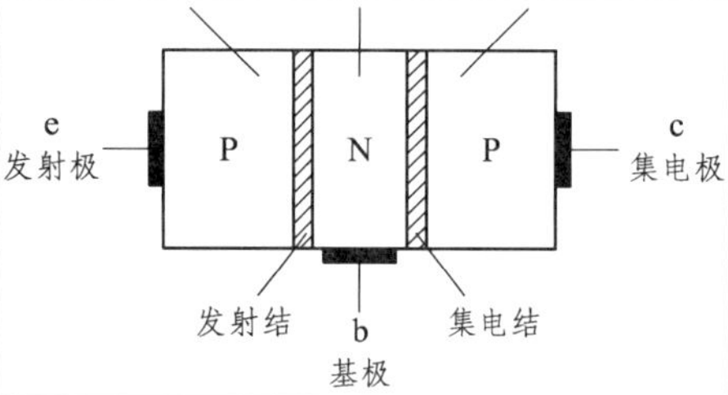	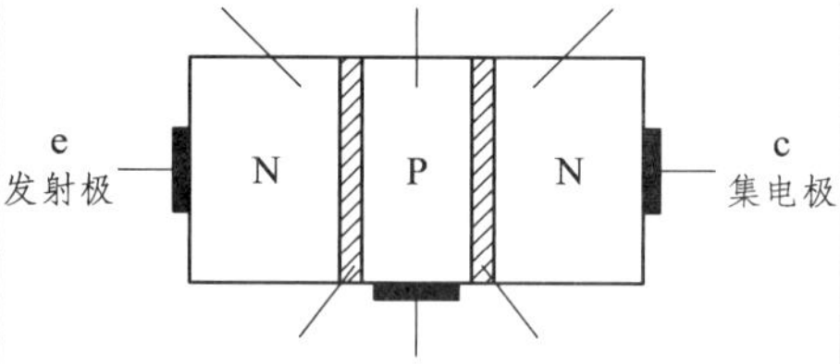
电路符号		
	电路符号中的箭头方向表示发射结_______偏置时发射极______方向。 三极管的文字符号是_____（或 V）	

（10）三极管的作用：三极管的主要作用有_______放大作用和_______作用。

二、制订任务实施方案

分组查阅维修手册和相关维修资料，学习电子元件的测量方法，完成以下内容。

1. 任务分工：

2. 任务实施步骤：

3. 异常情况处理办法：

三、任务实施

1. 固定电容器的电容量检测（见表 H1-1-5）

表 H1-1-5　固定电容器的电容量检测

序号	步　　骤	图　　示	测量值
1	在表盘的左下角有一个大写的“F”标识，把表针旋转至大于所测电容容量大小的量程；将黑表笔的位置固定在“COM”，红表笔的位置在“Cx”这个表孔中		表笔连接： 挡位选择：
2	表笔没有正负极之分，所以在测量的时候两个表笔可以随意接。但是有一点需要注意，那就是手不能同时触摸两个表笔，这样对测量结果是有影响的。如果操作正确的话，在万用表上可以看到此时所测量出来的电容大小	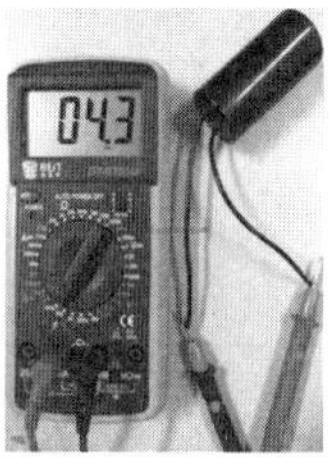	测量结果：

2. 二极管的判断（见表 H1-1-6）

表 H1-1-6　二极管的判断

序号	步　　骤	图　　示	测量值
1	一般将万用表拨到蜂鸣挡，红表笔和黑表笔接二极管的正负极，黑表笔接二极管的负极。显示 1，说明红表笔和黑表笔方向接反	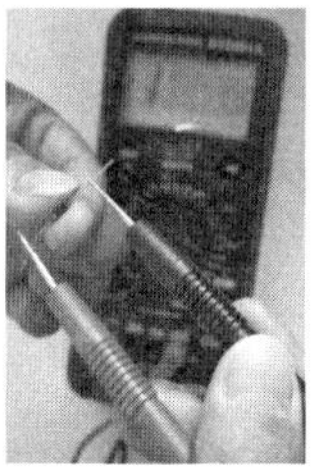	测量值：
2	将万用表的红表笔和黑表笔调转后，测量值显示 100～800 的数字，说明二极管已导通；当前表中显示数字为 566，说明二极管的导通电压为 566 mV。此时红表笔对应的二极管连接脚为正极，黑表笔对应的二极管连接脚为负极	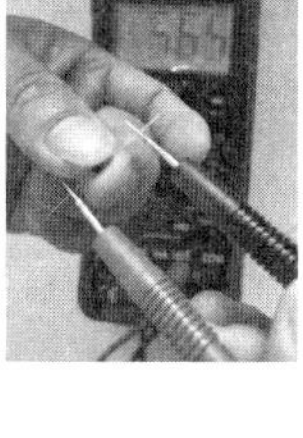	测量值： 二极管质量判断：

3. 三极管电极的判断（见表 H1-1-7）

表 H1-1-7　三极管电极的判断

序号	步　　骤	图　　示	电极极性判断
1	找到基极并判断是 PNP 管还是 NPN 管。PNP 管的基极是两个负极的共同点，NPN 管的基极是两个正极的共同点。这时我们可以用数字万用表的二极管挡去测基极。对于 PNP 管，当黑表笔在基极上，红表笔去测另两个极时，一般为相差不大的较小读数（一般 0.5～0.8）；如表笔反过来接，则为一个较大的读数（一般为 1）。对于 NPN 表来说则是红表笔连在基极上，黑表笔去测另两个极时，一般为相差不大的较小读数。红表笔接基极，黑表笔接集电极或发射极，导通说明为 NPN 型	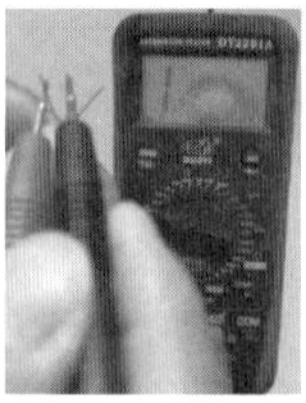 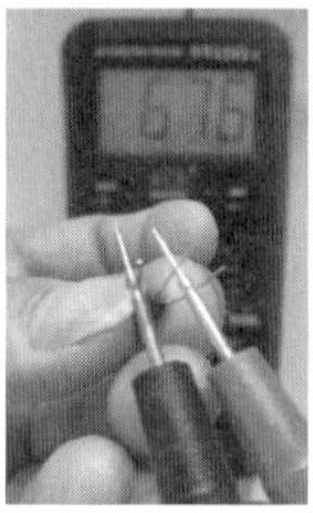	PNP 型 □ NPN 型 □ 正向导通，反向截止 是 □　　否 □
2	把万用表打到 hFE 挡上，将三极管插入到 NPN 的小孔上，b 极对上面的 B 字母。读数，再把它的另两脚反转，再读数。读数较大的那次极性就对上表上所标的字母，这时就对着字母去确认 c，e 极	 	判断 B 极是否完成 是 □　　否 □ 判断 C 极是否完成 是 □　　否 □ 判断 E 极是否完成 是 □　　否 □

四、评价总结

表 H1-1-8　学习任务评价表

班级____________　小组____________　学号____________　姓名____________

	主要测评项目	学生自评			
		A	B	C	D
关键能力总结	1. 遵守纪律，遵守学习场所管理规定，服从安排				
	2. 具有安全意识、责任意识、6S 管理意识，注重节约、节能与环保				
	3. 学习态度积极主动，能按时参加安排的实习活动				
	4. 具有团队合作意识，注重沟通，能自主学习及相互协作				
	5. 仪容仪表符合学习活动要求				
专业知识与能力总结	1. 能了解电阻、电容、二极管和三极管的种类、结构、作用，讲解工作原理				
	2. 能检测电阻、电容、二极管和三极管好坏，能通过色环判断电阻的阻值				
	3. 能判断电容、二极管和三极管的极性				
个人自评总结与建议					
小组评价					
教师评价		总评成绩			

教师签字/日期：

任务二　典型车型电路图识读方法

一、任务目标

阅读下面文字内容和信息，标记典型车型电路图识读方法的关键内容。

（1）汽车整车电路图的一般规律。

（2）不同车型电路图的特点。

（3）汽车电路图的标准画法。

（4）如何根据线路图查找保险盒、继电器、保险丝，确定部件编号和线束颜色，并在整车或实训设备上实施。

二、情境导入

一辆 2012 年悦动小轿车，行驶里程 25 000 km，车主因出差将该车停放在露天停车场一个月左右，准备开车时发现全车照明系统和音响系统无法工作，并伴有塑料烧焦的味道。某现代汽车 4S 店售后服务技师经过初步诊断：该车可能是因为老鼠进入车厢内，咬断线路，造成线路出现短路故障，需要排查全车线路。如果你是汽车售后维修技师，应如何排除该故障?

三、信息收集

（一）汽车电路图一般规律

1. 汽车电路图的特点

（1）电源部分到各电器熔断器或开关的导线是电气设备的公共火线，在电路原理图中一般画在上部。

（2）标准画法的电路图，开关的触点位于零位或静态，即开关处于断开状态或继电器线圈处于不通电状态。晶体管、晶闸管等具有开关特性的元件的导通与截止视具体情况而定。

（3）汽车电路的特点是双电源、单线制，各电器相互并联，继电器和开关串联在电路中。

（4）大部分用电设备都经过熔断器，受熔断器的保护。

（5）整车电路按功能及工作原理划分成若干独立的电路系统。这样可解决整车电路庞大复杂、分析困难的问题。现在汽车整车电路一般都按各个电路系统来绘制，如电源系、启动系、点火系、照明系、信号系等，这些单元电路都有着自身的特点，抓住特点把各个单元电路的结构、原理吃透，理解整车电路也就容易了。

2. 汽车电路的回路原则

（1）在电学中，回路是一个最基本、最重要，同时也是最简单的概念，任何一个完整的电路都由电源、用电器、开关、导线等组成。对于直流电路而言，电流总是要从电源的正极出发，通过导线、熔断器、开关到达用电器，再经过导线（或搭铁）回到同一电源的负极。在这一过程中，只要有一个环节出现错误，此电路就不会正确、有效。例如：从电源正极出发，经某用电器（或再经其他用电器），最后又回到同一电源的正极，由于电源的电位差（电压）仅存在于电源的正负极之间，电源的同一电极是等电位的，没有电压，这种"从正到正"的途径是不会产生电流的。

（2）在汽车电路中，发电机和蓄电池都是电源，在寻找回路时，不能混为一谈。不能从一个电源的正极出发，经过若干用电设备后，回到另一个电源的负极。这种做法不会构成一个真正的通路，也不会产生电流。所以必须强调：回路是指从一个电源的正极出发，经过用电器回到同一电源的负极。

（二）识图的一般方法

（1）先看全图，把单独的系统框出来。

一般来讲，各电器系统的电源和电源总开关是公共的，任何一个系统都应该是一个完整的电路，都应遵循回路原则。

（2）分析各系统的工作过程、相互间的联系。

在分析某个电器系统之前，要清楚该电器系统所包含各部件的功能、作用和技术参数等。在分析过程中应特别注意开关、继电器触点的工作状态，大多数电器系统都是通过开关、继电器不同的工作状态来改变回路，实现不同功能的。

（3）通过对典型电路的分析，起到触类旁通的作用。

不同类型汽车的电路原理图，很多部分都是类似或相近的。通过一个具体的例子，举一反三，对照比较，触类旁通，可以掌握汽车的一些共同的规律，再以这些共性为指导，了解其他型号汽车的电路原理。这种方式还可以发现各种车型之间更多的共性和差异。

汽车电器的通用性和专业化生产使同一国家汽车的整车电路形式大致相同，掌握了某种车型电路的特点，就可以大致了解相应车型或合资企业的汽车电路的特点。

因此，抓住几个典型电路，掌握各系统的接线特点和原则，对于了解其他车型的电路大有好处。

（三）典型车型整车电路

1. 汽车整车电路基础

（1）汽车电路图特点。

大众汽车电路图采用的是 DIN 标准电路图。DIN 标准电路图一开始用于工程制图，现在已被所有的汽车制造商采用。电路图中的插接器端子（terminal）电压类型、导线颜色代码、电器符号均采用统一的标准，而且电路图简洁明快，布局合理，具有以下特点：

① 对全车电路有完整的概念。它既是一幅完整的全车电路图，又是一幅互相联系的局部电路图，重点、难点突出，繁简适当。

② 图上建立起电位高低的概念。负极搭铁电位最低，用图中最下面一条导线表示；正极火线电位最高，用最上面的一条导线表示。电流方向基本上是从上到下，电流流

向从电源正极→保护装置→开关→用电器→搭铁→电源负极，节省了迂回曲折走迷路的时间。

③ 尽可能减少导线的曲折与交叉。调整位置，合理布局，图面简洁清晰图形符号照顾元件外形和内部结构，便于联想分析，易读、易画。

④ 电路系统的相互关联关系清楚。发电机与蓄电池间，各电路系统之间连接点尽量保持原位，熔断器、开关、仪表的接法与原图吻合。

（2）汽车电路图组成。

① 汽车电路图常用符号，如表 1-2-1 所示。

表 1-2-1 汽车电路图常用符号及其含义

符号	含义	符号	含义	符号	含义
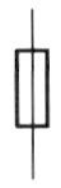	熔断丝		手动开关	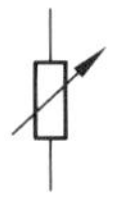	可变电阻
	蓄电池		温控开关		内部照明
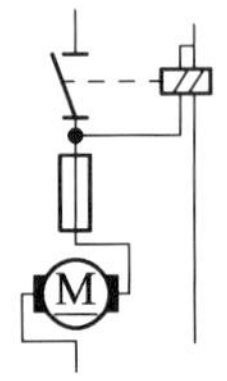	启动机		按键开关		显示仪表
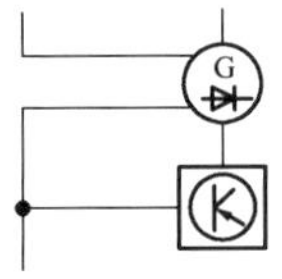	交流发电机		机械开关	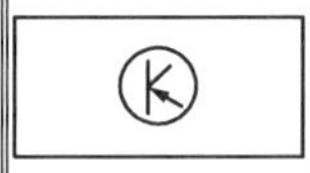	电子控制器
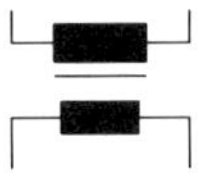	点火线圈	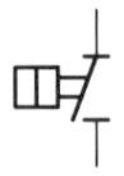	压力开关		电磁阀
	火花塞和火花塞插接器	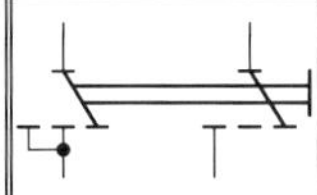	多档手动开关	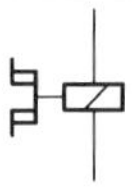	电磁离合器
	电热丝	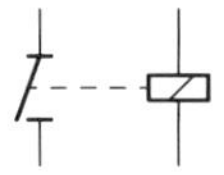	继电器		电机
	电阻		灯泡	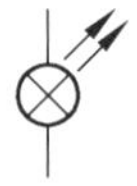	发光二极管
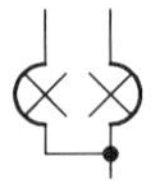	双丝灯泡		不可拆式导线接点		线束内导线连接
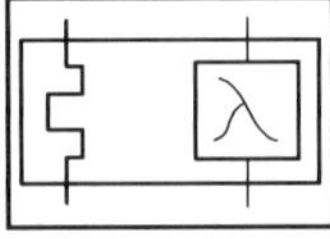	氧传感器				

② 电气设备简称。

在汽车电路图上，电气设备均用“英文字母+数字”的简写名称来表示。英文字母表示该组件属于哪一大类用电设备，例如，F 表示开关，Z 表示加热元件；阿拉伯数字表示具体的用电设备序号。比如，活性炭罐电磁阀 N80，N 表示该组件属于电磁阀，80 是该电磁阀的序号，如表 1-2-2 所示。

表 1-2-2　电气设备类别简称

简称	电气设备类别
A	蓄电池
B	启动机
C	发电机
D	点火/启动开关
E	较复杂的开关（例如空调开关、电动天窗开关）
F	较简单的开关（例如车门、顶蓬、制动开关等）
G	仪表或传感器
H	喇叭
J	控制单元、继电器、电子继电器
K	报警灯
L	灯光
M	灯光
N	电磁线圈、电磁阀、点火系统（例如喷油器、点火线圈、点火器）
P	火花塞插接器
Q	火花塞
R	收音机、CD、电话、导航
S	熔断丝、热敏熔断丝、保护装置
T	导线插接器
V	电机（例如车窗电机、真空泵等）
W	内部灯光
Z	加热设备（例如氧传感器加热电阻、座椅加热、后视镜加热）

③ 导线与插接器。

导线是流向部件或用电设备的电流的载体，一般用实线表示。有些导线的右边带有（*）或者是（*数字），表示该导线并不适用于所有车型，具体信息会在右侧列表中标出。导线一般有主色和辅色（code）两种，主色的长度相对要长一些，红色与灰色为主色，黑色与蓝色为辅色。大众公司一般规定：电瓶电源线红色，点火开关（1）绿色，接地线（31）棕色，大灯线路（58）黄色。

明白这些导线颜色的特定定义，对于使用者快速地查找到某个系统也有很大的便利。在电路图上，导线颜色均以英文缩写形式标注，其中文含义如表 1-2-3 所示。

表 1-2-3　导线颜色缩写及其含义

简写	含义	简写	含义
bl-	蓝色	ro-	红色
br-	棕色	sw-	黑色
ge-	黄色	li-	紫色
gn-	绿色	ws-	白色

④ 导线规格。

在导线的中间部分，会标注该导线的规格（单位：mm^2）。导线的规格也是很重要的物理参数。在电路维修时，如果无法得到一样规格的导线，维修技师只能够采用直径大一个规格的导线来代替。

（3）汽车电路图的识读。

① 认真读列表图注。

列表图注说明了该汽车所有电气设备的名称及其数字代号，通过读图注可以初步了解该汽车都装配了哪些电气设备。然后通过电气设备的数码代号在电路图中找出该电气设备，再进一步找出相互连线、控制关系。

② 牢记电路符号。

汽车电路图是利用电气设备符号等来表示其构成和工作原理的。因此，只有牢记电路符号的含义，才能看懂电路原理图。

③ 熟记电气设备简称。

为了便于绘制和识读汽车电气电路图，有些电气装置或其接线柱等上面都赋予不同的电气设备简称。

④ 牢记回路原则。

任何一个完整的电路都是由电源、熔断器、开关、控制装置、用电设备、导线等组成。电流流向必须从电源正极出发，经过熔断器、开关、控制装置、导线等到达用电设备，再经过导线（或搭铁）回到电源负极，才能构成回路。因此电路读图时，有三种思路：

思路一：沿着电路电流的流向，由电源正极出发，顺藤摸瓜查到用电设备、开关、控制装置等，回到电源负极。

思路二：逆着电路电流的方向，由电源负极（搭铁）开始，经过用电设备、开关、控制装置等回到电源正极。

思路三：从用电设备开始，依次查找其控制开关、连线、控制单元，到达电源正极和搭铁（或电源负极）。

实际应用时，可视具体电路选择不同思路。但有一点值得注意：随着电子控制技术在汽车上的广泛应用，大多数电气设备电路同时具有主回路和控制回路，读图时要兼顾两回路。

⑤ 浏览全图，分割各个单元系统。

要读懂汽车电路图，首先必须掌握组成电路的各个电器元件的基本功能和电器特性。在大概掌握全图基本原理的基础上，再把一个个单元系统电路分割开来，这样就容易抓住每一部分的主要功能及特性。

在框划各个系统时，一定要遵守回路原则，注意既不能漏掉各个系统中的组件，也不能多框划其他系统的组件。一般规律是：各电气系统只有电源和总开关是公共的，其他任何一个系统都应是一个完整的独立的电器回路，即包括电源、开关（保险）、电器（或电子线路）、导线等。从电源的正极经导线、开关、熔断丝至电器后搭铁，最后回到电源负极。

⑥ 熟记各局部电路之间的内在联系和相互关系。

从整车电路来讲，各局部电路除电源电路公用外，其他单元电路都是相对独立的，但它们之间也存在着内在联系（如信号共享）。因此，识图时，不但要熟悉各局部电路的组成、特点、工作过程和电流流经的路径，还要了解各局部电路之间的联系和相互影响。这是迅速找出故障部位、排除故障的必要条件。

⑦ 掌握各种开关在电路中的作用。

对多层多挡接线柱的开关，要按层、按挡位、按接线柱逐级分析其各层、各挡的功能。有的用电设备受两个以上单挡开关（或继电器）的控制，有的受两个以上多挡开关的控制，其工作状态比较复杂。当开关接线柱较多时，首先抓住从电源来的一两个接线柱，再逐个分析与其他各接线柱相连的用电设备处于何种挡位，从而找出控制关系。

对于组合开关，实际线路是在一起的，而在电路图中又按其功能画在各自的局部电路中，遇到这种情况必须仔细研究识读。

⑧ 全面分析开关、继电器的初始状态和工作状态。

在电路图中，各种开关、继电器都是按初始状态画出的。即按钮未按下、开关未接通、继电器线圈未通电、其触点未闭合（指常开触点），这种状态称为原始状态。在识图时，不能完全按原始状态分析，否则很难理解电路的工作原理，因为大多数用电设备都是通过开关、按钮、继电器触点的变化而改变回路的，进而实现不同的电路功能。所以，必须进行工作状态的分析。

⑨ 先易后难。

有些汽车电路图的某些局部电路可能比较复杂，一时难以看懂，可以暂时将其放一放，待其他局部电路都看懂后，结合看懂图中与该电路有联系的有关信息，再来进一步识读这部分电路。

⑩ 注意搜集资料和经验积累。

对于看不懂的电路要善于请教有关人员，同时还要善于查找收集相关资料；注意深入研究典型汽车电路，做到触类旁通；特别注意实际工作经验的积累，新技术、新工艺的应用和创新。

2. 2012 北京现代伊兰特悦动（HDC）G 1.6 DOHC 整车电路

（1）电源启动系统电路（见图 1-2-1、图 1-2-2、图 1-2-3）。

（2）照明与信号系统电路图（见图 1-2-4 ~ 图 1-2-8）。

（3）保险继电器位置（见图 1-2-9 ~ 图 1-2-13）。

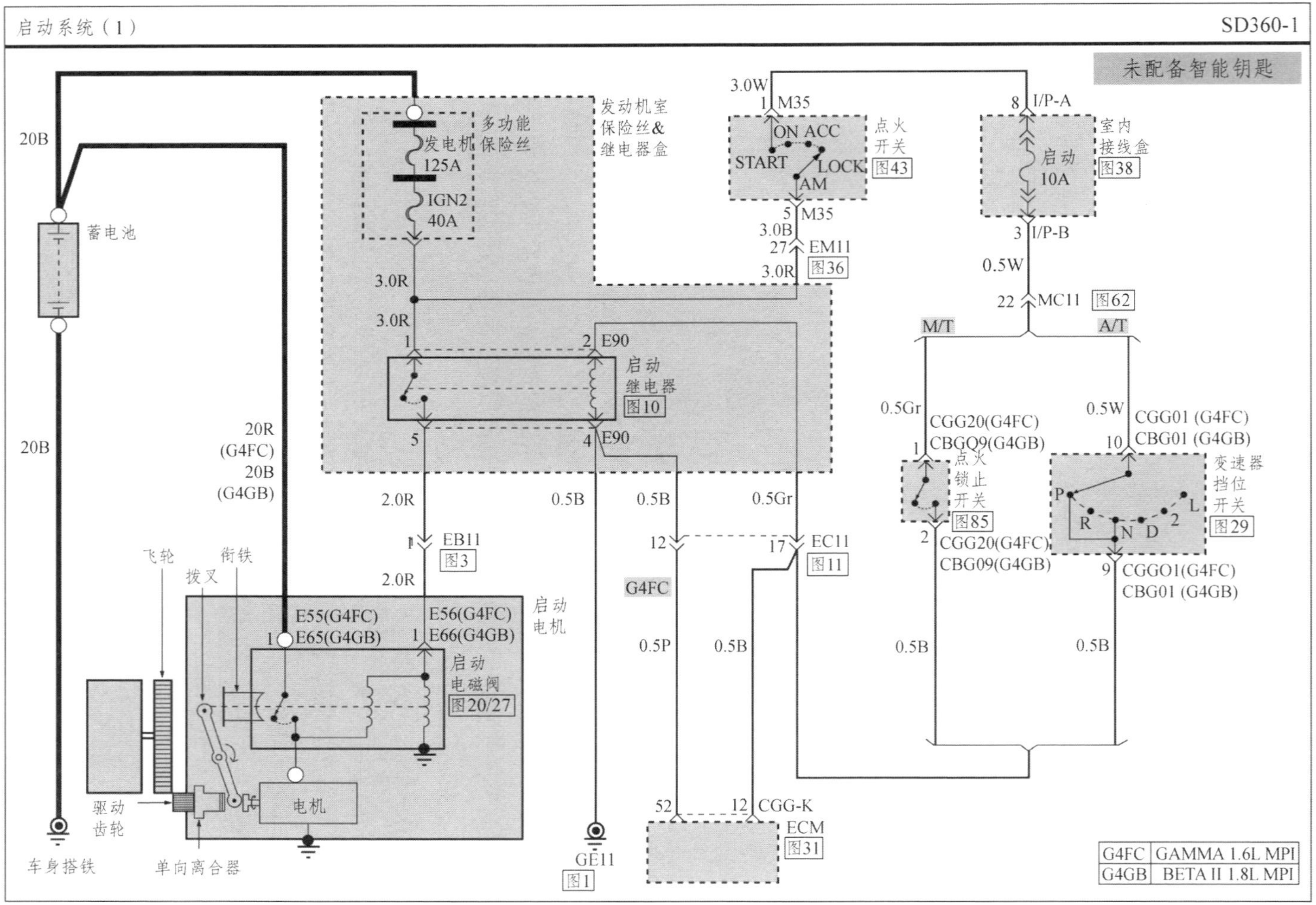

图 1-2-1　电源启动系统电路（1）

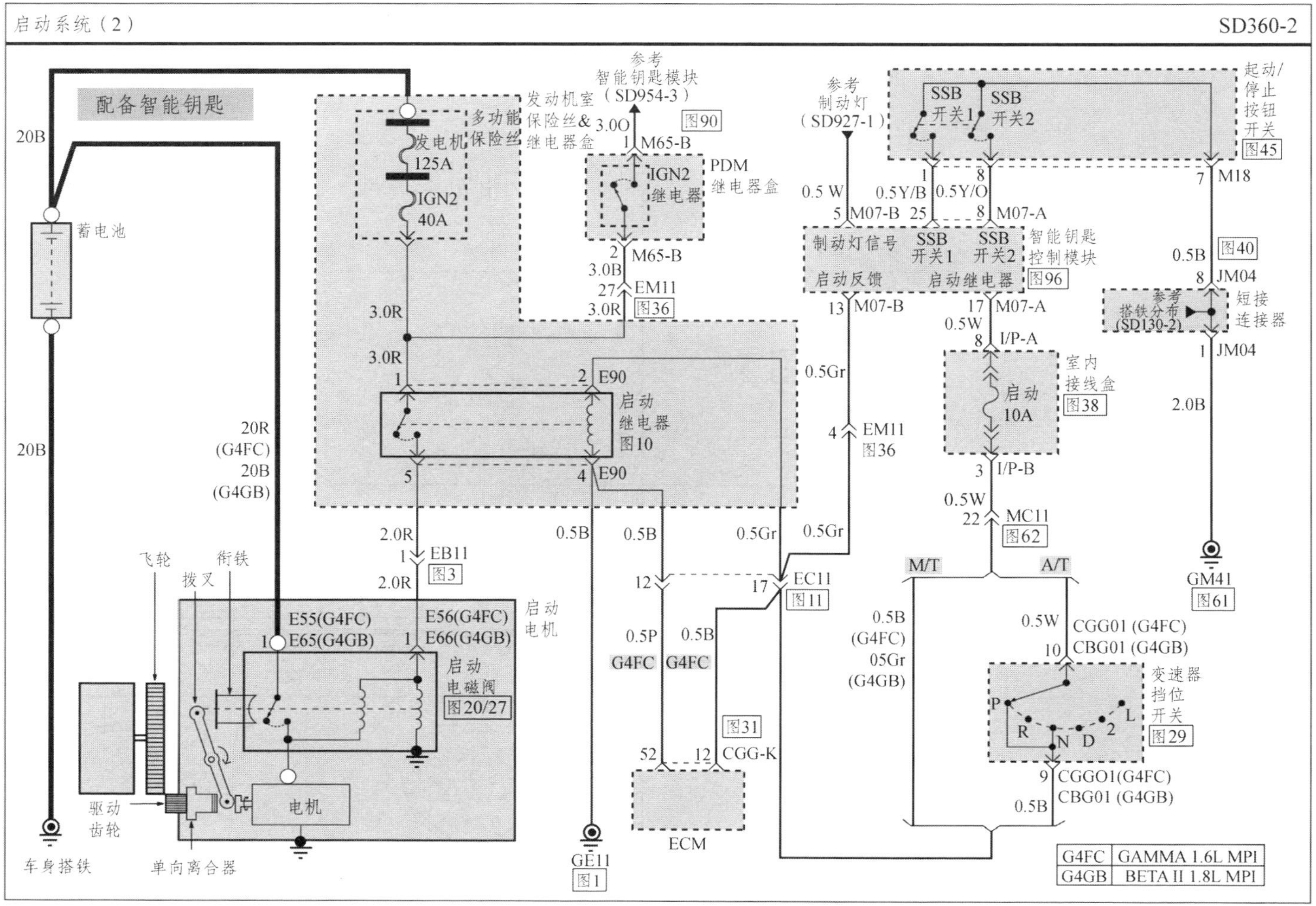

图 1-2-2　电源启动系统电路（2）

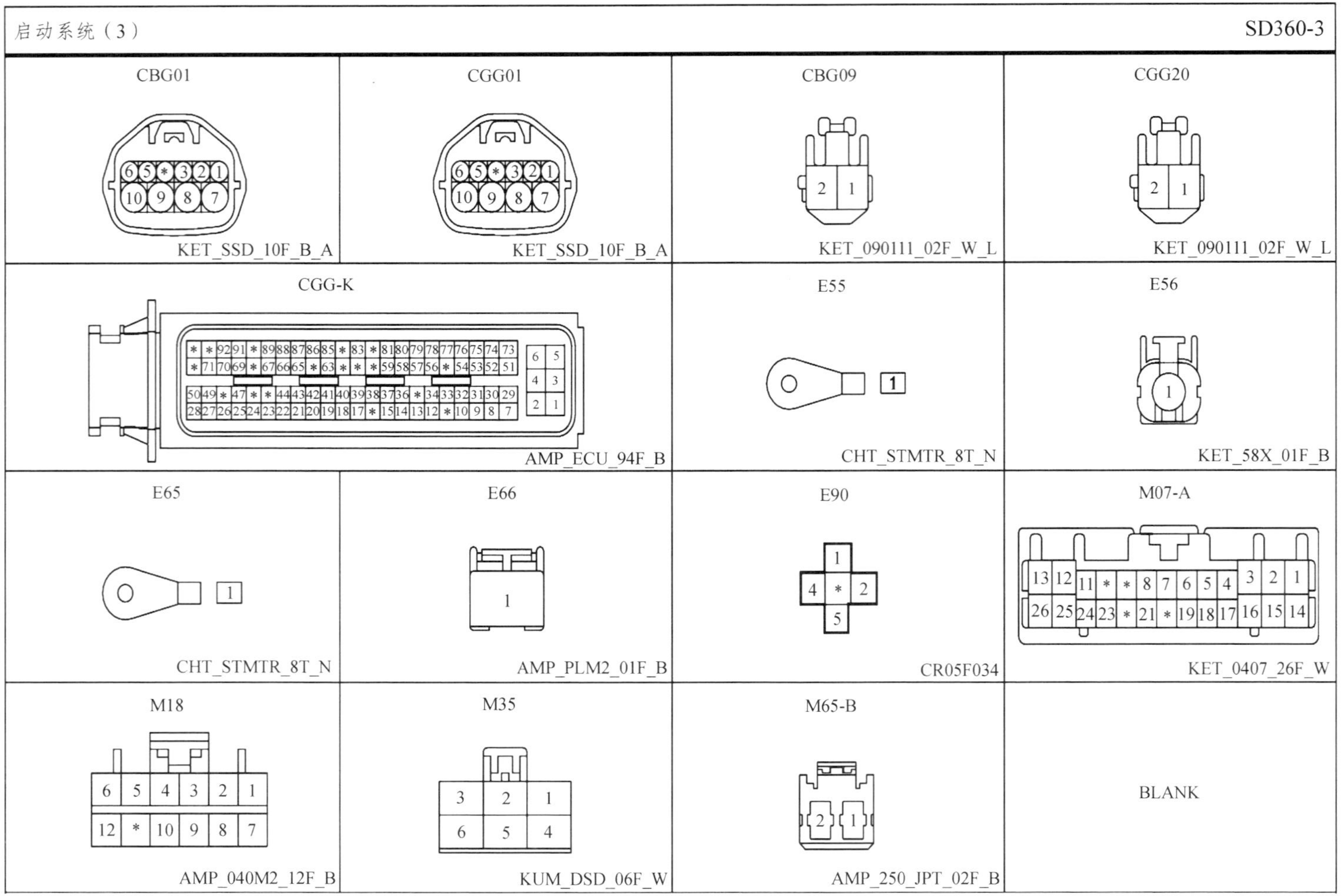

图 1-2-3　电源启动系统电路（3）

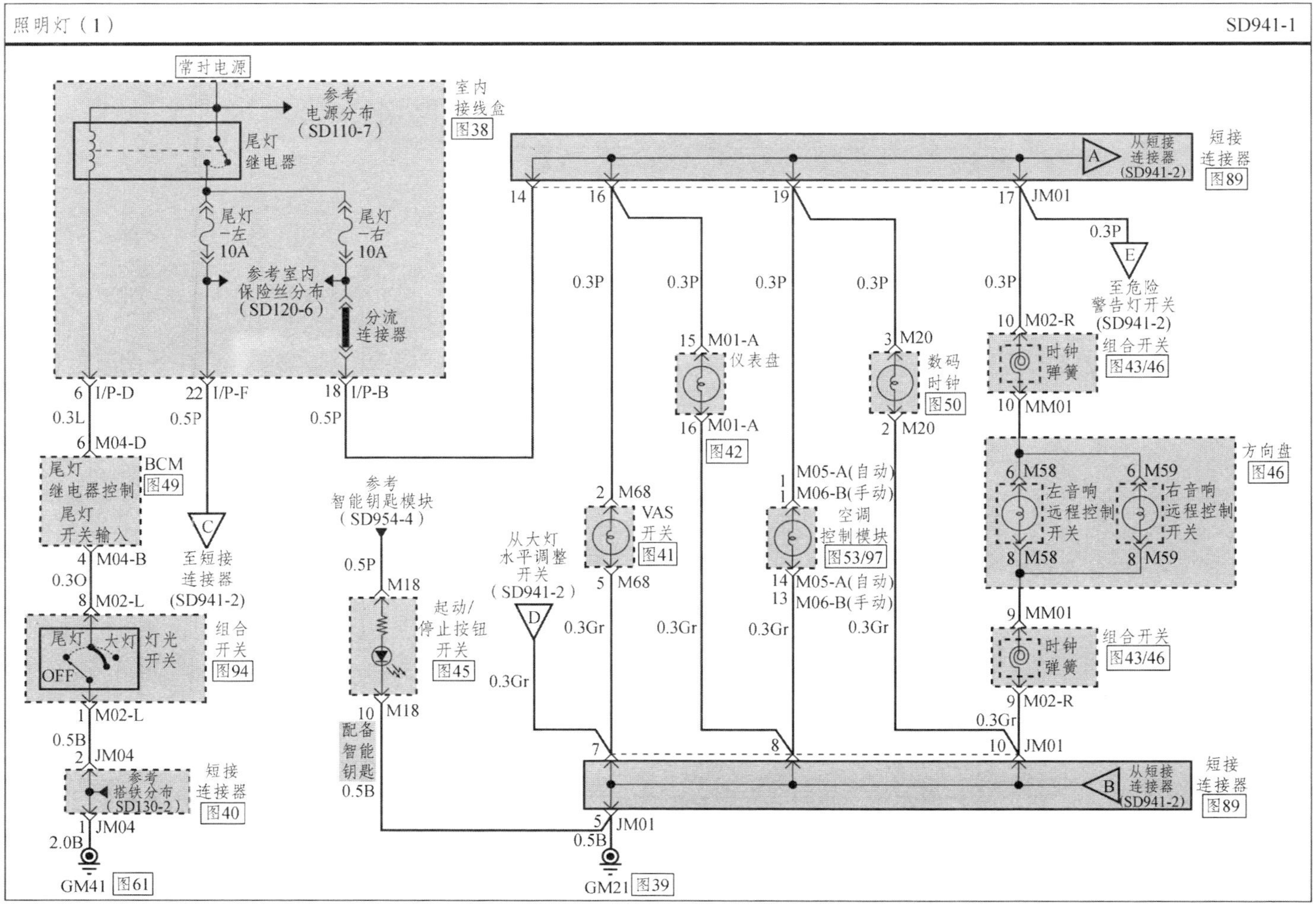

图 1-2-4　照明与信号系统电路图（1）

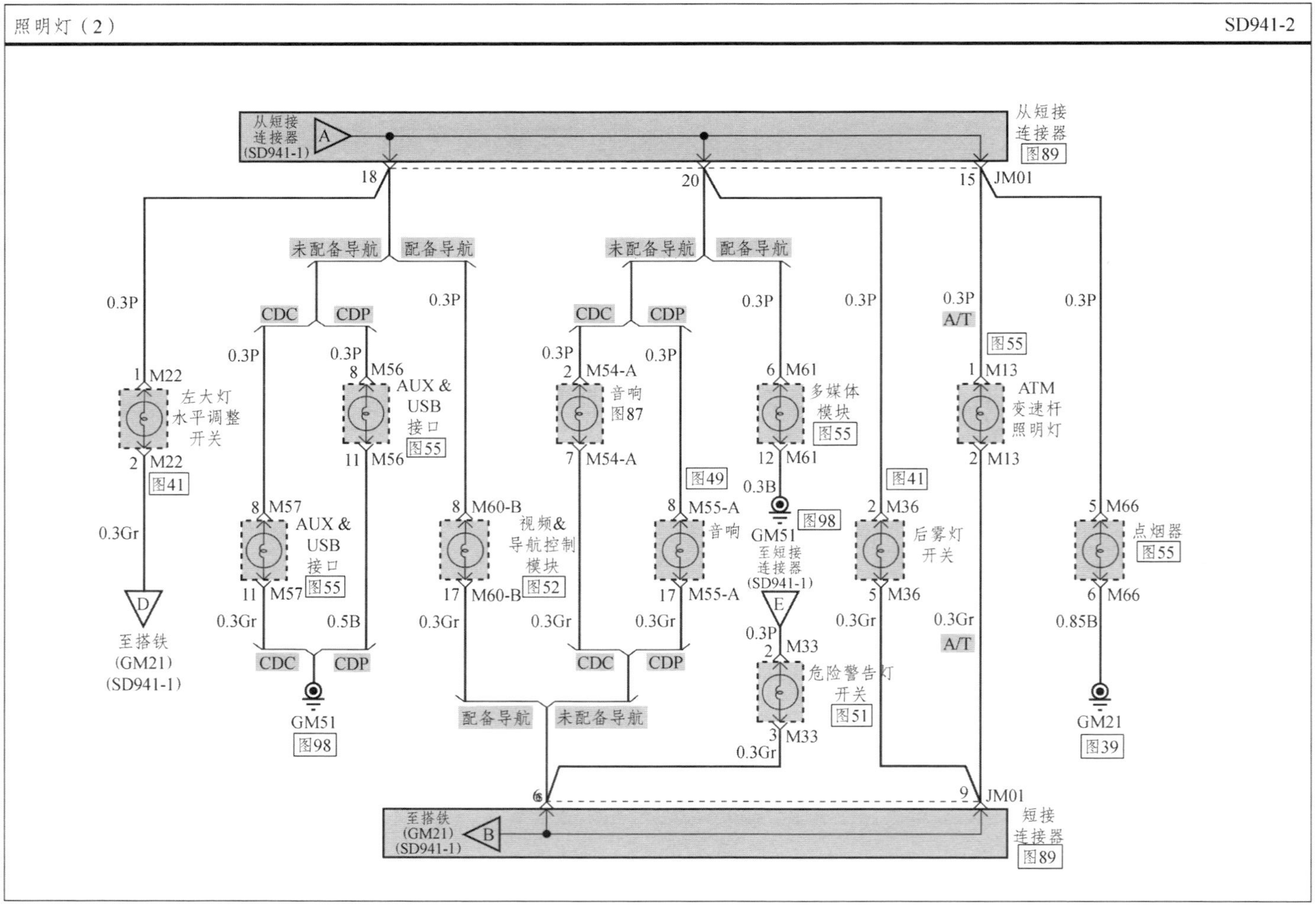

图 1-2-5　照明与信号系统电路图（2）

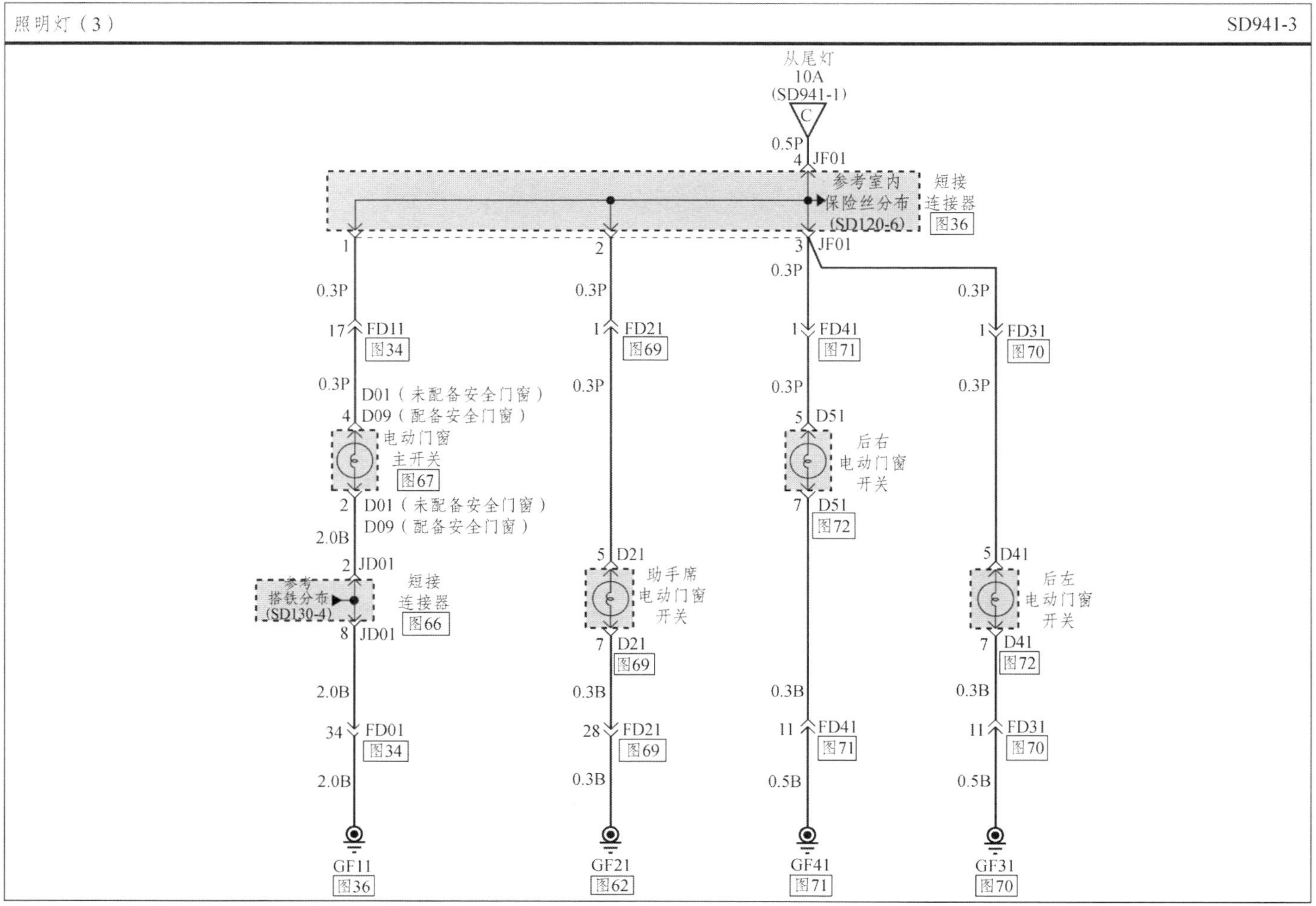

图 1-2-6　照明与信号系统电路图（3）

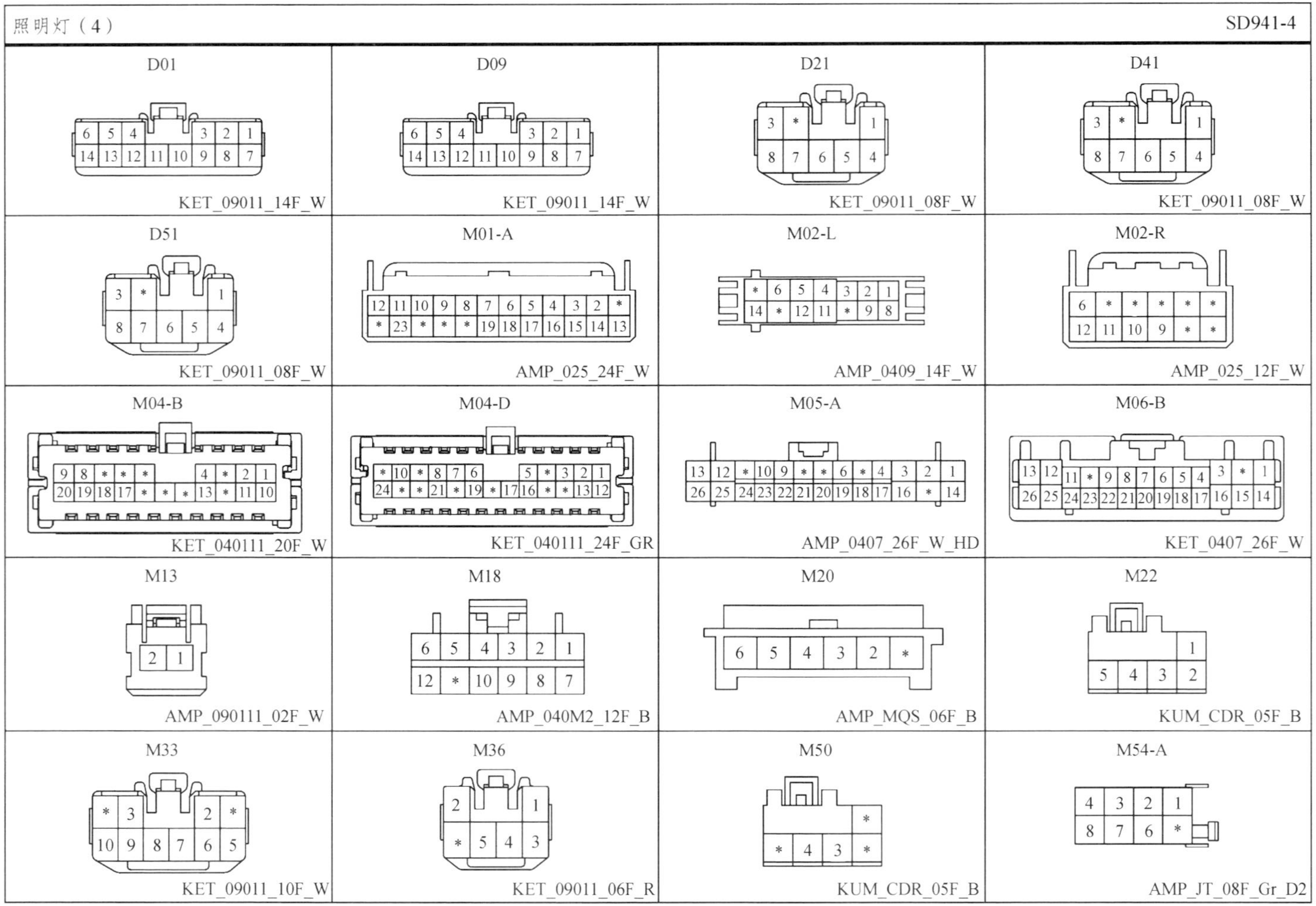

图 1-2-7　照明与信号系统电路图（4）

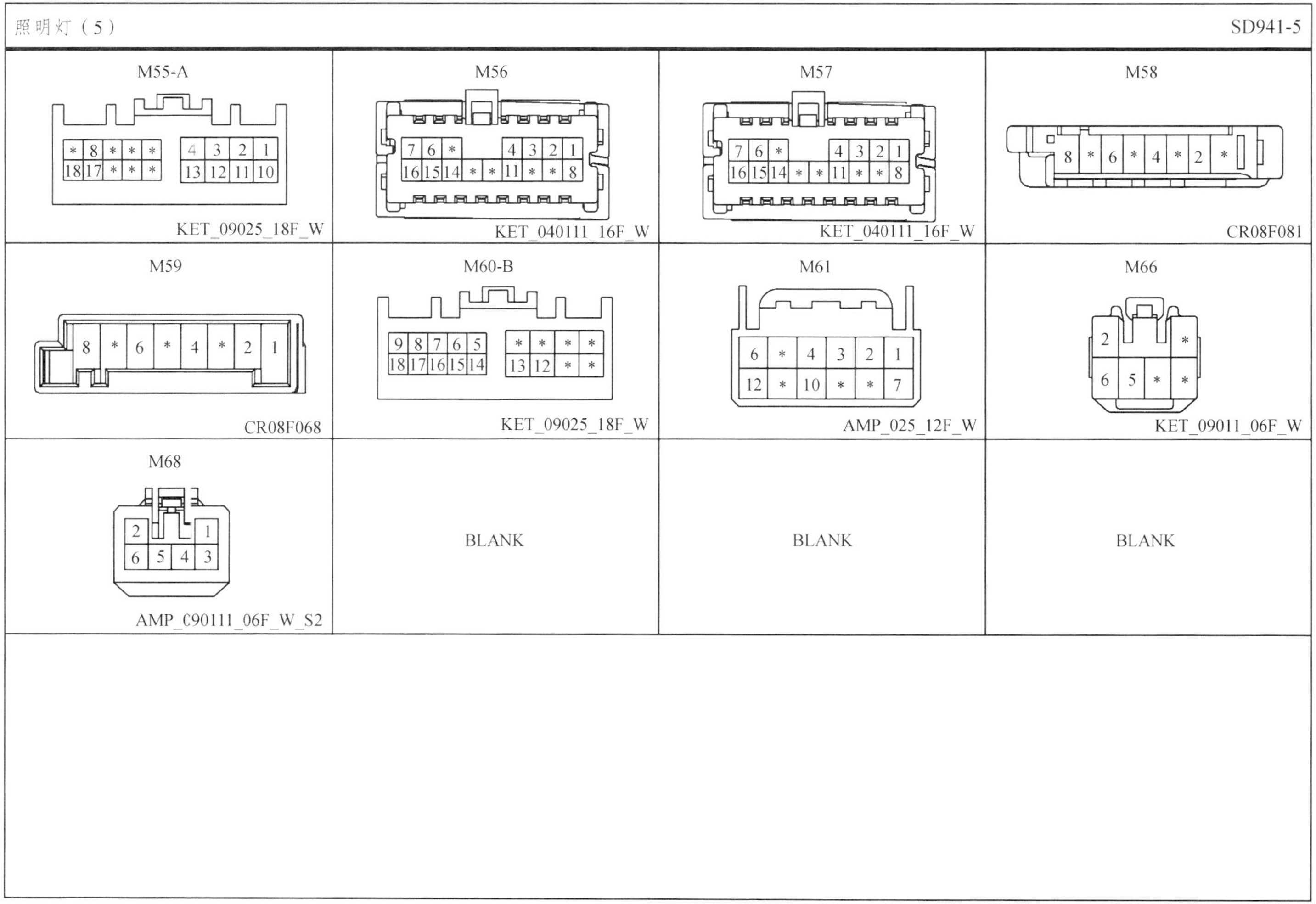

图 1-2-8　照明与信号系统电路图（5）

保险丝&继电器信息（1） SD100-1

室内接线盒
布局

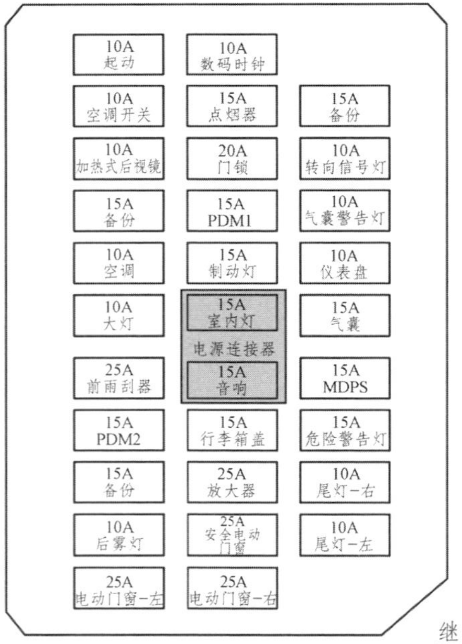

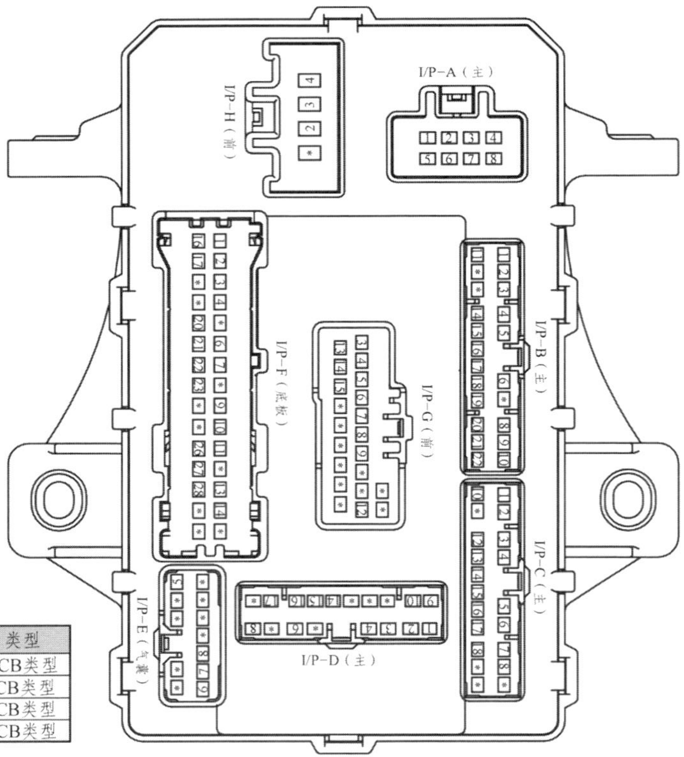

继电器类型

继电器名称	类型
后除霜器继电器	PCB类型
行李箱盖继电器	PCB类型
电动门窗继电器	PCB类型
尾灯继电器	PCB类型

※仅能使用规定规格保险丝和继电器

图 1-2-9 保险继电器位置（1）

保险丝&继电器信息（2） SD100-2

电路

说明	（A）	电路保护
起动	10A	点火锁止开关（手动变速器）、起动继电器、变速器档位开关（自动变速器），ECM、智能钥匙控制模块
空调开关	10A	空调控制模块
加热式后视镜	10A	空调控制模块、ECM（G4FC）、驾驶席/助手席电动室外后视镜
备份	15A	–
空调	10A	空调控制模块、发动机室保险丝&继电器盒（鼓风机继电器），BCM、天窗控制模块 室内温度传感器（自动空调）
大灯	10A	发动机室保险丝&继电器盒（大灯远光继电器、大灯近光继电器）、大灯水平调整开关
前雨刮器	25A	组合开关（雨刮器）、发动机室保险丝&继电器盒（雨刮器继电器）、前雨刮器电机
PDM2	15A	智能钥匙控制模块、起动/停止按钮开关
备份	15A	–
后雾灯	10A	ICM继电器盒（后雾灯继电器）、自动变速器变速杆开关
电动门窗-左	25A	电动门窗主开关、后左电动门窗开关
数码时钟	10A	音响、视频&导航控制模块、数码时钟、电动室外后视镜开关、放大器（配备导航）、智能钥匙控制模块、BCM
点烟器	15A	点烟器
门锁	20A	天窗控制模块、ICM继电器盒（车门闭锁/开锁继电器）
PDM1	15A	智能钥是控制模块
制动灯	15A	制动灯开关、智能钥匙控制模块
电源连接器 室内灯	15A	行李箱灯、诊断连接器、BCM、空调控制模块、数码时钟、点火开关照明灯&钥匙插入开关、 仪表盘（指示灯）、驾驶席/助手席车门灯、ICM继电器盒（防盗继电器）
电源连接器 音响	15A	音响、视频&导航控制模块
行李箱盖	15A	行李箱盖继电器、BCM、行李箱盖执行器
放大器	25A	放大器
安全电动门窗	25A	安全电动门窗模块
电动门窗-右	25A	电动门窗主开关、后右电动门窗开关、助手席电动门窗开关
备份	15A	–
转向信号灯	10A	危险警告灯开关
气囊警告灯	10A	仪表盘（气囊警告灯）
仪表盘	10A	仪表盘（指示灯）、BCM、驻车辅助传感器（后左/后右/后左中央/后右中央）、智能钥匙控制模块 VAS控制模块
气囊	15A	SRS控制模块
MDPS	15A	EPS控制模块
危险警告灯	15A	危险警告灯开关、ICM继电器盒（危险警告灯继电器）
尾灯-右	10A	后右组合灯（外侧）、手套箱灯、右大灯、雾灯继电器、照明灯、牌照灯（配备智能钥匙）
尾灯-左	10A	左大灯、电动门窗主开关、助手席电动门窗开关、电动门窗开关（后左/后右） 后左组合灯（外侧）、牌照灯

※仅能使用规定规格保险丝和继电器

图 1-2-10　保险继电器位置（2）

发动机室保险丝&继电器盒

布局

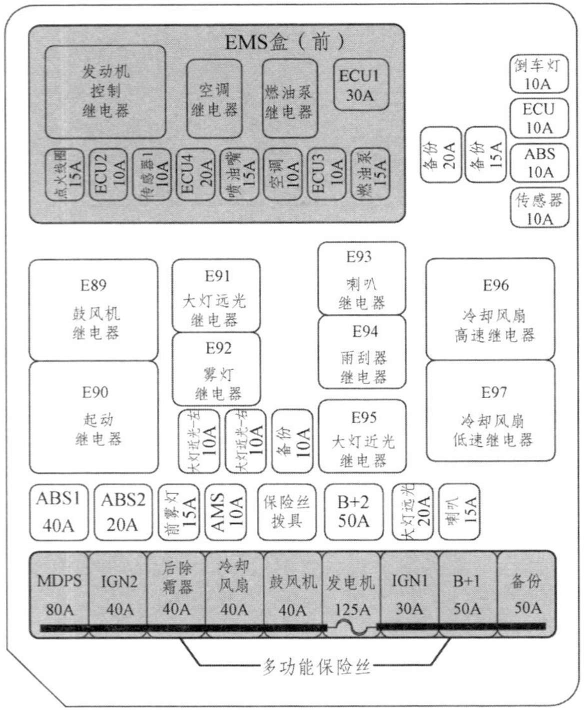

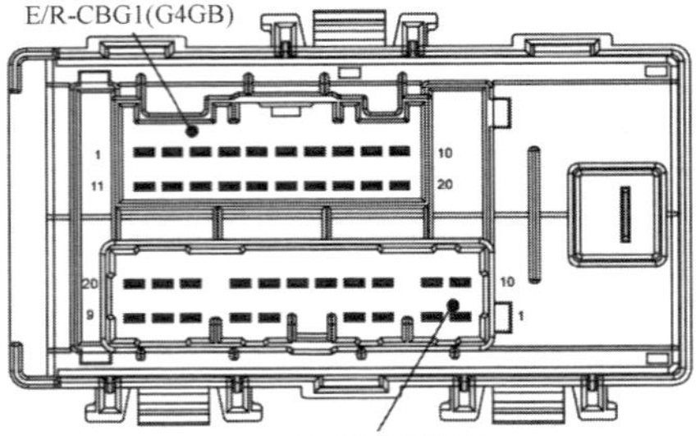

继电器类型

编号	继电器名称	类型
E89	鼓风机继电器	袖珍型
E90	起动继电器	袖珍型
E91	大灯远光继电器	微小型
E92	雾灯继电器	微小型
E93	喇叭继电器	微小型
E94	雨刮器继电器	微小型
E95	大灯近光继电器	微小型
E96	冷却风扇高速继电器	袖珍型
E97	冷却风扇低速继电器	微小型
EMS盒	发动机控制继电器	袖珍型
	空调继电器	微小型
	燃油泵继电器	微小型

※仅能使用规定规格保险丝和继电器

图 1-2-11　保险继电器位置（3）

保险丝&继电器信息（4）　SD100-4

电路

说明		（A）	电路保护
多功能保险丝	MDPS	80A	EPS控制模块
	IGN2	40A	起动继电器、点火开关、PDM继电器盒（IG继电器）
	后除霜器	40A	室内接线盒（后除霜器继电器）
	冷却风扇	40A	冷却风扇高速继电器、冷却风扇低速继电器
	鼓风机	40A	鼓风机继电器
	发电机	125A	交流发电机
	IGN1	30A	点火开关、PDM继电器盒（IG1继电器、ACC继电器）
	B+1	50A	室内接线盒（保险丝：放大器25A、PDM2 15A、安全电动门窗25A、后雾灯10A、尾灯继电器、电动门窗继电器）
保险丝	ABS1	40A	ABS控制模块、多功能检查连接器
	ABS2	20A	ABS控制模块、多功能检查连接器
	前雾灯	15A	雾灯继电器
	AMS	10A	蓄电池传感器
	B+2	50A	室内接线盒（保险丝：门锁20A、制动灯15A、行李箱15A、PDM1 15A、危险警告灯15A 电源连接器：音响15A、室内灯15A）
	大灯远光	20A	大灯远光继电器
	喇叭	15A	喇叭继电器、ICM继电器盒（警报喇叭继电器）、组合开关（远程控制）
	大灯近光-左	10A	左大灯、左大灯水平调整执行器
	大灯近光-右	10A	右大灯、右大灯水平调整执行器
	倒车灯	10A	倒车灯开关（手动变速器）、变速器档位开关（自动变速器）
	ECU	10A	G4FC：点火线圈#1#2#3#4、电容器/ECM、G4GB:ECM、TCM
	ABS	10A	ABS控制模块、多功能检查连接器
	传感器	10A	车速传感器、脉冲发生器'A''B'、制动灯开关
EMS盒	ECU1	30A	发动机控制继电器
	点火线圈	15A	G4GB:ECM、怠速控制执行器、净化控制电磁阀
	ECU2	10A	钥匙防盗模块、ECM（G4FC）、TCM（G4FC）
	传感器1	10A	燃油泵继电器、发动机室保险丝&继电器盒（冷却风扇低速继电器）、TCM（G4FC）、净化控制电磁阀（G4FC） 曲轴位置传感器、氧传感器（上/下）、凸轮轴位置传感器
	ECU4	20A	ECM（G4FC）
	喷油嘴	15A	喷油嘴#1#2#3#4、机油控制电磁阀（G4FC）、空调继电器
	空调	10A	空调继电器
	ECU3	10A	TCM（G4FC）
	燃油泵	15A	燃油泵继电器

※仅能使用规定规格保险丝和继电器

图 1-2-12　保险继电器位置（4）

保险丝&继电器信息（5）　SD100-5

ICM继电器盒

布局

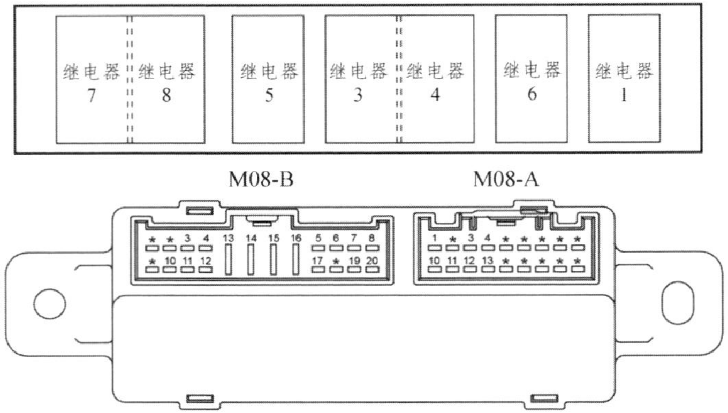

继电器编号	继电器名称
3	警报喇叭继电器
4	防盗继电器
5	后雾灯继电器
6	危险警告灯继电器（配备防盗系统）
7	车门闭锁继电器
8	车门开锁继电器

电路

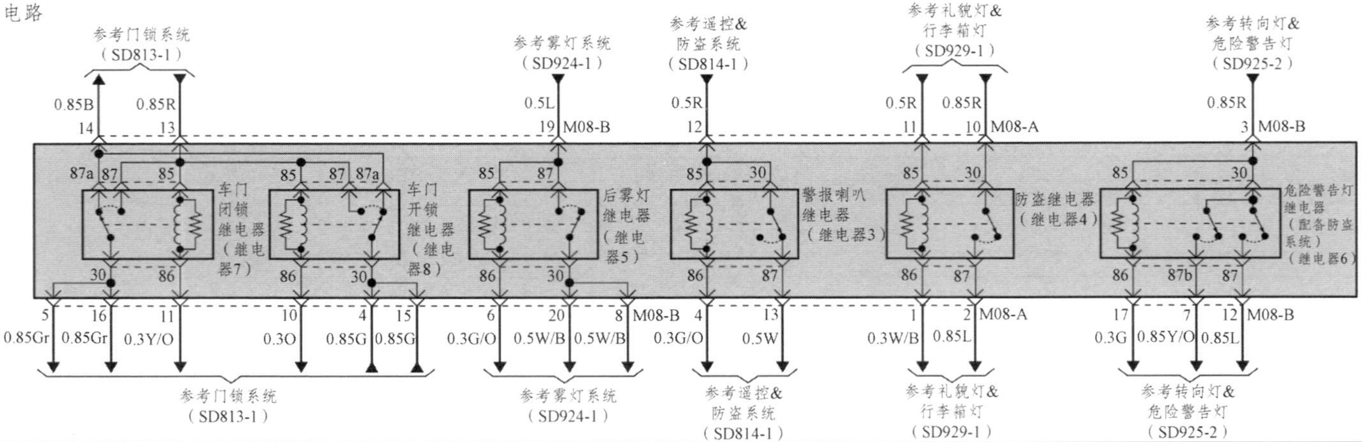

图 1-2-13　保险继电器位置（5）

四、接车与填写接车问诊表

表 1-2-8　接车问诊表

车牌号：________　车架号：________　行驶里程：________（km）

用户名：________　电　话：________　来店时间：________

用户陈述及故障发生时的状况：汽车灯光系统和音响系统无法工作

故障发生状况提示：行驶速度、发动机状态、发生频率、发生时间、部位、天气、路面状况、声音描述

接车员检测确认建议：检查灯光系统和音响系统的线路

车间检测确认结果及主要故障零部件：

车间检查确认者：________

外观确认：

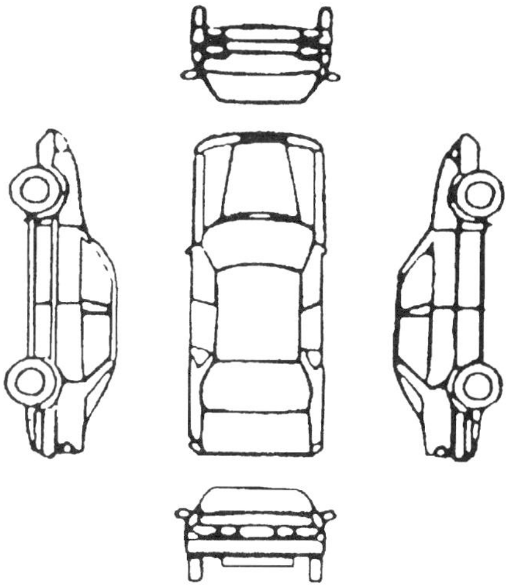

（请在有缺陷部位做标识）

功能确认：（工作正常√　不正常×）

□音响系统　□门锁（防盗器）　□全车灯光

- 工具　□后视镜　□天窗　□座椅
- 点烟器　□玻璃升降器　□玻璃

物品确认：（有√　无×）

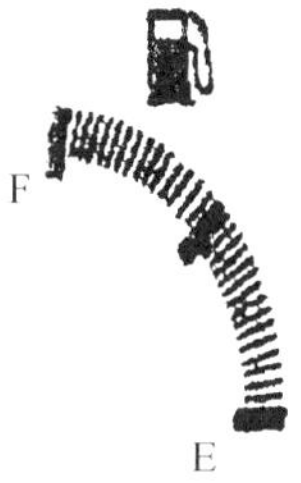

- 贵重物品提示

□工具　□备胎

□灭火器　□其他（　　）

旧件是否交还用户

□是　□否

用户是否需要洗车

□是　□否

- 检测费说明：本次检测的故障如用户在本店维修，检测费包含在修理费用内；如用户不在本店维修，请您支付检测费。本次检测费：¥　　　元。
- 贵重物品：在将车辆交给我店检查修理前，已提示将车内贵重物品自行收起并保存好，如有遗失恕不负责。

接车员：________　用户确认：________

活页工单二　典型车型电路图识读方法

一、信息测评

查阅相关维修资料，学习典型车型电路图识读方法，完成以下内容。

（1）汽车电路的特点是________、________，各电器相互______，继电器和开关串联在电路中。

（2）任何一个完整的电路都由电源、_______、开关、_______等组成。

（3）回路是指从一个电源的__________出发，经过用电器，回到同一电源的__________。

（4）在表 H1-2-1 中写出汽车电路图常用符号及其含义。

表 H1-2-1　汽车电路图常用符号及其含义

符　　号	含　　义	符　　号	含　　义	符　　号	含　　义
				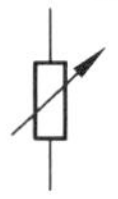	

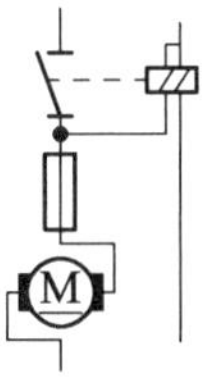					
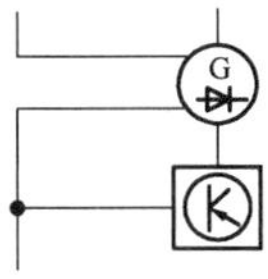				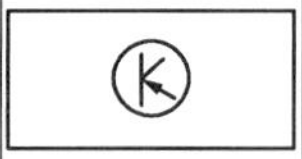	
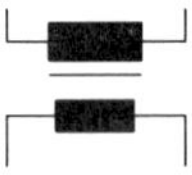					
		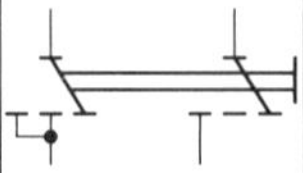		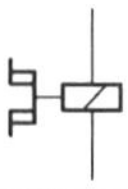	
		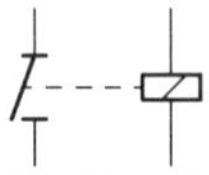			

（5）在表 H1-2-2 中写出电器设备类别。

表 H1-2-2　电器设备类别

简称	电器设备类别	简称	电器设备类别
B		K	
C		L	
D		N	
G		Q	
H		S	
J		T	
		V	

（6）在表 H1-2-3 中写出导线颜色缩写的含义。

表 H1-2-3　导线颜色缩写的含义

简写	bl-	br-	ge-	gn-	ro-	sw-	li-	ws-
含义								

二、制订任务实施方案

分组查阅维修手册，查阅相关维修资料，学习电子元件的测量方法，完成以下内容。

1. 任务分工：

2. 任务实施步骤：

3. 异常情况处理办法：

三、任务实施

（1）查阅现代悦动启动系统电路图（见图 H1-2-1），找出表 H1-2-4 中的文字所对应的编号。

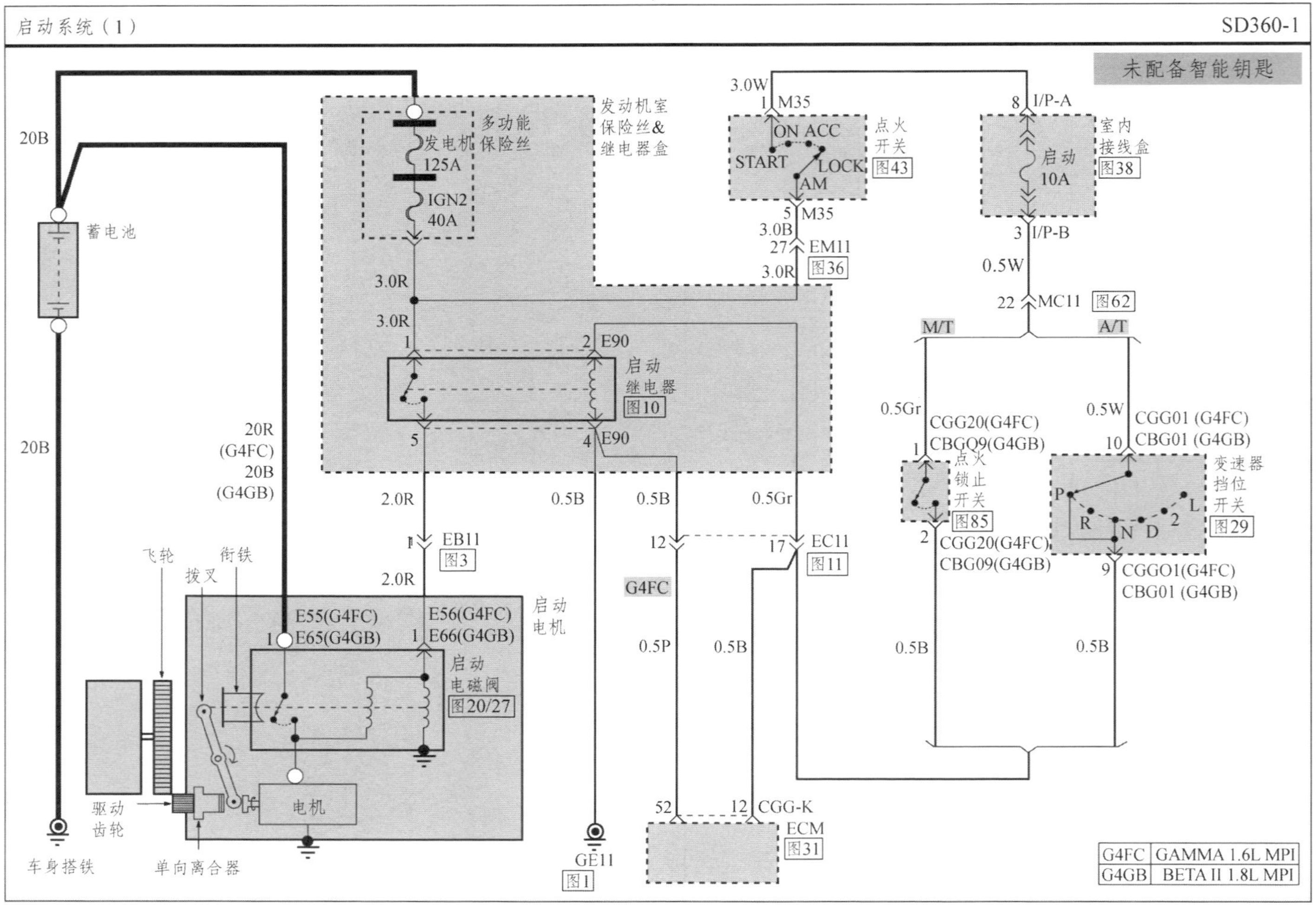

图 H1-2-1　现代悦动启动系统电路图

表 H1-2-4　现代悦动启动系统电路图元件名称对应编号

元件名称	编号	线束编号	线束颜色
启动继电器		1 号脚	
		2 号脚	
		3 号脚	
		4 号脚	
启动电磁阀		1 号脚	

（2）查阅现代悦动音响系统电路图（见图 H1-2-2），找出表 H1-2-5 中的文字所对应的编号。

表 H1-2-5　现代悦动音响系统电路图元件名称对应编号

元件名称	编号	线束编号	线束颜色
驾驶席车门扬声器		1 号脚	
		2 号脚	
后右车门扬声器		1 号脚	
		2 号脚	

（3）根据图 H1-2-3、图 H1-2-4 所示，找出表 H1-2-6 中各保险盒继电器的位置，并填写保险丝额定电流。

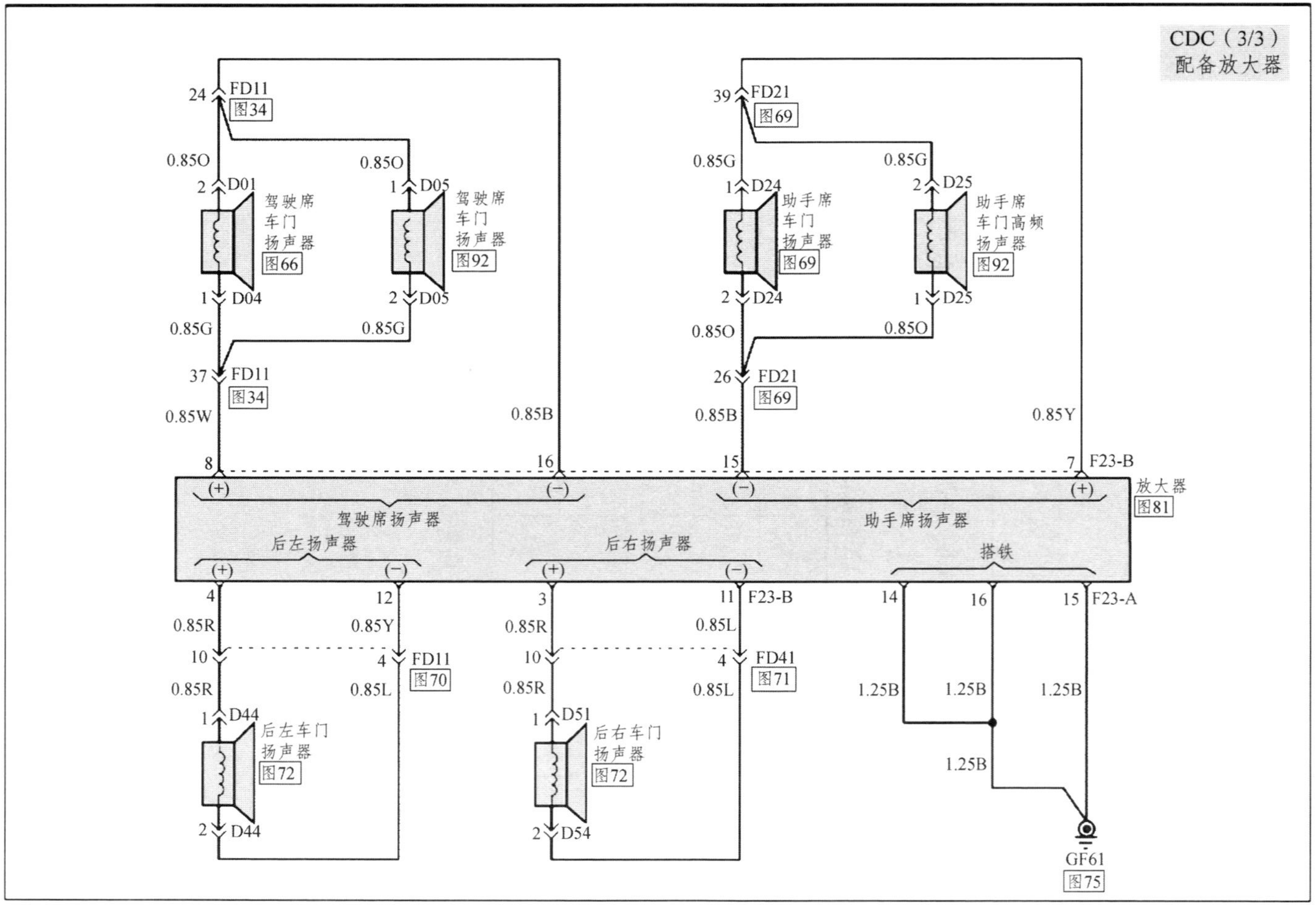

图 H1-2-2　现代悦动音响系统电路图

保险丝&继电器信息（1） SD100-1

室内接线盒
布局

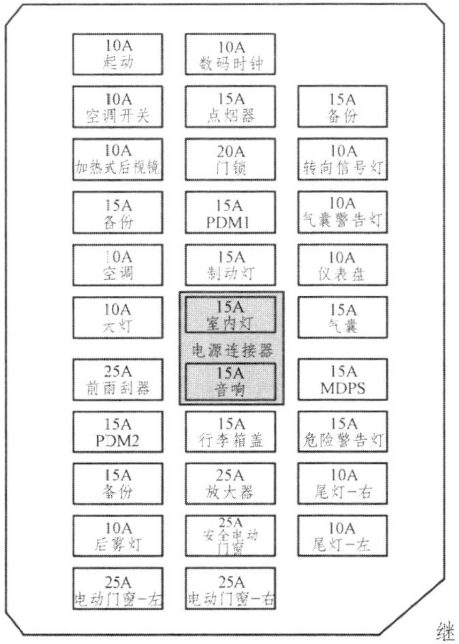

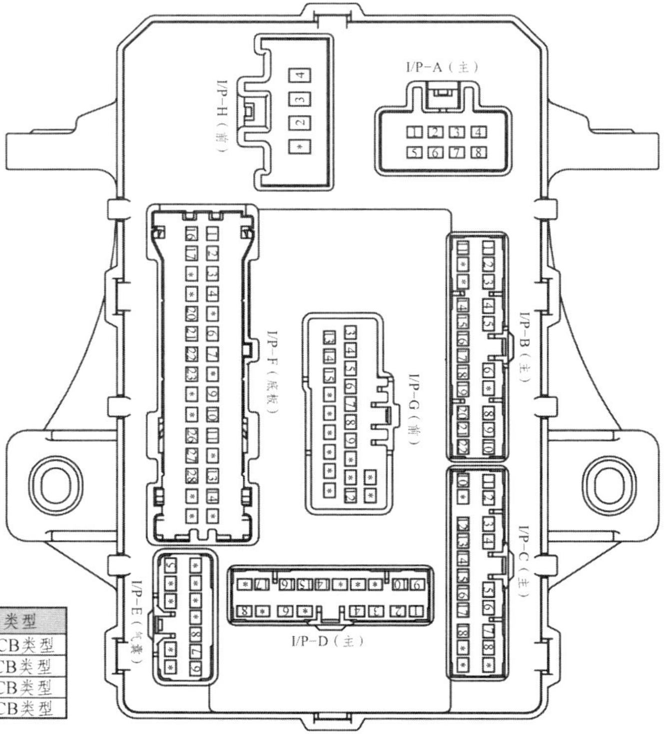

继电器类型

继电器名称	类型
后除霜器继电器	PCB类型
行李箱盖继电器	PCB类型
电动门窗继电器	PCB类型
尾灯继电器	PCB类型

※仅能使用规定规格保险丝和继电器

图 H1-2-3

发动机室保险丝&继电器盒

布局

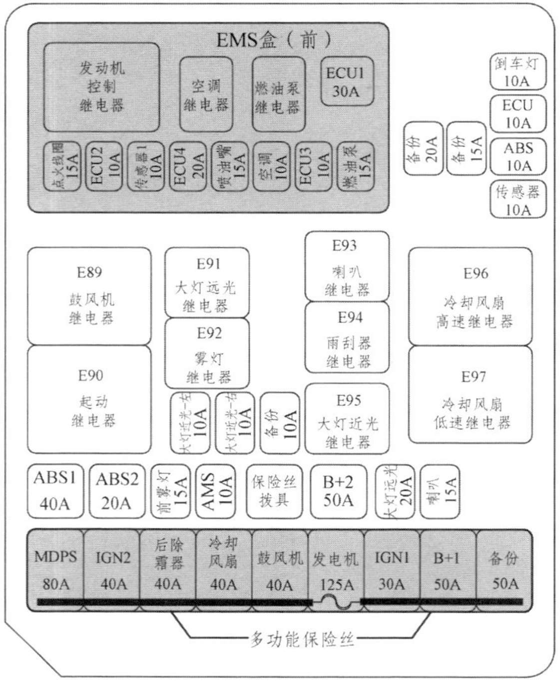

EMS盒（后）

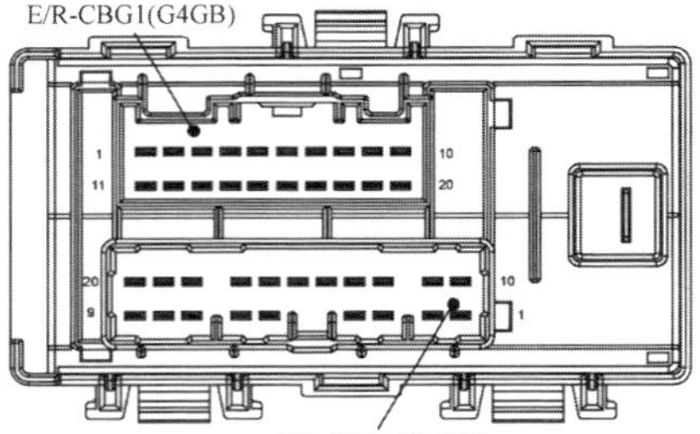

继电器类型

编号	继电器名称	类型
E89	鼓风机继电器	袖珍型
E90	起动继电器	袖珍型
E91	大灯远光继电器	微小型
E92	雾灯继电器	微小型
E93	喇叭继电器	微小型
E94	雨刮器继电器	微小型
E95	大灯近光继电器	微小型
E96	冷却风扇高速继电器	袖珍型
E97	冷却风扇低速继电器	微小型
EMS盒	发动机控制继电器	袖珍型
	空调继电器	微小型
	燃油泵继电器	微小型

※仅能使用规定规格保险丝和继电器

图 H1-2-4

表 H1-2-6　保险盒继电器的位置

序号	部件名称	部件编号	额定电流
1	大灯远光继电器		—
2	冷却风扇高速继电器		—
3	大灯近光灯		
4	倒车灯		

四、评价总结

表 H1-2-7 学习任务评价表

班级____________ 小组____________ 学号____________ 姓名____________

<table>
<tr><td rowspan="2"></td><td rowspan="2">主要测评项目</td><td colspan="4">学生自评</td></tr>
<tr><td>A</td><td>B</td><td>C</td><td>D</td></tr>
<tr><td rowspan="5">关键能力总结</td><td>1. 遵守纪律，遵守学习场所管理规定，服从安排</td><td></td><td></td><td></td><td></td></tr>
<tr><td>2. 具有安全意识、责任意识、6S 管理意识，注重节约、节能与环保</td><td></td><td></td><td></td><td></td></tr>
<tr><td>3. 学习态度积极主动，能按时参加安排的实习活动</td><td></td><td></td><td></td><td></td></tr>
<tr><td>4. 具有团队合作意识，注重沟通，能自主学习及相互协作</td><td></td><td></td><td></td><td></td></tr>
<tr><td>5. 仪容仪表符合学习活动要求</td><td></td><td></td><td></td><td></td></tr>
<tr><td rowspan="3">专业知识与能力总结</td><td>1. 汽车整车电路图的一般规律</td><td></td><td></td><td></td><td></td></tr>
<tr><td>2. 熟悉不同车型电路图的特点</td><td></td><td></td><td></td><td></td></tr>
<tr><td>3. 能根据线路图查找保险盒、继电器、保险丝，确定部件编号和线束颜色，并在整车或实训设备上查找</td><td></td><td></td><td></td><td></td></tr>
<tr><td>个人自评总结与建议</td><td colspan="5"></td></tr>
<tr><td>小组评价</td><td colspan="5"></td></tr>
<tr><td rowspan="2">教师评价</td><td rowspan="2"></td><td colspan="4">总评成绩</td></tr>
<tr><td colspan="4"></td></tr>
</table>

教师签字/日期：

任务三　电子元件电路图识读与检查

一、任务目标

阅读下面文字内容和信息，标记典型车型电子元件电路图识读方法与检查的关键内容。

（1）电子元件电路图识读方法。

（2）电子元件实车查找和线束比对。

（3）电子元件检查方法。

二、情境导入

一辆 2012 年悦动小轿车，行驶里程 8 500 km，车主在行驶过程中发现汽车故障灯点亮，车辆抖动严重，车辆熄火后重新启动，启动困难，加速无力。经 4S 店接待员确认，怀疑是发动机点火系统或燃油供给系统出现故障。如果你是汽车售后维修技师，应如何排除该故障?

三、信息收集

发动机控制系统主要由输入装置、电子控制单元（ECU）、执行器等组成，如图 1-3-1 所示。

图 1-3-1　发动机控制系统

（一）信号输入装置及输入信号

（1）空气流量计（MAFS）：应用在 L 型电控燃油喷射系统中，测量发动机的进气量，将信号输入 ECU，作为燃油喷射和点火控制的主控制信号。

（2）进气管绝对压力传感器（MAPS）：应用在 L 型电控燃油喷射系统中，测量进气管内气体的绝对压力，将信号输入 ECU，作为燃油喷射和点火控制的主控制信号。

（3）节气门位置传感器（TPS）：检测节气门的开度及开度变化，信号输入 ECU，用于燃油喷射控制及其他辅助控制。

（4）凸轮轴位置传感器（CMPS）：提供曲轴转角基准位置信号，作为喷油正时控制和点火正时控制的主控制信号。

（5）曲轴位置传感器（CKPS）：检测曲轴转角位移，给 ECU 提供发动机转速信号和曲轴转角信号，作为喷油正时控制和点火正时控制的主控制信号。

（6）进气温度传感器（IATS）：给 ECU 提供进气温度信号，作为燃油喷射和点火控制的修正信号。

（7）冷却液温度传感器（ECTS）：给 ECU 提供发动机冷却液温度信号，作为燃油喷射和点火控制的修正信号，也是其他控制系统的控制信号。

（8）车速传感器（VSS）：检测汽车的行驶速度，给 ECU 提供车速信号，用于巡航控制和限速断油控制，也是自动变速器的主控制信号。

（9）氧传感器（O2S）：检测排气中的氧含量，对喷油量进行闭环控制。

（10）爆燃传感器（KS）：检测汽油机是否爆燃及爆燃强度，作为点火正时的修正信号。

（11）启动开关（STA）：发动机启动时，给ECU提供一个启动信号，作为燃油喷射和点火控制的修正信号。

（12）空调开关（A/C）：当空调开关打开，空调压缩机工作，发动机负荷加大时，由空调开关向ECU输入信号，作为燃油喷射和点火控制的修正信号。

（13）挡位开关：自动变速器由空挡挂入其他挡时，向ECU输入信号，作为燃油喷射和点火控制的修正信号。

（14）制动灯开关：制动时，向ECU提供制动信号，作为燃油喷射和点火控制的修正信号。

（15）动力转向开关：当方向盘由中间位置向左右转动时，由于动力转向油泵工作而使发动机负荷加大，此时向ECU输入信号，作为燃油喷射和点火控制的修正信号。

（16）巡航（定速）控制开关：当进入巡航控制状态时，向ECU输入巡航控制状态信号，由ECU对车速进行自动控制。

（二）电子控制单元（ECU）的功能与组成

ECU是一种电子综合控制装置，它所具备的基本功能如下：

（1）接受传感器或其他装置输入的信息，给传感器提供5 V、8 V、12 V参考（基准）电压等，将输入的信息转变为微机所能接收的信号。

（2）存储、计算、分析处理信息。存储计算所用的程序，存储该车型的特点参数，存储运算中的数据（随存随取），存储故障信息。

（3）运算分析。根据信息参数求出执行命令数值，将输出的信息与标准值对比，查出故障。

（4）输出执行命令。输出喷油、点火等控制命令，输出故障信息。

（5）自我修正功能（自适应功能）。

在发动机控制系统中，ECU不仅用来控制燃油喷射系统，同时还具有点火提前角控制、怠速控制、排放控制，进气控制、自诊断、失效保护和备用控制系统等多项控制功用。

（三）执行器

执行器是受ECU控制，具体执行某项控制功能的装置。ECU控制执行器电磁线圈的搭铁回路，或控制某些电子控制电路，如电子点火控制器等。

在发动机控制系统中，执行器主要有下列各种形式：① 电磁式喷油器；② 点火控制器（点火模块）；③ 怠速控制阀、怠速电机；④ EGR阀；⑤ 进气控制阀；⑥ 二次空气喷射阀；⑦ 活性炭罐排泄电磁阀；⑧ 车速控制电磁阀；⑨ 燃油泵继电器；⑩ 冷却风扇继电器；⑪ 空调压缩机继电器；⑫ 自动变速器档位电磁阀；⑬ 增压器释压电磁阀；⑭ 自诊断显示与报警装置；⑮ 故障备用程序启动装置；⑯ 仪表显示器。

随着控制功能的增加，执行器也将相应增加。

（四）典型电子元件识图与检查

悦动汽车典型电子元件识图与检查，如图1-3-2所示。

MFI 控制系统（G4GB:BETA II 1.8LMPI）（2） SD313-12

完整电路图

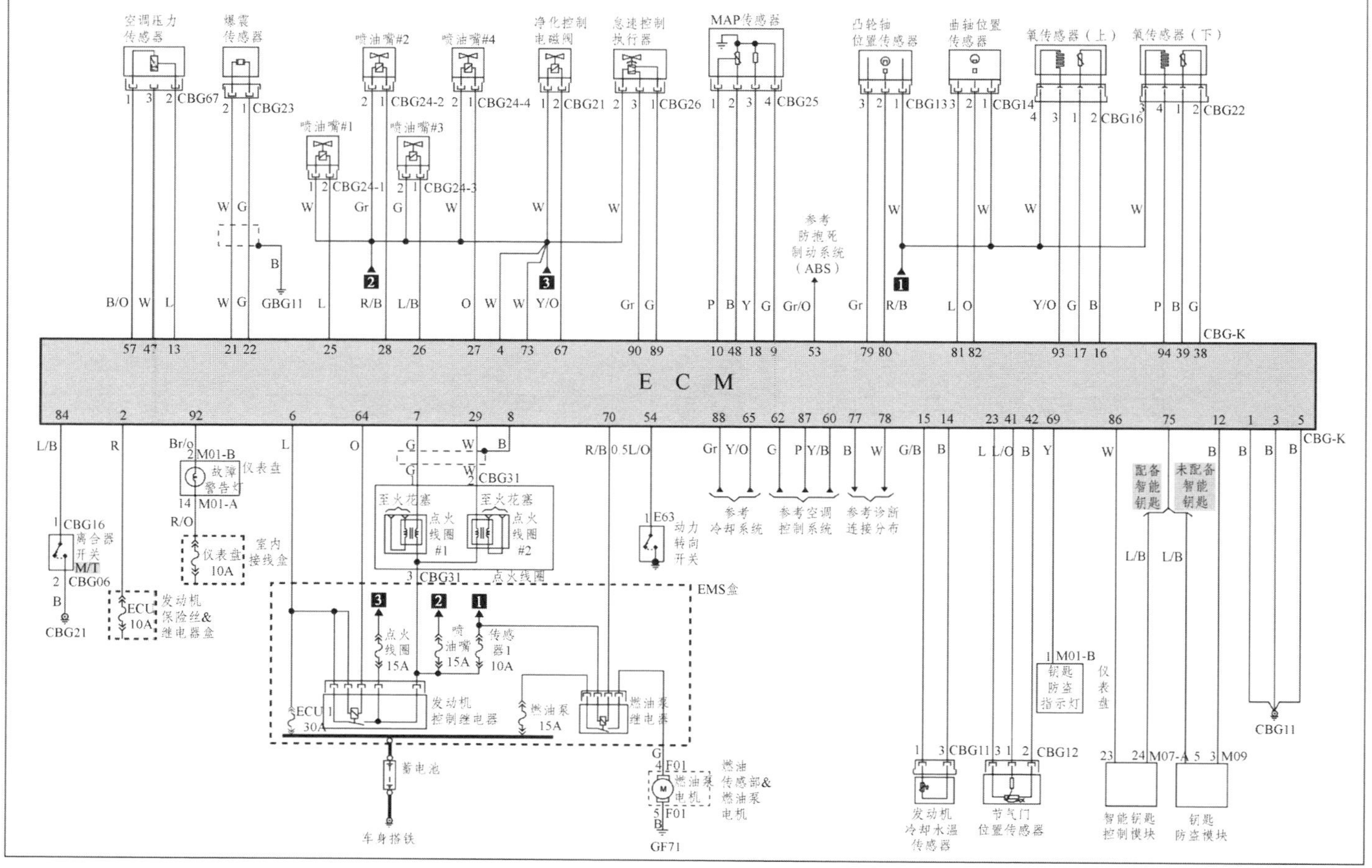

图 1-3-2 悦动控制系统电路

1. 曲轴位置传感器检测

悦动汽车曲轴位置传感器（CKPS）检测曲轴位置，是发动机控制系统最重要的传感器之一。如果没有 CKPS 信号输入，不供给燃油，即车辆不能在没有 CKPS 信号的情况下行驶。曲轴位置传感器安装在气缸体或变速器壳上，在发动机运行时通过这个传感器和信号轮构成的磁场产生交流电。信号轮在 360 度 CA（曲轴角）上包括 58 个导槽和 2 个缺齿。曲轴位置传感器检测如表 1-3-1 所示。

表 1-3-1　曲轴位置传感器检测

序号	步　　骤	图　示
1	查找维修手册，找到曲轴位置传感器在发动机上的安装位置	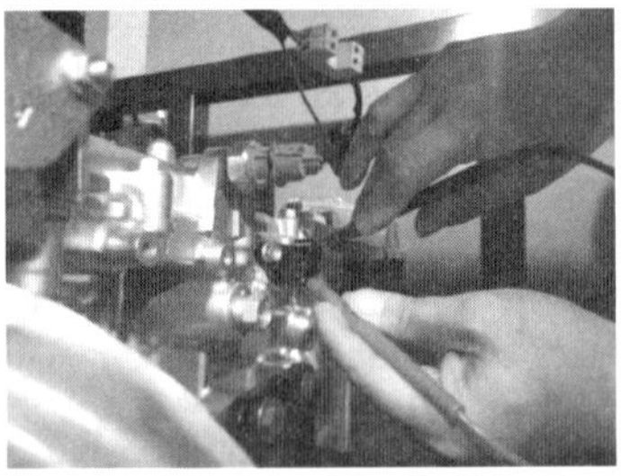
2	查找维修手册，找到曲轴位置传感器电路图。对照电路图和原车线束，确定曲轴位置传感器线束颜色	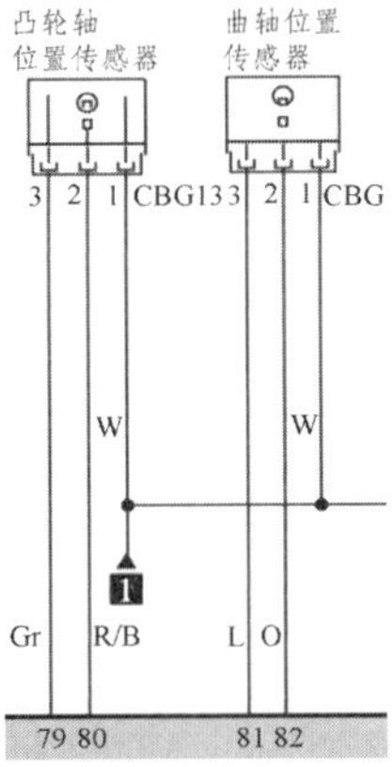
3	拔出线束接头，启动发动机用万用表交流电压挡 20 测量曲轴位置传感器信号电压。信号电压输出高于 0.1 V，说明传感器正常；信号电压为 0，说明传感器有故障	
4	用万用表测量曲轴位置传感器电阻，阻值为 2 kΩ左右	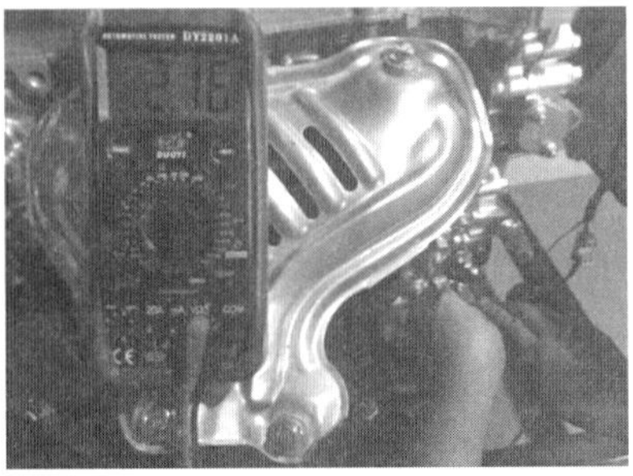

2. 1 号点火线圈检查

悦动汽车采用单缸独立点火系统。独立点火方式是指每缸火花塞配用一个点火线圈，单独对本缸进行点火。各缸点火线圈的初级绕组分别由点火器中的一个功率晶体管控制，整个点火系统的工作由 ECU 进行控制。1 号点火线圈检查如表 1-3-2 所示。

表 1-3-2　1 号点火线圈检查

序号	步骤	图示
1	查找维修手册，找到 1 号点火线圈在发动机上的安装位置	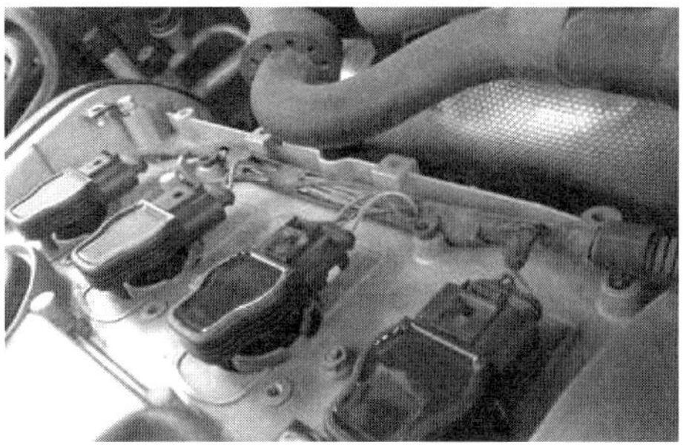
2	查找维修手册，找到 1 号点火线圈电路图。对照电路图和原车线束，确定 1 号点火线圈线束颜色	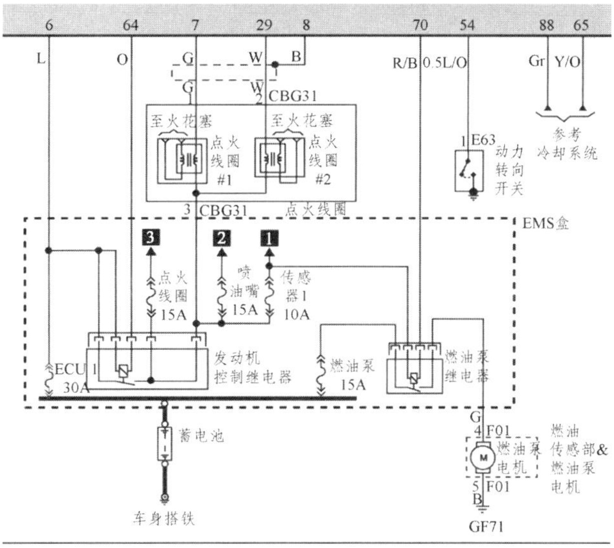
3	拔出 1 号点火线圈线束接头，点火开关打到 ON 挡，测量 1 号脚有 12 V 电压	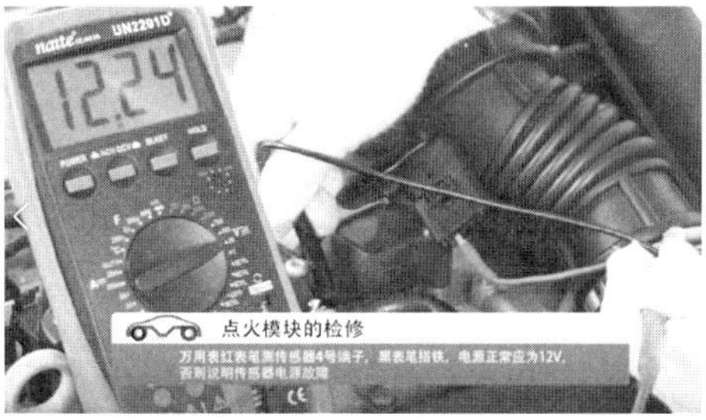

3. 冷却液温度传感器检查

冷却液温度传感器是一个具有负热敏系数的热敏电阻，外部以导热性良好的黄铜密封。如果冷却液温度传感器损坏，将导致冷车启动时供油量不足而不能启动。冷却液温度传感器检查如表 1-3-3 所示。

表 1-3-3　冷却液温度传感器检查

序号	步　　骤	图　　示
1	查找维修手册，找到冷却液温度传感器在发动机上的安装位置	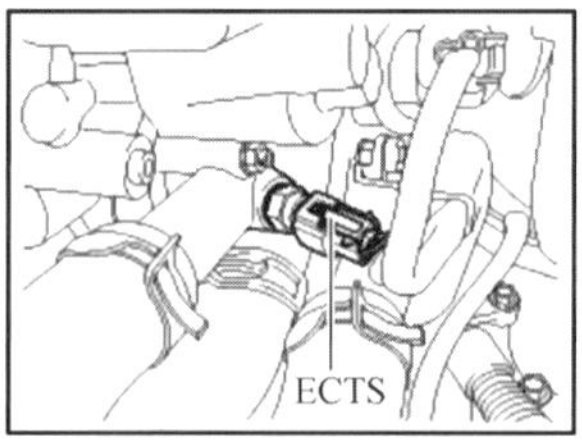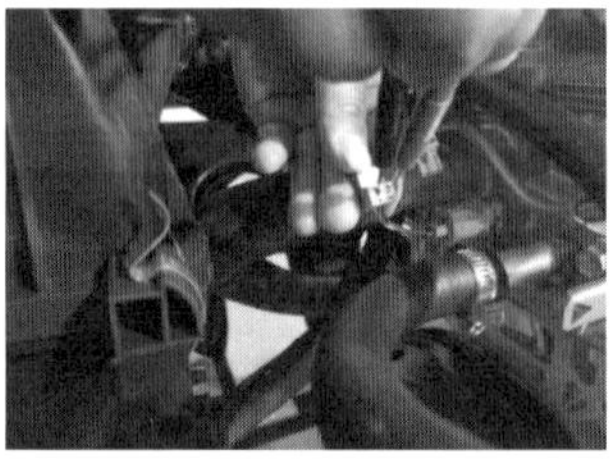
2	查找维修手册，找到冷却液温度传感器电路图。对照电路图和原车线束，确定冷却液温度传感器线束颜色	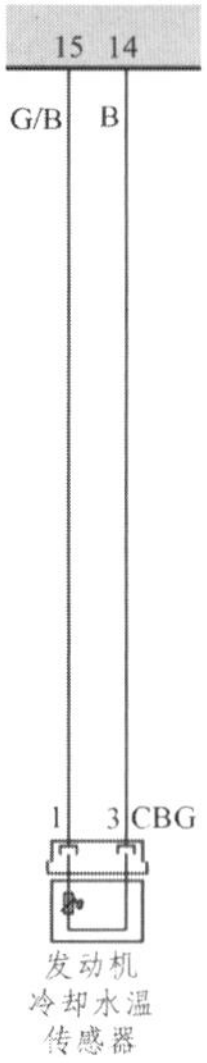
3	拔出冷却液温度传感器线束接头，打开点火开关，测量1号脚有5 V电压，关闭点火开关测量1和3号脚有0.4～20 kΩ电阻（水温不同，电阻值不同）	
4	关闭点火开关，测量1和3号脚有0.4～2 kΩ电阻（水温不同，电阻值不同）	

四、接车与填写接车问诊表

表 1-3-4　接车问诊表

<table>
<tr><td colspan="3">车牌号：______　车架号：______　行驶里程：______（km）</td></tr>
<tr><td colspan="3">用户名：______　电　话：______　来店时间：______</td></tr>
<tr><td colspan="3">用户陈述及故障发生时的状况：行驶过程中发现汽车故障灯点亮，车辆抖动严重，车辆熄火后重新启动，启动困难，加速无力</td></tr>
<tr><td colspan="3">故障发生状况提示：行驶速度、发动机状态、发生频率、发生时间、部位、天气、路面状况、声音描述</td></tr>
<tr><td colspan="3">接车员检测确认建议：检查点火系统和燃油供给系统部件和线路</td></tr>
<tr><td colspan="3">车间检测确认结果及主要故障零部件：</td></tr>
<tr><td colspan="3">车间检查确认者：______</td></tr>
<tr><td rowspan="3">外观确认：
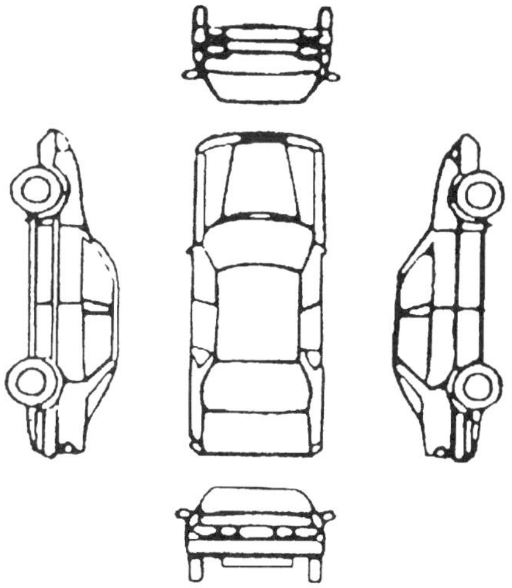
（请在有缺陷部位做标识）</td><td colspan="2">功能确认：（工作正常√　不正常×）
□音响系统　□门锁（防盗器）□全车灯光
• 工具　□后视镜　□天窗　□座椅
• 点烟器　□玻璃升降器　□玻璃</td></tr>
<tr><td colspan="2">物品确认：（有√　无×）</td></tr>
<tr><td>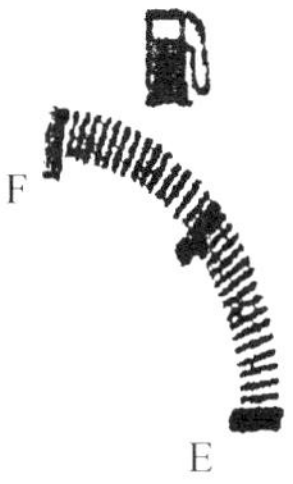
</td><td>• 贵重物品提示
□工具　□备胎
□灭火器　□其他（　　）
旧件是否交还用户
□是　□否
用户是否需要洗车
□是　□否</td></tr>
<tr><td colspan="3">• 检测费说明：本次检测的故障如用户在本店维修，检测费包含在修理费用内；如用户不在本店维修，请您支付检测费。本次检测费：¥　　　　元。
• 贵重物品：在将车辆交给我店检查修理前，已提示将车内贵重物品自行收起并保存好，如有遗失恕不负责。
接车员：______　用户确认：______</td></tr>
</table>

活页工单三　电子元件电路图识读方法

一、信息测评

查阅相关维修资料，学习典型车型电路图识读方法，完成以下内容。

（1）发动机控制系统主要由输入装置、__________、__________等组成。

（2）写出表 H1-3-1 中字母所代表的各元件的含义。

表 H1-3-1　字母代表的含义

字母	含　　义
MAFS	
TPS	
CKPS	
ECTS	
O2S	
ISC	
EGR	

（3）曲轴位置传感器安装在__________或变速器壳上，在发动机运行时通过这个传感器和信号轮构成的磁场产生________。

（4）冷却液温度传感器是一个具有________系数的热敏电阻。

（5）悦动汽车采用______________点火系统。

二、制订任务实施方案

分组查阅维修手册，查阅相关维修资料，学习电子元件的测量方法，完成以下内容。

1. 任务分工：

2. 任务实施步骤：

3. 异常情况处理办法：

三、任务实施

（1）曲轴位置传感器检测（见表 H1-3-2）。

表 H1-3-2　曲轴位置传感器检测

序号	步　骤	图　示	测量结果
1	查找维修手册，找到曲轴位置传感器在发动机上的安装位置	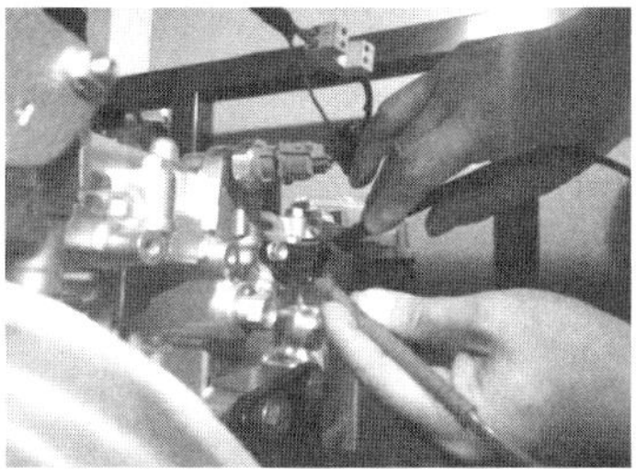	是否在原车上找到曲轴位置传感器： 是 □　　否 □
2	查找维修手册，找到曲轴位置传感器电路图。对照电路图和原车线束，确定曲轴位置传感器线束颜色	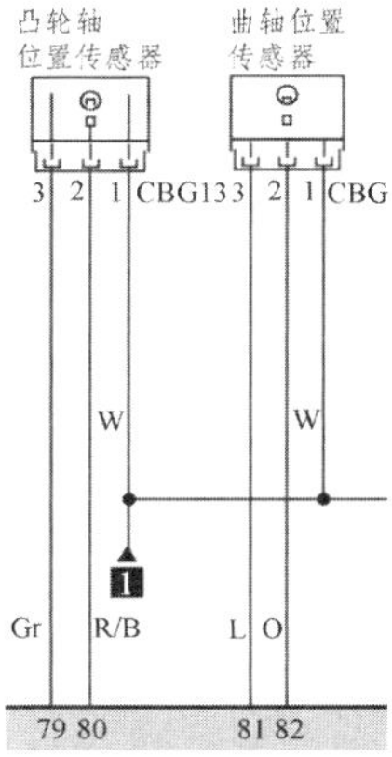	是否通过电路图查找到曲轴位置传感器电路，并在原车上对应找到曲轴位置传感器线束： 是 □　　否 □
3	拔出线束接头，启动发动机用万用表交流电压挡 20 测量曲轴位置传感器信号电压。信号电压输出高于 0.1 V，说明传感器正常；信号电压为 0，说明传感器有故障		测量曲轴位置传感器信号电压，信号电压为____V。 测量结果是否正常： 是 □　　否 □
4	用万用表测量曲轴位置传感器电阻，阻值为 2 kΩ 左右		测量曲轴位置传感器电阻，阻值为____Ω。 测量结果是否正常： 是 □　　否 □

（2）1 号点火线圈检查（见表 H1-3-3）。

表 H1-3-3　1 号点火线圈检查

序号	步　　骤	图　示	测量结果
1	查找维修手册，找到 1 号点火线圈在发动机上的安装位置	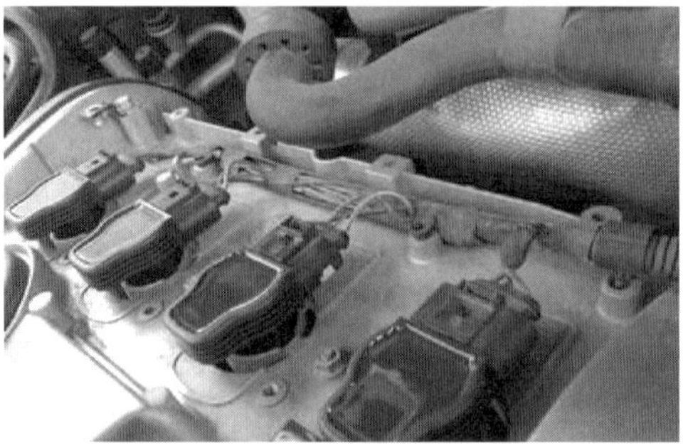	是否在原车上找到 1 号点火线圈： 是 □　　否 □
2	查找维修手册，找到 1 号点火线圈电路图。对照电路图和原车线束，确定 1 号点火线圈线束颜色	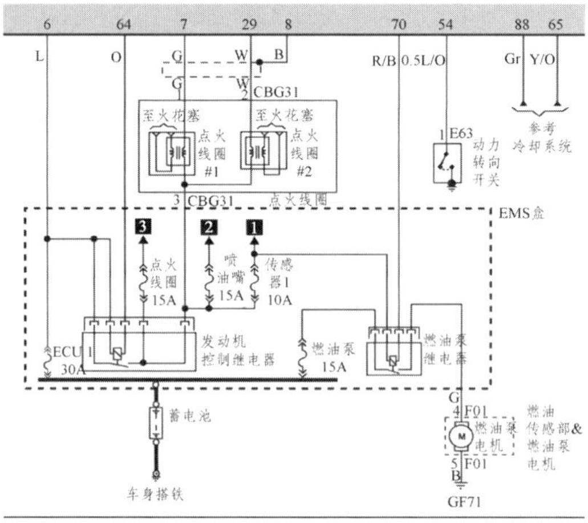	是否通过电路图查找到 1 号点火线圈电路，并在原车上对应找到 1 号点火线圈线束： 是 □　　否 □
3	拔出 1 号点火线圈线束接头，点火开关打到 ON 挡，测量 1 号脚有 12 V 电压	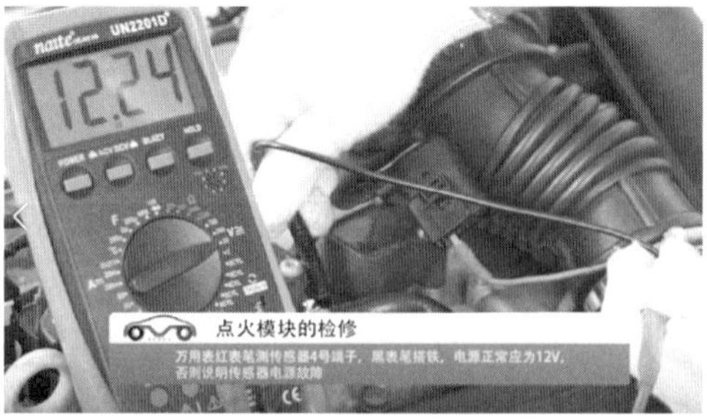	测量 1 号点火线圈电压，电压为____V。 测量结果是否正常： 是 □　　否 □

（3）冷却液温度传感器检查（见表 H1-3-4）。

表 H1-3-4　冷却液温度传感器检查

<table>
<tr><th>序号</th><th>步　骤</th><th>图　示</th><th>测量结果</th></tr>
<tr><td>1</td><td>查找维修手册，找到冷却液温度传感器在发动机上的安装位置</td><td>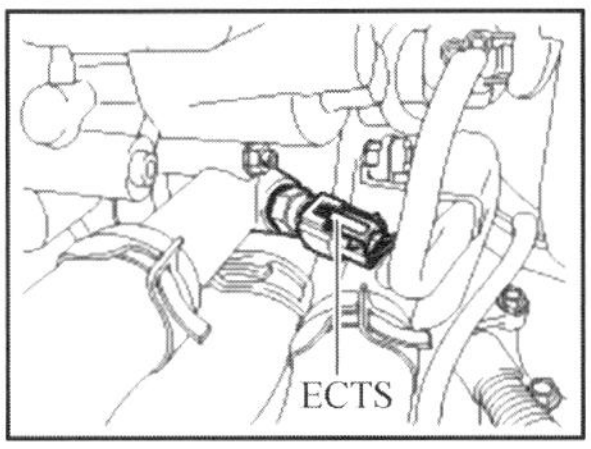

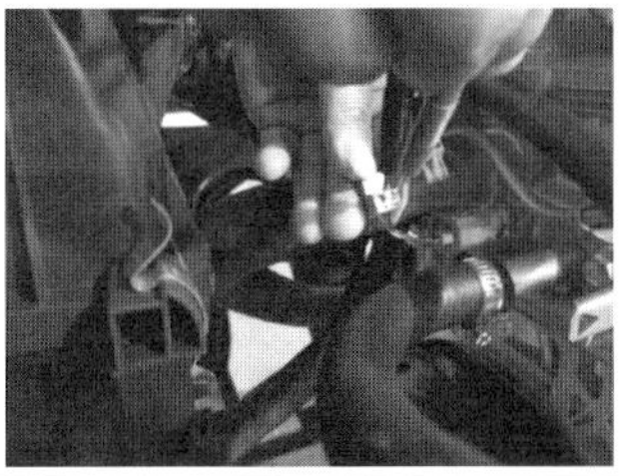</td><td>是否在原车上找到冷却液温度传感器：
是 □　　否 □</td></tr>
<tr><td>2</td><td>查找维修手册，找到冷却液温度传感器电路图。对照电路图和原车线束，确定冷却液温度传感器线束颜色</td><td>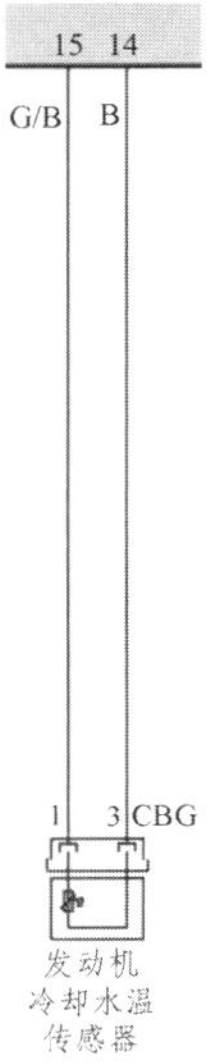
</td><td>是否通过电路图查找到冷却液温度传感器电路，并在原车上对应找到冷却液温度传感器线束：
是 □　　否 □</td></tr>
<tr><td>3</td><td>拔出冷却液温度传感器线束接头，打开点火开关，测量 1 号脚有 5 V 电压；关闭点火开关，测量 1 和 3 号脚有 0.4～20 kΩ电阻（水温不同，电阻值不同）</td><td>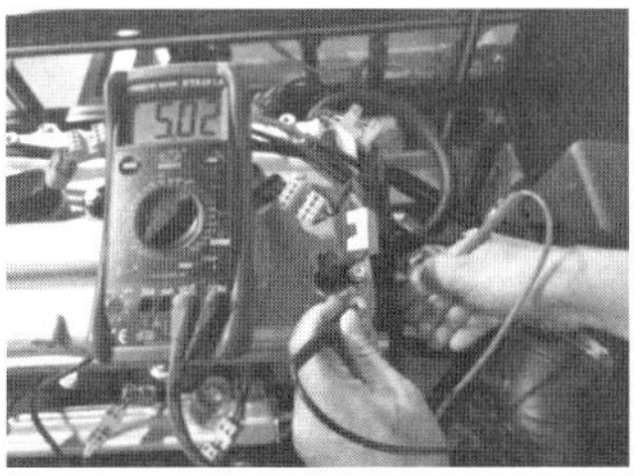</td><td>测量冷却液温度传感器电压，电压为______V。
测量结果是否正常：
是 □　　否 □</td></tr>
<tr><td>4</td><td>关闭点火开关，测量 1 和 3 号脚有 0.4～2 kΩ电阻（水温不同，电阻值不同）</td><td></td><td>测量冷却液温度传感器电阻，阻值为_____Ω。
测量结果是否正常：
是 □　　否 □</td></tr>
</table>

四、评价总结

表 H1-3-5　学习任务评价表

班级____________　小组____________　学号____________　姓名____________

<table>
<tr><td rowspan="2"></td><td rowspan="2">主要测评项目</td><td colspan="4">学生自评</td></tr>
<tr><td>A</td><td>B</td><td>C</td><td>D</td></tr>
<tr><td rowspan="5">关键能力总结</td><td>1. 遵守纪律，遵守学习场所管理规定，服从安排</td><td></td><td></td><td></td><td></td></tr>
<tr><td>2. 具有安全意识、责任意识、6S 管理意识，注重节约、节能与环保</td><td></td><td></td><td></td><td></td></tr>
<tr><td>3. 学习态度积极主动，能按时参加安排的实习活动</td><td></td><td></td><td></td><td></td></tr>
<tr><td>4. 具有团队合作意识，注重沟通，能自主学习及相互协作</td><td></td><td></td><td></td><td></td></tr>
<tr><td>5. 仪容仪表符合学习活动要求</td><td></td><td></td><td></td><td></td></tr>
<tr><td rowspan="3">专业知识与能力总结</td><td>1. 能通过维修手册查找电子元件电路图</td><td></td><td></td><td></td><td></td></tr>
<tr><td>2. 能进行实车电子元件查找并通过维修手册进行线束比对</td><td></td><td></td><td></td><td></td></tr>
<tr><td>3. 能进行电子元件检查</td><td></td><td></td><td></td><td></td></tr>
<tr><td>个人自评总结与建议</td><td colspan="5"></td></tr>
<tr><td>小组评价</td><td colspan="5"></td></tr>
<tr><td rowspan="2">教师评价</td><td rowspan="2"></td><td colspan="4">总评成绩</td></tr>
<tr><td colspan="4"></td></tr>
</table>

教师签字/日期：

（汽车电子电气与空调舒适系统技术）初级考题

模块：汽车电子电气与空调舒适系统技术（初级）		考核时间：30 分钟	
姓名：	班级：	学号：	考评员签字：
监考官初评：□合格 □不合格	组长复评：□合格 □不合格	总部总评：□合格 □不合格	
日期：	日期：	日期：	
考核项目一：线路读图与电子元件检查【实操考核报告】			

一、车辆信息记录

品牌		整车型号		生产日期	
发动机型号		发动机排量		行驶里程	
车辆识别码					

二、根据指定元件查询维修手册找到相关电路图及端（子）视图，记录电路信息，检测信号针脚电压

指定元件名称	针脚编号	针脚线束颜色	针脚功能	信号脚电压
曲轴位置传感器				
曲轴位置传感器相关电路图信息			记录所查询的电路图在维修手册章节页码或电路图代码	
曲轴位置传感器相关端视图信息			记录所查询的端视图在维修手册章节页码或电路图代码	
指定元件名称	针脚编号	针脚线束颜色	针脚功能	信号脚电压
1 号油门踏板位置传感器				
1 号油门踏板位置位置传感器相关电路图信息：			记录所查询的电路图在维修手册章节页码或电路图代码	
1 号油门踏板位置位置传感器相关端视图信息：			记录所查询的端视图在维修手册章节页码或电路图代码	

三、检测电子元件，判断元件名称，简写检测方法

序号	元件名称	简写检测方法	检测数据	判定
1	二极管			正常□ 异常□
2	三极管			正常□ 异常□
3	电容			正常□ 异常□
4	电阻			正常□ 异常□

四、查询维修手册，记录车身控制模块指定针脚功能信息

指定针脚功能	所在模块端视图名称	针脚编号	导线颜色
左转向灯开关			
刹车灯开关			
左后雾灯开关			
倒车灯开关			
喇叭开关			

（汽车电子电气与空调舒适系统技术）初级考题——配分评分表

考核项目一：线路读图与电子元件检查【配分评分表】

一、考试情景

- 考试院校可根据实际情况选用整车或台架；
- 若选用整车请填写【1 车辆信息】；
- 若选用发动机台架请填写【2 台架信息】；
- 若选用整车或台架具备功能需符合【应具备正常系统功能】栏。

1. 车辆信息

品牌		整车型号		生产日期	
发动机型号		发动机排量		行驶里程	
车辆识别码					
应具备正常系统功能	启动系统、点火系统、电控燃油喷射系统、进气系统、排气系统功能需正常				

2. 发动机台架信息

台架型号		台架号		生产日期	
应具备正常系统功能	1. 发动机台架需能进行动态测试 2. 启动系统、点火系统、电控燃油喷射系统、进气系统、排气系统功能需正常				

3. 使用资料情况（依据院校实际情况填写使用资料情况）

- 考试院校根据选用整车或发动机台架填写【使用维修手册】及【使用其他的资料】信息。

使用维修手册	品牌：　　车型：　　年份： □中文版　□英文版	□电子档　□纸质档
维修手册需具备资料	需具备电控燃油喷射系统、车身控制模块资料	
使用其他的资料		
资料名称	种类	类型
万用表使用手册	□电子档　□纸质档	□中文版　□英文版

4. 使用设施设备情况（依据院校实际情况填写使用设施设备）

- 院校依据【使用设施设备】填写【学校实际使用设施设备名称】及【品牌】；
- 院校需按【要求数量】准备设施设备。

使用设施设备					
序号	设施设备名称	学校实际使用设施设备名称	品牌	要求数量	使用项目
1	维修工具套装	180 件套		1	零件拆装
2	多功能万用表			1	电路电压、电阻检测
3	二极管元件			2	电子元件检测
4	三极管元件			2	电子元件检测
5	电容元件			2	电子元件检测
6	电阻元件			2	电子元件检测
7	背插针			10	用于插接插头和线束
依据：汽车运用与维修职业技能考核【初级】培训方案准则中【汽车电子电气与空调舒适系统技术】-【强化培训设备与工具清单】任务 1-5，页码：P72-73					

5. 车辆故障信息（依据院校实际情况填写使用车辆故障信息）

- 依据院校实际情况填写【车辆原有故障信息】，车辆原有故障不应影响考核项目顺利进行。

车辆原有故障	

6. 车辆设置考题

- 院校依据【设置考题】进行考题设置。

车辆设置考题	一、车辆信息记录； 二、根据指定元件查询维修手册找到相关电路图及端视图，记录电路信息，检测信号针脚电压 设置考题：选定一种传感器设定信号导线断路； 三、检测电子元件，判断元件名称，填写检测方法； 四、查询维修手册，记录车身控制模块指定针脚功能信息
设置考题依据	汽车运用与维修职业技能考核【初级】培训方案准则中【汽车电子电气与空调舒适系统技术】初级任务1-5，页码：P76-80

二、考试评分细项

- 监考官依据此项对考生进行评分。

评分项	得分条件	评分标准	配分	扣分
情意面 （作业安全） （职业操守）	1. 能进行工位7S操作（总分3分） □1.1 整理、整顿（0.5分） □1.2 清理、清洁（1分） □1.3 素养、节约（0.5分） □1.4 安全（1分） 2. 能进行设备和工具安全检查 （总分3分） □2.1 检查作业所需要的工具设备是否完备，有无损坏（0.5分） □2.2 检查作业环境是否配备灭火器（0.5分） □2.3 检查检测设备的电量是否充足（1分） □2.4 检查检测设备的插头及电缆的放置位置是否安全（1分） 3. 能进行车辆安全防护操作（总分3分） □3.1 正确安装蓄电池电源线缆（2分） □3.2 正确对台架脚轮进行锁止（1分） 4. 能进行工具清洁校准存放操作（总分3分） □4.1 使用工具前对工具量具进行校准（1分） □4.2 使用工具后对工具量具进行清洁（1分） □4.3 作业完成后对工具进行复位（1分） 5. 能进行三不落地操作（总分3分） □5.1 作业过程做到工具不落地（2分） □5.2 作业过程做到零件不落地（1分）	依据得分条件进行评分，按要求完成在□打√，未按要求完成在□打×并扣除对应分数，扣分不得超15分	15	
技能面 （应用技能） （操作技能）	1. 能正确检查曲轴位置传感器信号电压（总分：5分） □1.1 插接信号针脚是否错误（1分） □1.2 线束及插头密封圈没有出现破损（1分） □1.3 插接背插针后，是否检查插接是否良好（1分）			

续表

评分项	得分条件	评分标准	配分	扣分
技能面 （应用技能） （操作技能）	□1.4 检测信号电压时，多功能万用表的表笔连接是否正确（1分） □1.5 多功能万用表所选择量程是否符合规格（0.5分） □1.6 多功能万用表所选择挡位是否符合要求（0.5分） 2. 能正确检查1号油门踏板位置传感器信号电压（总分：5分） □2.1 插接信号针脚是否错误（1分） □2.2 线束及插头密封圈没有出现破损（1分） □2.3 插接背插针后，是否检查插接是否良好（1分） □2.4 检测信号电压时，多功能万用表的表笔连接是否正确（1分） □2.5 多功能万用表所选择量程是否符合规格（0.5分） □2.6 多功能万用表所选择挡位是否符合要求（0.5分） 3. 能正确检查二极管（总分：5分） □3.1 能确认二极管的正、负极针脚（1分） □3.2 能确认二极管的稳压值规格（1分） □3.3 能正确选择导通挡（0.5分） □3.4 能正确测量二极管正向和反向的导通情况（1分） □3.5 能正确选择符合规格的电阻挡量程（0.5分） □3.6 能正确记录二极管正向和反向的电阻值且单位正确（1分） 4. 能正确检查三极管（总分：3分） □4.1 能正确选择导通挡（1分） □4.2 能正确检查两两针脚之间的导通情况（1分） □4.3 能正确确认三极管是NPN还是PNP（1分） 5. 能正确检查电容（总分3分） □5.1 能正确读取电容的规格（1分） □5.2 能正确选择电容挡（1分） □5.3 能正确记录电容的电容值且单位正确（1分） 6. 能正确检查电阻（总分4分） □6.1 能正确读取电阻色码表（2分） □6.2 能正确选择电阻挡（1分） □6.3 能正确记录电阻的电阻值且单位正确（1分）	依据得分条件进行评分，按要求完成在□打√，未按要求完成在□打×并扣除对应分数，扣分不得超25分	25	
作业面 （保养作业） （拆装作业） （维修作业）	1. 能正确检查曲轴位置传感器电路图信息（总分：7.5分） □1.1 从电路图中读取曲轴位置传感器各个针脚编号（1分） □1.2 从电路图中读取曲轴位置传感器各个针脚线束颜色（1分） □1.3 从端视图中读取曲轴位置传感器各个针脚说明（1.5分） □1.4 确认曲轴位置传感器信号针脚位置，并插接背插针（1.5分） □1.5 确认所需量程并调试多功能万用表（1分） □1.6 检查曲轴位置传感器信号电压（1.5分）	依据得分条件进行评分，按要求完成在□打√，未按要求完成在□打×并扣除对应分数，扣分不得超25分	25	

续表

评分项	得分条件	评分标准	配分	扣分
作业面 （保养作业） （拆装作业） （维修作业）	2. 能正确检查1号油门踏板位置位置传感器（总分：7.5分） □2.1 从电路图中读取 1 号油门踏板位置位置传感器各个针脚编号（1分） □2.2 从电路图中读取 1 号油门踏板位置位置传感器各个针脚线束颜色（1分） □2.3 从端视图中读取 1 号油门踏板位置位置传感器各个针脚说明（1.5分） □2.4 确认 1 号油门踏板位置位置传感器信号针脚位置，并插接背插针（1.5分） □2.5 确认所需量程并调试多功能万用表（1分） □2.6 检查1号油门踏板位置位置传感器信号电压（1.5分） 3. 能正确检查二极管（总分：2.5分） □3.1 选择合适的挡位（1分） □3.2 测量二极管（1.5分） 4. 能正确检查三极管（总分：2.5分） □4.1 确认多功能万用表的挡位（1分） □4.2 测量三极管并记录数据（1.5分） 5. 能正确检查电容（总分：2.5分） □5.1 确认多功能万用表的挡位（1分） □5.2 测量电容并记录数据（1.5分） 6. 能正确检查电阻（总分：2.5分） □6.1 确认多功能万用表的挡位（1分） □6.2 测量电阻并记录数据（1.5分）	依据得分条件进行评分，按要求完成在□打√，未按要求完成在□打×并扣除对应分数，扣分不得超25分	25	
信息面 （信息录入） （资料应用） （资讯检索）	1. 能正确使用维修手册查询资料（总分：2.5分） □1.1 查询曲轴位置传感器的电路图（0.5分） □1.2 查询曲轴位置传感器的针脚端视图（0.5分） □1.3 查询1号油门踏板位置位置传感器的电路图（0.5分） □1.4 查询 1 号油门踏板位置位置传感器的针脚端视图（0.5分） □1.5 查询控制模块的针脚端视图（0.5分） □2. 能正确使用电阻色码表查询色码阻值及倍数（1.5分） □3. 记录的曲轴位置传感器的针脚线束颜色编译及针脚功能是否正确（0.5分） □4. 记录的1号油门踏板位置位置传感器的针脚线束颜色编译及针脚功能是否正确（0.5分） □5. 记录左转向灯开关所在模块端视图名称、针脚编号、导线颜色是否正确（1分） □6. 记录刹车灯开关所在模块端视图名称、针脚编号、导线颜色是否正确（1分） □7. 记录左后雾灯开关所在模块端视图名称、针脚编号、导线颜色是否正确（1分） □8. 记录倒车灯开关所在模块端视图名称、针脚编号、导线颜色是否正确（1分） □9. 记录喇叭开关所在模块端视图名称、针脚编号、导线颜色是否正确（1分）	依据得分条件进行评分，按要求完成在□打√，未按要求完成在□打×并扣除对应分数，扣分不得超10分	10	

续表

评分项	得分条件	评分标准	配分	扣分
工具及设备的使用能力（岗位所需工具设备的使用能力）（办公软件的使用能力）（查询软件的使用能力）	□1. 能正确选用维修工具（2 分） □2. 能正确使用维修工具拆装（2 分） □3. 能正确使用多功能万用表（2 分） □4. 能正确使用背插针（4 分）	依据得分条件进行评分，按要求完成在□打√，未按要求完成在□打×并扣除对应分数，扣分不得超 10 分	10	
分析面（诊断分析）（检测分析）（调校分析）	1. 能判断二极管是否正常（总分：3 分） □1.1 判断二极管检测方法（1 分） □1.2 判断二极管正负极及电流方向（1 分） □1.2 判断二极管检测数据是否正常（1 分） 2. 能判断三极管是否正常（总分：3 分） □2.1 判断三极管检测方法（1 分） □2.2 判断三极管的类型及电流方向（1 分） □2.3 判断三极管检测数据是否正常（1 分） 3. 能判断电容是否正常（总分：2 分） □3.1 判断电容检测方法（1 分） □3.2 判断电容检测数据是否正常（1 分） 4. 能判断电阻是否正常（总分：2 分） □4.1 判断电阻检测方法（1 分） □4.2 判断电阻检测数据是否正常（1 分）	依据得分条件进行评分，按要求完成在□打√，未按要求完成在□打×并扣除对应分数，扣分不得超 10 分	10	
表单填写与报告的撰写能力（电子工单）（纸质工单）（任务记录单）	□1. 字迹清晰（1 分） □2. 语句通顺（1 分） □3. 无错别字（1 分） □4. 无涂改（1 分） □5. 无抄袭（1 分）	依据得分条件进行评分，按要求完成在□打√，未按要求完成在□打×并扣除对应分数，扣分不得超 5 分	5	
合计：				

项目二　启动与充电系统检查保养

项目目标

（1）会分析启动系统与充电系统结构与工作原理。

（2）会检查蓄电池性能。

（3）会更换蓄电池。

（4）能检查保养更换发电机。

（5）能检查保养更换启动机。

项目任务

任务一　汽车启动与充电系统认识

任务二　电池启动性能检查与更换

任务三　发电机的检查保养与更换

任务四　启动机的检查保养与更换

资源准备

汽车启动充电系统检修一体化教室，并准备如下实训设备、仪器设备、工量具等：

（1）设备：启动充电系统台架或教学实训车辆（每小组 1 台，4～6 人一组）。

（2）工量具、仪器设备：万用表、试灯、接线盒、常用工具等。

（3）辅助工具：电烙铁、焊锡、松香、大头针、导线、手电筒等。

（4）其他材料：维修手册、实训指导书、教学软件、教学微课等。

任务一　汽车启动与充电系统认识

一、任务目标

阅读下面文字内容和信息，标记出充电指示灯常亮故障检修关键内容。

（1）充电系统电路由哪些元件组成。

（2）这些元件分别起到什么作用。

（3）这些元件在车上的安装位置。

（4）待修车辆充电系统电路控制原理。

（5）根据电路控制原理列出充电指示灯常亮的原因。

（6）从哪几个点入手对充电系统电路检测。

（7）安全规定。进行充电指示灯常亮故障检修时必须遵守哪些安全规定。

（8）准备工作。进行充电指示灯常亮故障检修前必须做好哪些准备工作，需要用到什么工具和材料。

二、情境导入

一辆现代悦动轿车，行驶里程为 55 000 km，车主报修，仪表灯会常亮，经过诊断，确定是启动系统故障引起。首先检查发电机皮带是否断裂或者打滑，其次检查线束连接情况和蓄电池状况，最后检测发电机本身有损坏故障。如果你是一名汽车售后维修技术人员，应如何解决这个故障呢?

三、信息收集

汽车上的蓄电池不具备长期给电气系统供电的能力，所以需要不断充电。充电系统如图 2-1-1 所示。充电系统作用有两个：一是给蓄电池补充充电；二是发动机工作时，向电气元件提供电量。现在被普遍采用的是交流充电系统。由于汽车需要的是直流电，所以，发电机所产生的交流电在输出前必须整流（转换成直流电）。

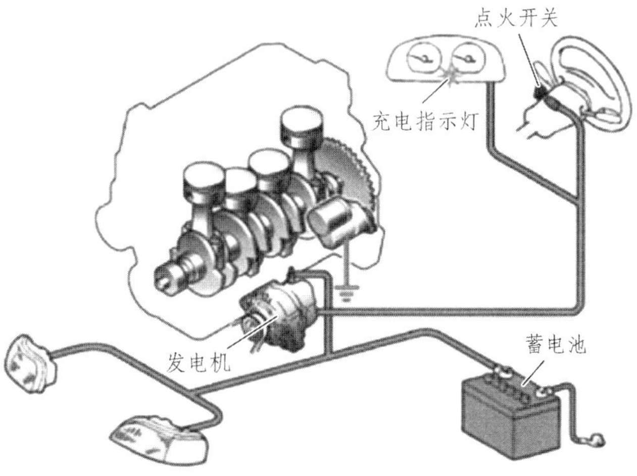

图 2-1-1　充电系统

每次启动发动机时，由蓄电池供给启动系统和点火系统所需的全部电流。随着发动机转速升高，充电系统产生的电压可以超过蓄电池电压，此时，发电机可以给蓄电池充电。如果用电需求增加，发电机的输出电压低于蓄电池电压时，蓄电池就和发电机一起给电气系统供电。

充电系统由一个蓄电池和一个发电机构成。蓄电池必须有足够的能量去运行启动机和其他电力系统。发电机在发动机运行时工作，当蓄电池需要加大输出电流时向蓄电池充电。仪表板装有充电警告灯，它在发电机没有输出电能或者电能输出过低的情况下被点亮。

（一）充电系统的组成

汽车采用整体式硅整流发电机，电压调节器组装在发电机内。发电机电枢绕组有星形接法和三角形接法两种形式，整流器采用 6 只二极管组成的三相桥式整流电路。发电机整流电路有 8 只二极管的，其中有两只二极管（与电枢绕组的中点相接）用于电枢绕组的单相谐波整流，以提高发电机的充电效率。汽车的充电系统比较复杂，主要由蓄电池、交流发电机、调节器以及相关线路构成，有些车上还装有电源总开关或蓄电池继电器、充电指示灯及继电器、磁场继电器和电压表等。

1. 发电机

汽车用发电机又称硅整流发电机，其结构由定子、转子（电枢）、整流器、电压调节器等线成。若调节器置于发电机内（见图 2-1-2），则称整体式发电机；按整流二极管的多少来分，则有六管、八管、九管、十一管发电机；按励磁绕组搭铁方式不同，又分内搭铁式和外搭铁式两种。

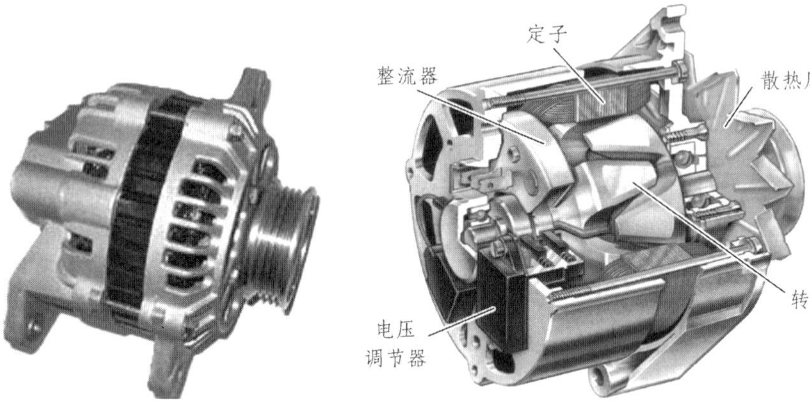

图 2-1-2　汽车用发电机

2. 调节器

调节器在结构上分触点振动式和电子式两种，电子式调节器包括晶体管式和集成电路式两种。当调节器置于发电机内部时，常称内装式调节器，如图 2-1-2 所示。若调节器除控制发电机电压外，还兼备控制充电指示灯、过电压保护、充电系统故障指示灯等功能，则称为多功能调节器。

3. 充电状态指示装置

汽车充电系统的指示装置有充电指示灯、电流表或电压表。充电系统的维护：

（1）蓄电池的搭铁极性必须与发电机搭铁极性相同。国产及进口交流发电机均为负极搭铁，蓄电池必须负极搭铁，否则蓄电池将通过二极管大电流放电，使二极管烧坏。

（2）发电机运转时，不能用试火方法检查发电机是否发电，否则容易损坏二极管及其他电子元件。

（3）若发现交流发电机不发电或充电电流较小时，应及时找出故障予以排除。如长期带故障运行，发电机可能出现严重故障或损坏。一个二极管短路，将会使其他二极管和定子绕组烧坏。

（4）整流器的 6 只二极管与定子绕组相连接时，绝对禁止用兆欧表（摇表）或 220 V 交流电流检查发电机绝缘情况，否则将使二极管击穿而损坏。

（5）发电机与蓄电池之间的导线连接要可靠，如突然断开，将会产生过电压，易损坏二极管或其他电子元件。

（6）发动机熄火后，应将点火开关断开，否则蓄电池长期向磁场绕组放电，使磁场绕组过热而损坏。

（7）调节器与交流发电机的搭铁形式必须一致。内搭铁型调节器只能与内搭铁型发电机配合使用，外搭铁型调节器只能与外搭铁型发电机配合使用。否则发电机无磁场电流而不能输出电压。

（8）调节器与交流发电机的电压等级必须一致，否则充电系统不能正常工作。

（二）内搭铁式电压调节器充电系统电路

图 2-1-3 所示为与内搭铁晶体管调节器配套使用的充电系统电路原理图。VT_1 为小功率开关管，VT_2 为大功率管，VD 为稳压二极管。

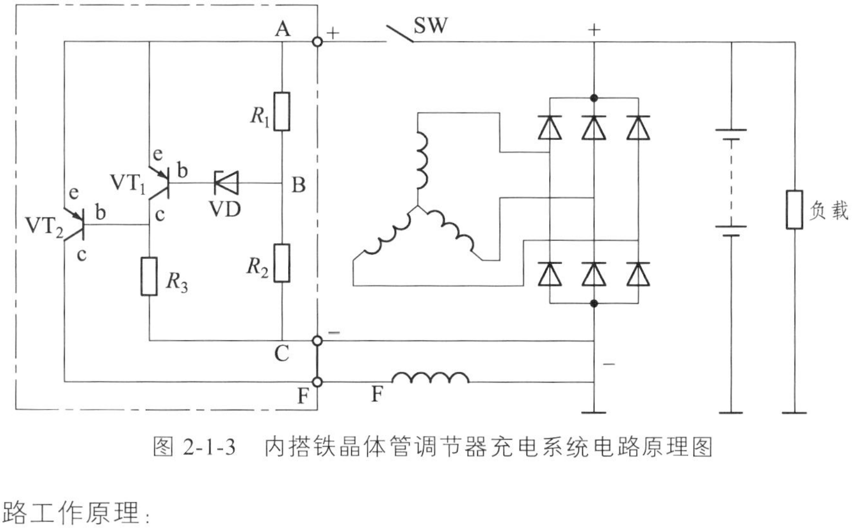

图 2-1-3　内搭铁晶体管调节器充电系统电路原理图

电路工作原理：

当点火开关 SW 闭合后，蓄电池电压便加在 A、C 两端，R_1 上的分压 U_{AB} 通过晶体管 VT_1 的发射极加到稳压管 VD 上。此时由于蓄电池电压低于发电机的规定电压值，故加到稳压管上的电压值低于稳压管的反向击穿电压 U_{VD}，稳压管 VD 截止，VT_1 无基极电流而截止。VT_2 由 R_3 提供偏置电流而处于饱和导通状态，蓄电池便经 VT_2 给发电机励磁绕组提供励磁电流，电流通路为：

蓄电池正极→点火开关 SW→调节器正接线柱→VT_2（e，c）→调节器 F 接线柱→发电机 F 接线柱→发电机励磁绕组→搭铁→蓄电池负极。若此时发电机运转，发电机电压就会随转速的升高而升高。当发电机电压升到蓄电池电压时，发电机开始自励发电。当发电机电压超过规定值时，通过 R_1 的分压加到稳压管 VD 上的电压超过稳压管 VD 的反向击穿电压，稳压管导通，VT_1 获得基极电流而导通。VT_1 导通后，VT_2 的发射极被短路，因而 VT_2 截止，从而断开发电机的励磁电流，使得发电机电压迅速下降。

当发电机电压降到低于规定值时，加到稳压管 VD 上的电压又低于其反向击穿电压，稳压管重新截止，使 VT_1 也截止，VT_2 重新导通，接通发电机的励磁电路而使发电机电压又升高。如此反复，发电机的输出电压便稳定在规定的调节范围内。

（三）与外搭铁式电压调节器充电系统电路

外搭铁晶体管调节器的基本电路如图 2-1-4 所示。其特点是功率三极管串联在发电机励磁绕组的搭铁端，即发电机励磁电路是通过调节器的功率三极管来搭铁的，因此，必须与外搭铁的交流发电机配套使用。另外，其功率三极管以 NPN 型为主。

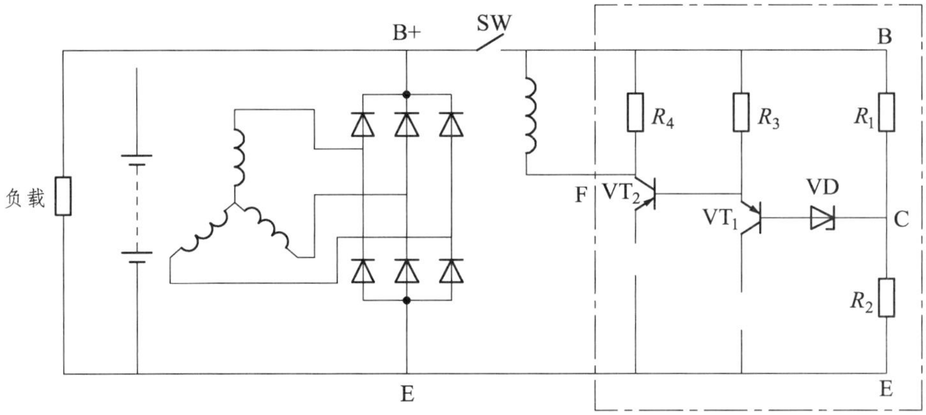

图 2-1-4　外搭铁晶体管调节器的充电系统电路原理图

基本工作原理：

当点火开关 SW 闭合后，蓄电池电压便加在 B、C 两端，R_1 上的分压 U_{BC} 加到稳压管 VD 上，此时由于蓄电池电压低于发电机的规定电压值，故加到稳压管上的电压值低于稳压管的反向击穿电压 U_{VD}，稳压管 VD 截止，VT_1 无基极电流而截止。VT_2 由 R_3 提供偏置电流而处于饱和导通状态，蓄电池便经 VT_2 给发电机励磁绕组提供励磁电流，电流通路为：

蓄电池正极→点火开关 SW→发电机励磁绕组→调节器 F 接线柱→VT_2 搭铁→蓄电池负极。

若此时发电机运转，发电机电压就会随转速的升高而升高。当发电机电压升到蓄电池电压时，发电机开始自励发电。当发电机电压超过规定值时，通过 R_1 的分压加到稳压管 VD 上的电压超过稳压管 VD 的反向击穿电压，稳压管导通，VT_1 获得基极电流而导通。VT_1 导通后，VT_2 的基极被短路，因而 VT_2 截止，从而断开发电机的励磁电路，使得发电机电压迅速下降。

当发电机电压降到低于规定值时，加到稳压管 VD 上的电压又低于其反向击穿电压，稳压管重新截止，使 VT_1 也截止，VT_2 重新导通，接通发电机的励磁电路而使发电机电压又升高。如此反复，发电机的输出电压便稳定在规定的调节范围内。

（四）利用 3 个磁场二极管控制充电指示灯充电电路

九管交流发电机的特点是发电机中除了一般常用的 6 只二极管外，又增加了 3 只功率较小的二极管，专门用来给磁场提供电流，所以又称为磁场二极管。采用磁场二极管后，可以省去继电器，而仅利用简单的充电指示灯即可表示发电机工作情况的好坏，如图 2-1-5 所示。

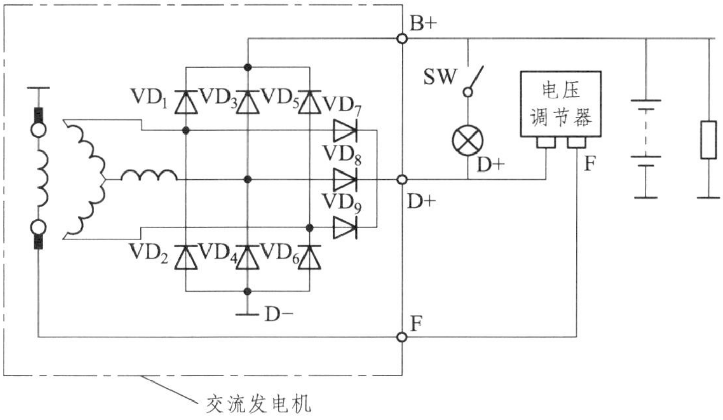

图 2-1-5　九管交流发电机充电指示灯控制电路

在发电机中 VD_7、VD_8、VD_9 为磁场二极管。发电机工作时，在发电机定子的三相绕组中产生的三相交流电动势，经 $VD_1 \sim VD_6$ 组成的三相全波桥式整流电路整流后，输出直流电压 U_{B+} 向蓄电池充电和向用电设备供电。发电机的励磁电流则由 3 个磁场二极管 VD_7、VD_8、VD_9 和 3 个负极二极管 VD_2、VD_4、VD_6 组成的三相全波桥式整流电路整流后的直流电压 U_{D+} 供给。

点火开关 SW 接通时，蓄电池电流经充电指示灯→调节器接线柱 D＋→晶体管调节器中的大功率管→调节器接线柱 F→发电机励磁绕组→搭铁，构成回路。此时充电指示灯亮，指示发电机被励磁。

当发电机工作时，充电指示灯是由蓄电池电压与磁场二极管的输出端“D＋”电压的差值所控制的。随着发电机转速的升高，发电机“D＋”电压增高，故充电指示灯的亮度减弱。当发电机电压达到蓄电池充电电压时，发电机开始自励，此时充电指示灯因两端的电位相等而熄灭，则表示发电机已经正常工作。

当发电机转速降低或发电机有故障时，则发电机“D＋”电压降低，由于指示灯两端的电位差增大，指示灯又亮。这样利用该充电指示灯不仅可在停车后发亮警告驾驶员及时关掉电源开关，又可指示发电机的工作情况，同时还省去了结构复杂的继电器。

（五）汽车启动系统的组成

要使发动机由静止状态过渡到工作状态，必须先用外力转动发动机的曲轴，使发动机自行运转，工作循环自动进行。因此，曲轴在外力作用下由静止状态开始转动到发动机自动地怠速运转的全过程，称为发动机的启动。

完成启动过程所需的装置，称为发动机的启动系统。启动系统由蓄电池、点火开关、启动继电器、启动机等组成，如图 2-1-6 所示。启动系统的功用是通过启动机将蓄电池的电能转换成机械能，启动发动机运转。

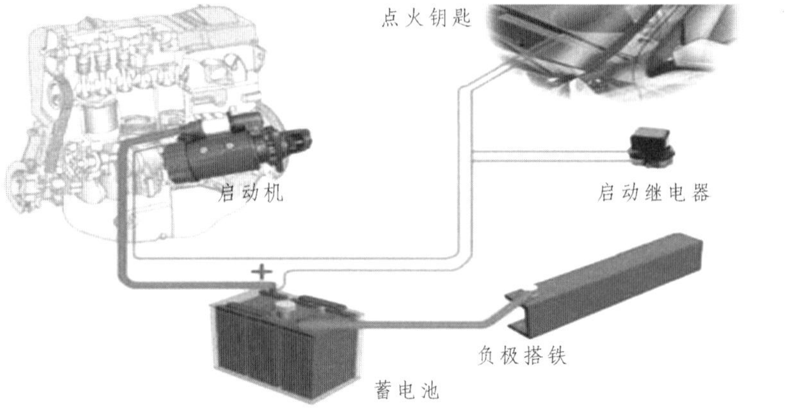

图 2-1-6　汽车启动系统

启动机按控制方式的不同可分为机械控制启动机、电磁控制启动机两种。汽车上基本采用都是的电磁控制启动机。电磁控制启动机方式中，以直流串励式启动机、永磁式启动机、减速启动机三种最为常见。图 2-1-7 所示为一个启动机的结构图，主要由直流电动机（包括机壳、磁极、电枢、换向器、电刷等）、传动机构（包括单向离合器、驱动齿轮、拨叉等）、控制开关（包括保持线圈、吸引线圈、触点、接线柱、接触盘等）构成。

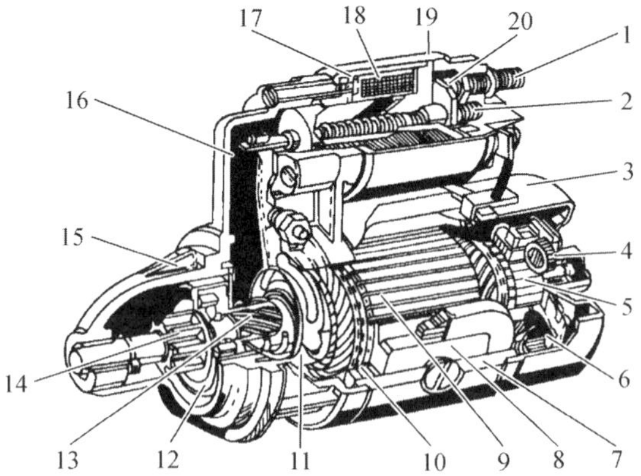

1—接线柱；2—接触盘；3—前端盖；4—电刷弹簧；5—换向器；6—电刷；7—机壳；8—磁极；9—电枢电枢轴；10—磁场绕组；11—拨叉；12—单向离合器；13—移动齿轮；14—驱动齿轮；15—后端盖；16—励磁绕组；17—吸引线圈；18—保持线圈；19—电磁开关；20—触点。

图 2-1-7　启动机结构图

1. 直流电动机组成

（1）机壳：机壳是用钢材制成的，一端开有窗口，作为观察电刷与换向器之用，平时用防尘箍盖住。

（2）磁极：磁极的作用是在电动机中产生磁场。它由铁心和励磁绕组组成，磁极的数量一般为 4 个。磁极的磁场绕组一般采用两种连接方式，一种是 4 个磁极相互串联，如图 2-1-8（a）所示；另一种是先串联后再并联，如图 2-1-8（b）所示。

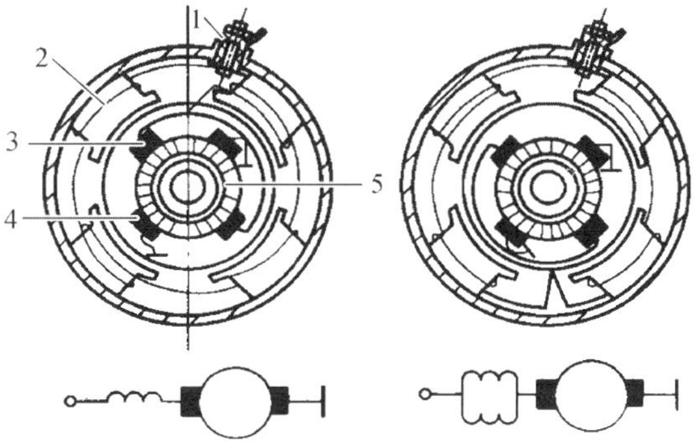

（a）4 个绕组相互串联　　（b）两串两并

1—接线柱；2—励磁绕组；3—绝缘碳刷；4—搭铁碳刷；5—换向器。

图 2-1-8　磁场绕组的连接方式

（3）电枢：电枢是产生电磁转矩的核心部件，是直流电机的转子，由外圆带槽的硅钢片叠成的铁心和装在铁心槽内的电枢绕组组成，如图 2-1-9 所示。

（4）换向器：换向器的作用是连接励磁绕组、电枢绕组和电源，并保证电枢产生的电磁力矩方向不变，使电动机轴能输出固定方向转矩，如图 2-1-10 所示。

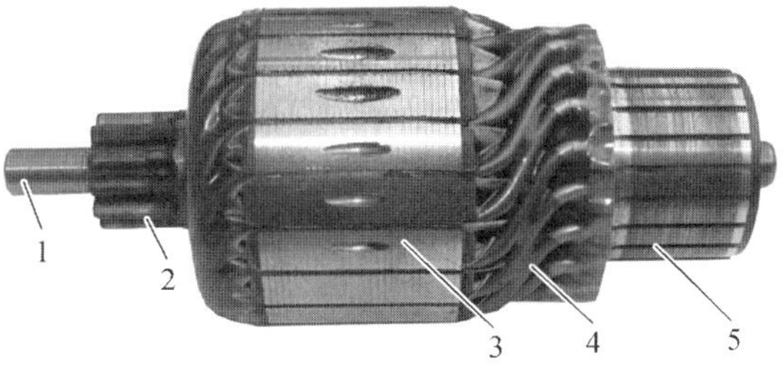

1—电枢轴；2—驱动齿轮；3—铁心；4—电枢绕组；5—换向器。

图 2-1-9　电枢总成

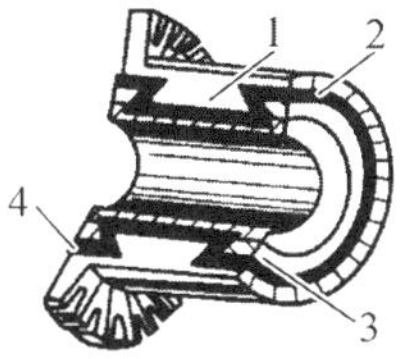

1—铜片；2—轴套；3—压环；4—云母。

图 2-1-10　换向器

（5）电刷与电刷架：如图 2-1-11 所示，电刷与电刷架的作用是将电流引入电动机。一般有 4 个电刷架固定在前端盖上，其中两个碳刷架与端盖绝缘称为绝缘碳刷架。另外两个碳刷架与端盖直接铆合而搭铁，称为搭铁碳刷架。电刷装在电刷架中，电刷借弹簧压力压在换向器上。

（6）端盖：端盖有前后两个，分别装在机壳的两端，靠两颗长螺栓与启动机机壳紧固在一起。两端盖内都装有青铜石墨轴承套或铁基含油轴承套，以支撑电枢轴，如图 2-1-12 所示。

1—电刷；2—电刷架；3—弹簧。

图 2-1-11　电刷及电刷架

1—电磁开关；2—前端盖；3—机壳；4—后端盖。

图 2-1-12　丰田卡罗拉启动机

2. 启动机控制装置

启动机的控制装置用来控制直流电动机的主电路通断，由吸引线圈、保持线圈、铁心、接触盘等组成。

（六）汽车启动系统与充电系统的认知

现代悦动汽车启动系统与充电系统电路如图 2-1-13 所示，参照维修手册，完成汽车启动系统与充电系统组成认知，根据电路图找出各部件在实车的位置，并完成表 2-1-1。

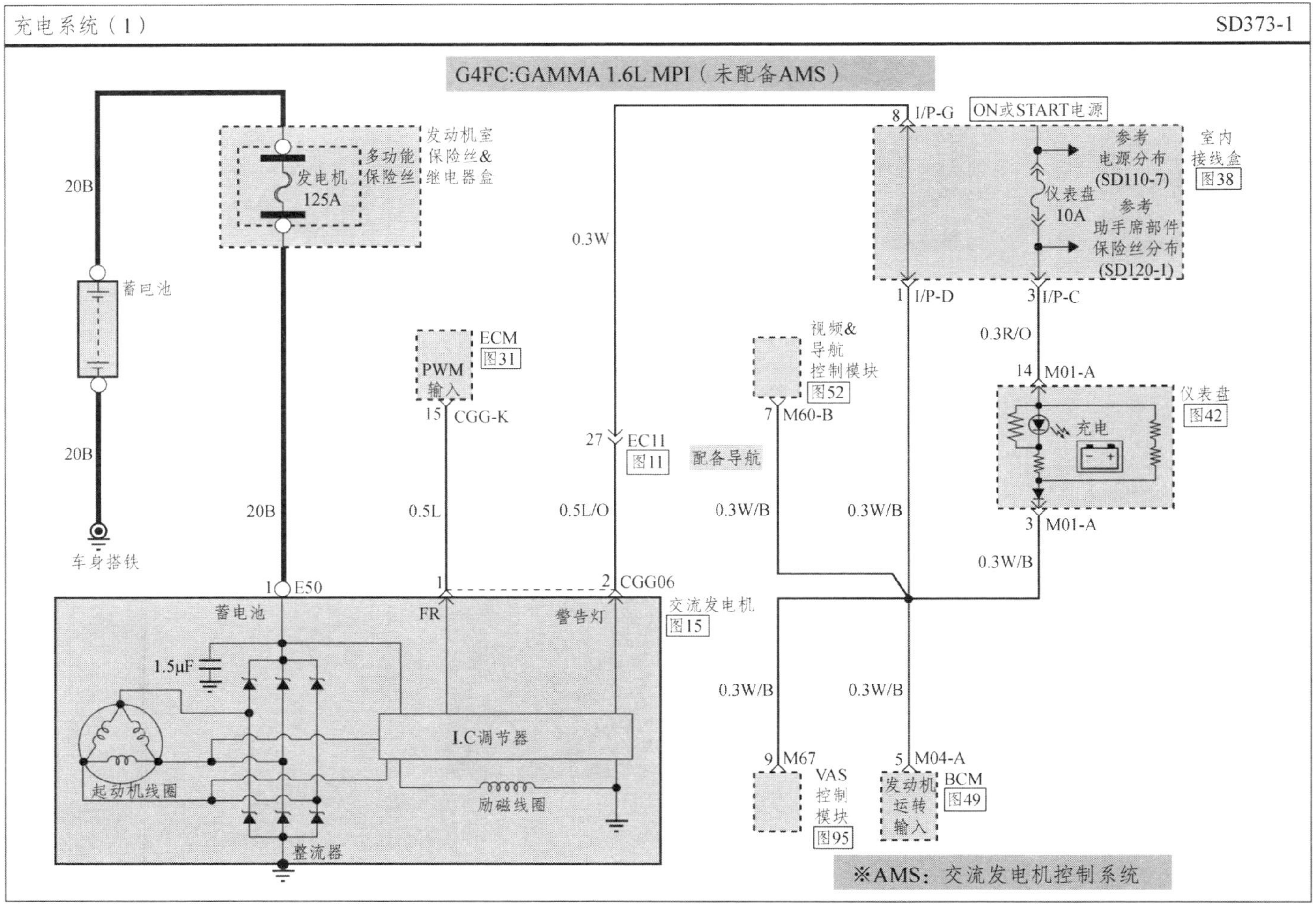

图 2-1-13 现代悦动汽车启动系统与充电系统电路

表 2-1-1　找出汽车各部件在实车的位置

序号	步骤	图示	序号	步骤	图示
1	找到蓄电池位置		5	找到充电指示装置位置	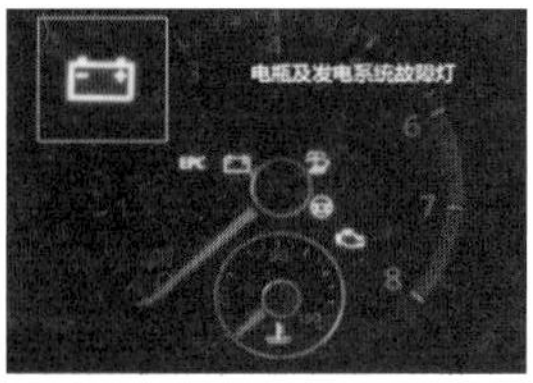
2	找到发电机位置		6	找到点火开关位置	
3	找到调节器位置				

四、接车与填写接车问诊表

表 2-1-2　接车问诊表

车牌号：________　车架号：________　行驶里程：________（km）

用户名：________　电　话：________　来店时间：________

用户陈述及故障发生时的状况：仪表灯会常亮

故障发生状况提示：行驶速度、发动机状态、发生频率、发生时间、部位、天气、路面状况、声音描述

接车员检测确认建议：检查充电系统

车间检测确认结果及主要故障零部件：

车间检查确认者：________

外观确认：

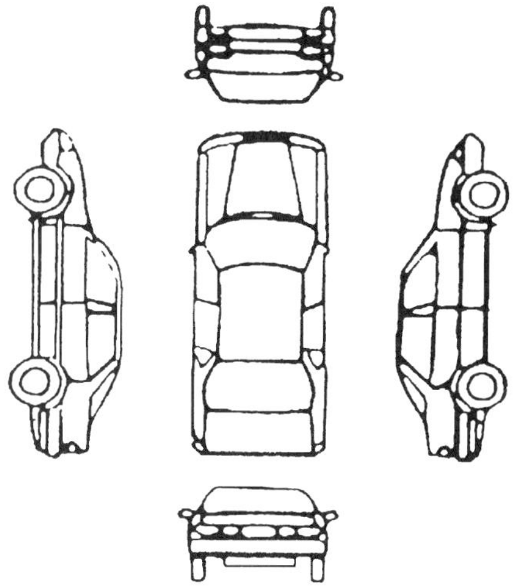

（请在有缺陷部位做标识）

功能确认：（工作正常√　不正常×）

□音响系统　□门锁（防盗器）　□全车灯光

• 工具　□后视镜　□天窗　□座椅

• 点烟器　□玻璃升降器　□玻璃

物品确认：（有√　无×）

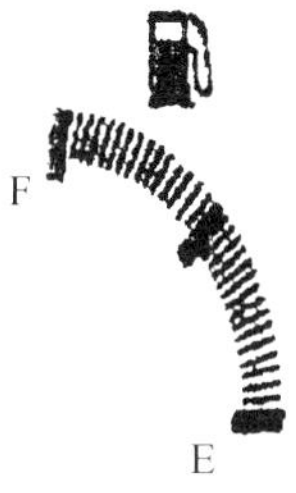

• 贵重物品提示

□工具　□备胎

□灭火器　□其他（　　）

旧件是否交还用户

□是　□否

用户是否需要洗车

□是　□否

• 检测费说明：本次检测的故障如用户在本店维修，检测费包含在修理费用内；如用户不在本店维修，请您支付检测费。本次检测费：¥　　　元。

• 贵重物品：在将车辆交给我店检查修理前，已提示将车内贵重物品自行收起并保存好，如有遗失恕不负责。

接车员：________________　用户确认：________________

活页工单一　启动机结构原理及拆装检修

一、信息测评

（1）查阅相关维修资料，学习启动与充电系统的结构组成（见图 H2-1-1），并在实车上找出对应的位置。

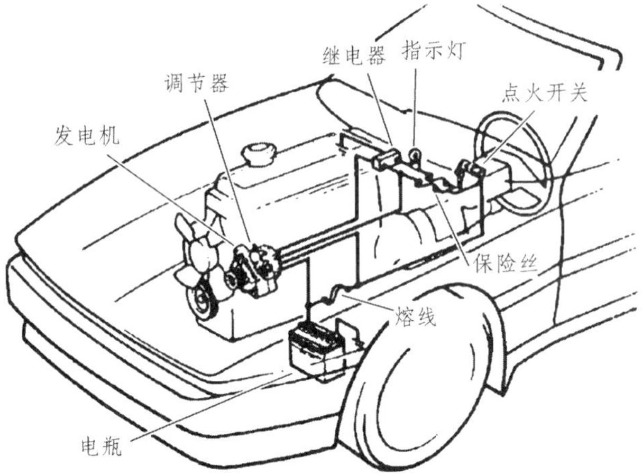

图 H2-1-1　启动和充电系统的结构

（2）查阅资料，对照实物，学习启动与充电系统理论，并填空完成。

汽车采用整体式硅整流发电机，电压调节器组装在发电机内。发电机电枢绕组有星形接法和三角形接法两种形式，整流器采用 6 只二极管组成的三相桥式整流电路。发电机整流电路有 8 只二极管的，其中有 2 只二极管（与电枢绕组的中点相接）用于电枢绕组的单相谐波整流，以提高发电机的充电效率。汽车的充电系统比较复杂，主要由蓄电池、交流发电机、调节器以及相关线路构成，有些车上还装有______或_____、______及_____、______和_____等。

（3）查阅资料，对照实物，学习启动与充电系统与外搭铁式电压调节器充电系统电路，并填空完成。

基本工作原理：

当点火开关 SW 闭合后，蓄电池电压便加在 B、C 两端，R_1 上的分压 U_{BC} 加到稳压管 VD 上，此时由于蓄电池电压低于发电机的规定电压值，故加到稳压管上的电压值低于稳压管的反向击穿电压 U_{VD}，稳压管 VD 截止，VT_1 无基极电流而截止。VT_2 由 R_3 提供偏置电流而处于饱和导通状态，蓄电池便经 VT_2 给发电机励磁绕组提供励磁电流，电流通路为：

蓄电池正极→　　　　→　　　　→　　　　→　　　　　→蓄电池负极。

二、制订任务实施方案

分组查阅维修手册，认识启动与充电系统的结构组成，为实训充电系统做准备。

1. 任务分工：

2. 任务实施步骤：

3. 异常情况处理办法：

三、任务实施

表 H2-1-1　启动机保养检查

<table>
<tr><td rowspan="3"></td><td>步骤 1　找到蓄电池位置
完成情况：□正常
□不正常，原因：________________</td></tr>
<tr><td>步骤 2　找到发电机位置
完成情况：□正常
□不正常，原因：________________</td></tr>
<tr><td>步骤 3　找到调节器位置
完成情况：□正常
□不正常，原因：________________</td></tr>
<tr><td>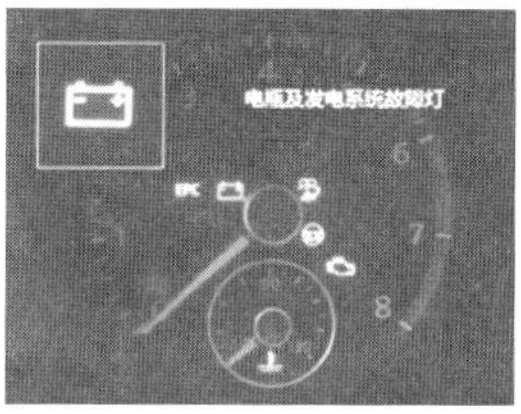</td><td>步骤 4　找到充电指示装置位置
完成情况：□正常
□不正常，原因：________________</td></tr>
<tr><td></td><td>步骤 5　找到点火开关位置
完成情况：□正常
□不正常，原因：________________</td></tr>
<tr><td></td><td>步骤 6　找到启动机位置
完成情况：□正常
□不正常，原因：________________</td></tr>
</table>

四、评价总结

表 H2-1-2　学习任务评价表

班级＿＿＿＿＿＿　小组＿＿＿＿＿＿　学号＿＿＿＿＿＿　姓名＿＿＿＿＿＿

<table>
<tr><td rowspan="2"></td><td rowspan="2">主要测评项目</td><td colspan="4">学生自评</td></tr>
<tr><td>A</td><td>B</td><td>C</td><td>D</td></tr>
<tr><td rowspan="5">关键能力总结</td><td>1. 遵守纪律，遵守学习场所管理规定，服从安排</td><td></td><td></td><td></td><td></td></tr>
<tr><td>2. 具有安全意识、责任意识、6S 管理意识，注重节约、节能与环保</td><td></td><td></td><td></td><td></td></tr>
<tr><td>3. 学习态度积极主动，能按时参加安排的实习活动</td><td></td><td></td><td></td><td></td></tr>
<tr><td>4. 具有团队合作意识，注重沟通，能自主学习及相互协作</td><td></td><td></td><td></td><td></td></tr>
<tr><td>5. 仪容仪表符合学习活动要求</td><td></td><td></td><td></td><td></td></tr>
<tr><td rowspan="3">专业知识与能力总结</td><td>1. 能通过维修手册查找启动系统电路图</td><td></td><td></td><td></td><td></td></tr>
<tr><td>2. 能进行实车查找出启动与充电系统元件</td><td></td><td></td><td></td><td></td></tr>
<tr><td>3. 能进行充电系统电路检查</td><td></td><td></td><td></td><td></td></tr>
<tr><td>个人自评总结与建议</td><td colspan="5"></td></tr>
<tr><td>小组评价</td><td colspan="5"></td></tr>
<tr><td rowspan="2">教师评价</td><td rowspan="2"></td><td colspan="4">总评成绩</td></tr>
<tr><td colspan="4"></td></tr>
</table>

教师签字/日期：

任务二　电池启动性能检查与更换

一、任务目标

阅读下面文字内容和信息，标记出启动机结构与工作原理关键内容。

（1）了解蓄电池的结构和工作原理。

（2）如何正确使用蓄电池。

（3）影响蓄电池技术状况的原因。

（4）怎样判断出蓄电池技术状况的好坏。

（5）蓄电池在使用过程中会出现哪些故障现象。

（6）蓄电池维护要做哪些项目。

（7）进行蓄电池技术状况检测和维护时必须遵守哪些安全规定。

（8）进行蓄电池技术状况检测和维护前必须做好哪些准备工作，需要用到什么仪器和材料。

二、情境导入

一辆悦动轿车车主反映，汽车在启动时感觉启动机运转无力，车主将车送广州某一汽大众 4S 店维修，通过维修技师诊断确认故障是由于蓄电池电量不足造成。什么原因造成蓄电池电量不足，该如何诊断与排除?

三、信息收集

（一）蓄电池的结构

构成一般蓄电池的 7 件基础元件有正极板、负极板、隔板、外壳、联条、电解液、电极桩。机壳一般分隔为 3 个或 6 个单格，每个单格均盛装有电解液，插入正负极板组便成为单体电池。每个单体电池的标称电压为 2 V，将 3 个或 6 个单体电池串联后便成为一只 6 V 或 12 V 蓄电池总成。国产普通铅蓄电池的构造如图 2-2-1 所示。

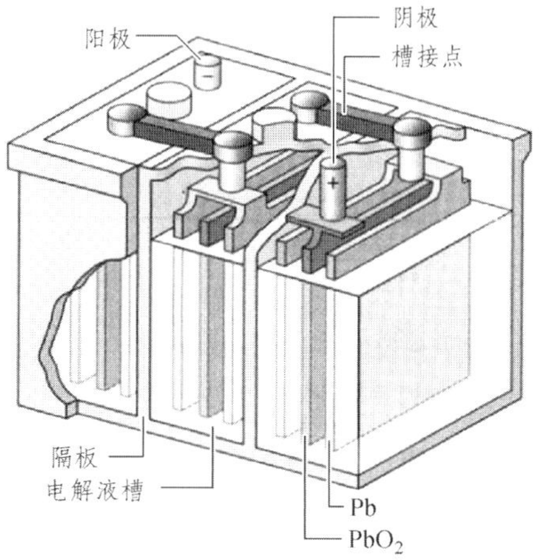

图 2-2-1　国产普通铅蓄电池的构造

1. 极　板

极板是蓄电池的核心构件，分正极板和负极板，均由栅架和填充在其上的活性物质构成，如图 2-2-2 所示。蓄电池充、放电过程中，电能和化学能的相互转换就是依靠极板上活性物质和电解液中硫酸的化学反应实现的。正极板上的活性物质是二氧化铅（PbO_2），呈棕色，负极板上的活性物质是海绵状的纯铅（Pb），呈青灰色。国产负极板的厚度为 1.8 mm、正极板为 2.2 mm。国外大多采用薄型极板，厚度为 1.1 ~ 1.5 mm。薄型极板对提高蓄电池的比容量（极板单位尺寸所提供的容量）和改善启动性能都十分有利。

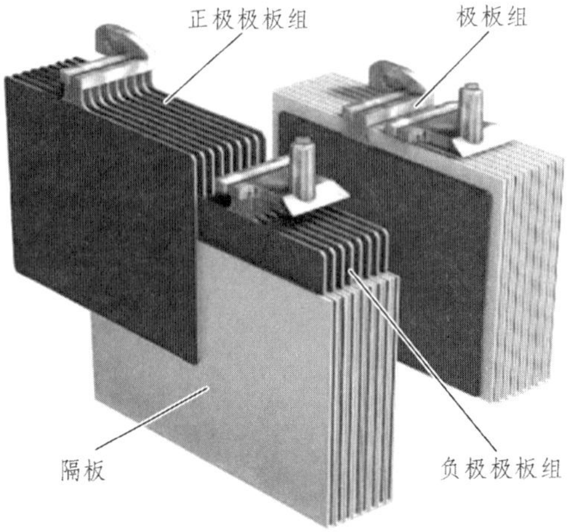

图 2-2-2　极板和栅架

2. 隔　板

为了减少蓄电池内阻和尺寸，蓄电池内部正负极板应尽量靠近，但又不能相互接触而造成短路，故正负极板之间必须加绝缘隔板隔开。

3. 外　壳

蓄电池的外壳是用来盛放电解液和极板组的，应由耐酸、耐热、耐振、绝缘性能好并且有一定机械强度的材料制成。

4. 电解液

电解液由纯硫酸（相对密度为 1.84）和蒸馏水按一定比例配制而成，相对密度为 1.24 ~ 1.28。

（二）蓄电池的工作原理

1. 电动势的建立

当极板浸入电解液时，在负极板处金属铅受到两方面作用，一方面它有溶解于电解液的倾向，因而有少量铅进人溶液，生成 Pb^{2+}，在极板上留下电子 2e，使极板带负电；另一方面由于正负电荷吸引，Pb^{2+} 有沉附于极板表面的倾向。当两者达到平衡时溶解便停止，此时极板具有负电位，约为 0.1 V。正极板处，少量 PbO_2 溶入电解液，与水生成 $Pb(OH)_4$，再分离成四价铅离子和氢氧根离子，即

$$PbO_2 + 2H_2O \longrightarrow Pb(OH)_4$$

$$Pb(OH)_4 \longrightarrow Pb^{4+} + 4OH^-$$

Pb^{4+} 沉附于极板的倾向大于溶解的倾向，因而沉附在正极板上，使极板呈正电位。当达到平衡时，约为 + 2.0 V。

因此，当外电路未接通，反应达到相对平衡状态时，蓄电池的静止电动势 E_0 约为

$$E_0 = 2.0\ V - (-0.1)\ V = 2.1\ V$$

2. 铅蓄电池的放电

蓄电池接上负载，在电动势的作用下，电流 I_f 从正极经过负载流往负极（即电子从负极到正极），使正极电位降低，负极电位升高，破坏了原有的平衡。放电时的化学反应过程如图 2-2-3 所示。

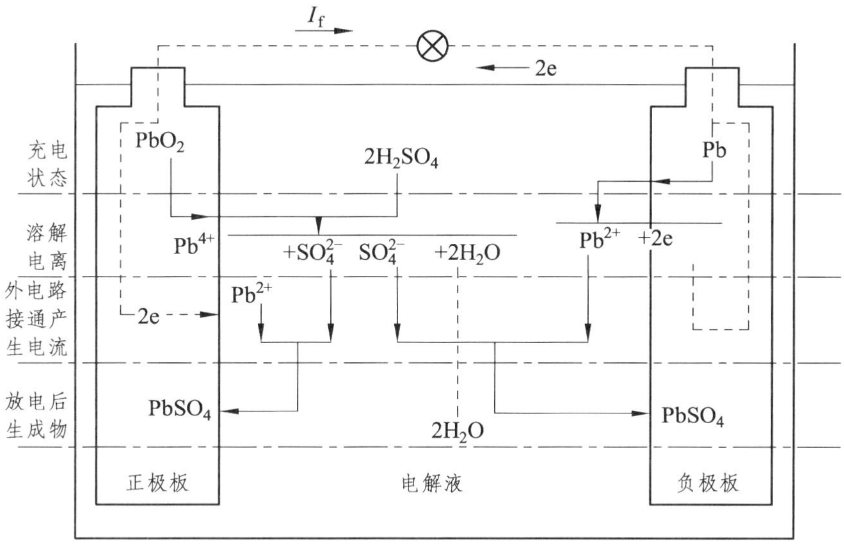

图 2-2-3　蓄电池放电过程图解

在正极板处，Pb^{4+} 和电子结合，变成二价铅离子 Pb^{2+}，Pb^{2+} 与电解液中的 SO_4^{2+} 结合生成 $PbSO_4$ 沉附于极板上，即

$$Pb_4 + 2e \longrightarrow Pb^{2+}$$

$$Pb_2 + SO_4^{2+} \longrightarrow PbSO_4$$

3. 铅蓄电池的充电

充电时，应将蓄电池接直流电源。当电源电压高于蓄电池电动势时，在电场力的作用下，电流从蓄电池正极流入，负极流出（即驱使电子从正极经外电路流入负极）。这时正负极板发生的反应正好与放电过程相反，其化学反应过程如图 2-2-4 所示。

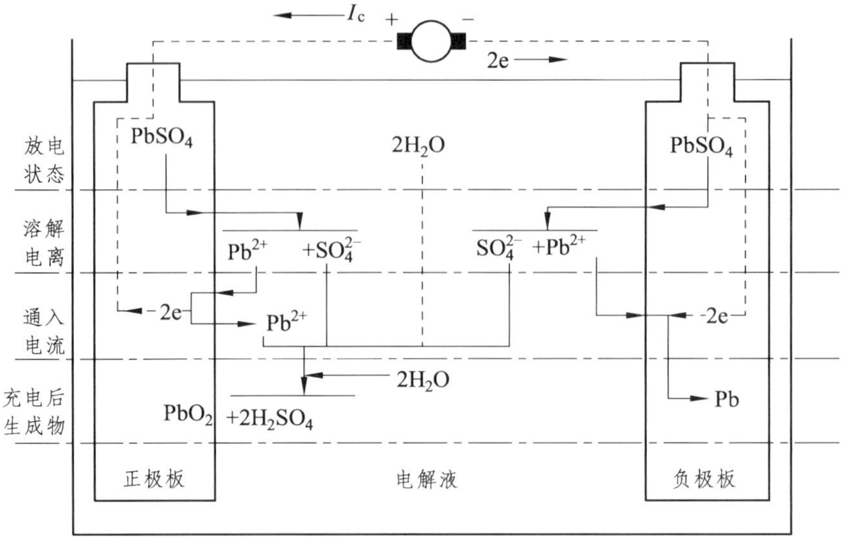

图 2-2-4　蓄电池充电过程图解

在负极板处有少量的 $PbSO_4$ 进入电解液中，离解为 Pb^{2+} 和 SO_4^{2-}，即

$$PbSO_4 \rightarrow Pb^{2+} + SO_4^{2-}$$

Pb^{2+} 在电源的作用下获得两个电子变为金属 Pb，沉附在极板上。而 SO_4^{2-} 则与电解液中的 H^+ 结合，生成硫酸，即

$$Pb^{2+} + 2e \rightarrow Pb$$

$$SO_4^{2-} + 2H+ \rightarrow H_2SO_4$$

负极板上的总反应为

$$PbSO_4 + 2e + 2H^+ \rightarrow Pb + H_2SO_4$$

正极板处，也有少量 $PbSO_4$ 进入电解液中，离解为 Pb^{2+} 和 SO_4^{2-}，Pb^{2+} 在电源作用下失去两个电子变为 Pb^{4+}，它又和电解液中水离解出来的 OH^- 结合，生成 $Pb(OH)_4$，$Pb(OH)_4$ 又分解为 PbO_2 和 H_2O，而 SO_4^{2-} 又与电解液中的 H^+ 结合生成硫酸。其反应式如下：

$$PbSO_4 \rightarrow Pb^{2+} + SO_4^{2-}$$

$$Pb^{2+} + 2e \rightarrow Pb^{4+}$$

$$4H_2O \rightarrow 4H+ + 4OH^-$$

$$Pb^{4+} + 4OH^- \rightarrow Pb(OH)_4$$

$$Pb(OH)_4 \rightarrow PbO_2 + 2H_2O$$

$$2SO_4^{2-} + 4H^+ \rightarrow ZH_2SO_4$$

正极板上的总反应为

$$PbSO_4 \rightarrow 2e + 2H_2O + SO_4^{2-} \rightarrow PbO_2 + 2H_2SO_4$$

可见，在充电过程中，正、负极板上的 $PbSO_4$ 将逐渐恢复为 PbO_2 和 Pb，电解液中硫酸成分逐渐增多，水逐渐减少。

综上所述，蓄电池充放电过程中的化学反应是可逆的。总的反应式如下：

$$PbO_2 + Pb + 2H_2SO_4 = 2PbSO_4 + 2H_2O$$

（三）蓄电池使用注意事项及方法

1. 注意事项

（1）如果有必要使用辅助蓄电池和跨接电缆启动发动机，请使用 12 V 的辅助蓄电池。

（2）连接蓄电池电缆后，确认电缆已夹紧到蓄电池接线柱上，并接触良好。

（3）不要往孔内加注蒸馏水来测定电解液的比重。

2. 防止蓄电池过度放电的方法

（1）应始终保持蓄电池表面（尤其是顶部）的清洁和干燥，如图 2-2-5 所示。

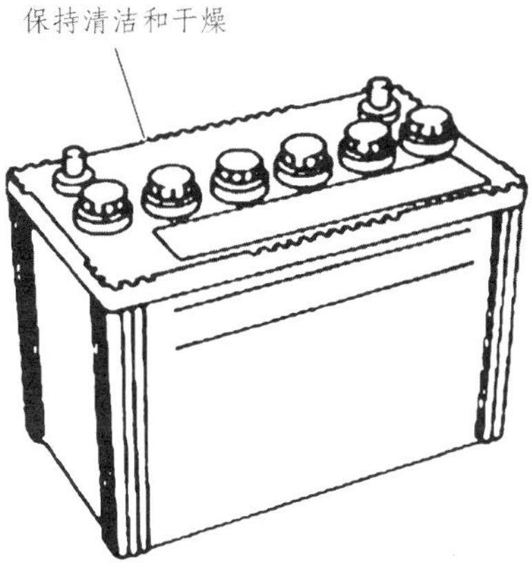

图 2-2-5　表面清洁和干燥

（2）端口的连接部分应清洁并拧紧。

（3）在每次常规保养时，都应该检查电解液的液面。这同样适用于那些标明是“低维护”及“免维护”的蓄电池。

（4）如果汽车长时间不使用，应该断开蓄电池负极接线柱，如图 2-2-6 所示。（如果汽车带有一个外伸的存储开关，应将其关闭。）

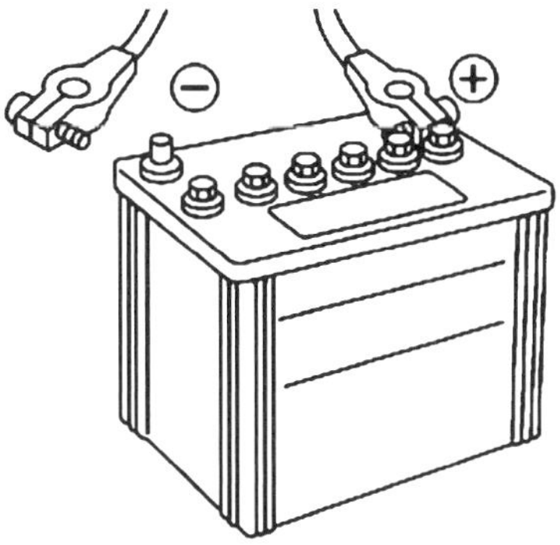

图 2-2-6　断开蓄电池负极

3. 检查蓄电池的充电状况

定期检查电解液的密度，如图 2-2-7 所示。仔细检查充电状况以防止蓄电池过度放电。

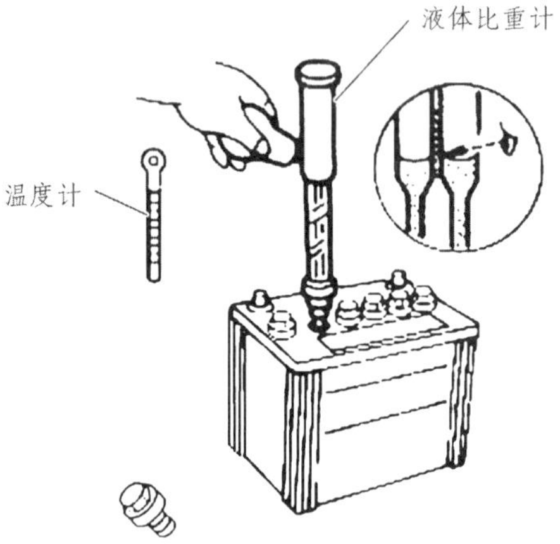

图 2-2-7　检查电解液密度

（四）免维护蓄电池

免维护蓄电池（见图 2-2-8），采用 20 世纪 90 年代最新设计的全密封结构及现代化生产工艺，具有高性能、长寿命、无污染、免维护、安全可靠的卓越性能。

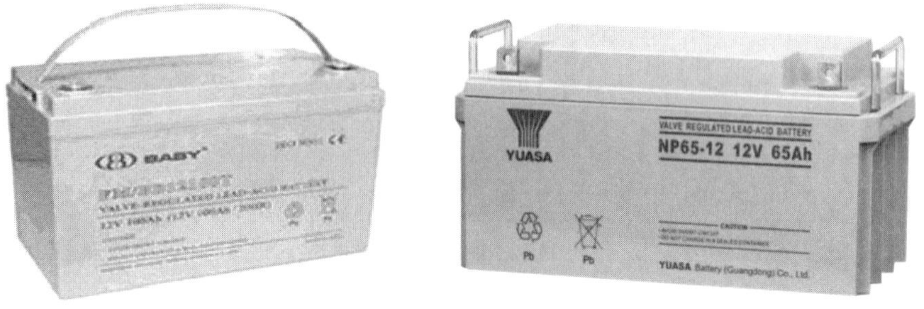

图 2-2-8　免维护蓄电池

免维护蓄电池由于自身结构上的优势，电解液的消耗量非常小，在使用寿命内基本不需要补充蒸馏水。它还具有耐振、耐高温、体积小、自放电小的特点。它的使用寿命一般为普通蓄电池的两倍。市场上的免维护蓄电池也有两种：一种是在购买时一次性加电解液以后使用中不需要维护（添加补充液）；另一种是电池本身出厂时就已经加好电解液并封死，用户根本就不能加补充液。

由于免维护蓄电池采用铅钙合金栅架（见图 2-2-9），充电时产生的水分解量少，水分蒸发量低，加上外壳采用密封结构，释放出来的硫酸气体也很少，所以它与传统蓄电池相比，具有不需添加任何液体，对接线桩头、电线腐蚀少，抗过充电能力强，启动电流大，电量储存时间长等优点。

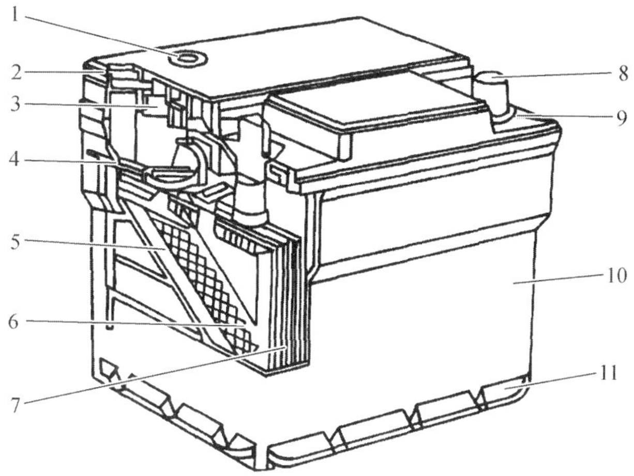

1—内装密度计；2—排烟孔；3—液气隔板；4—中心极板连接夹板和单体电池连接器；
5—高密度活性物质；6—铅钙栅架上锻制小窗；7—密封极板的隔板封皮；
8—极桩；9—模压代号；10—外壳；11—安装下滑面。

图 2-2-9　免维护蓄电池结构

免维护蓄电池因其在正常充电电压下，电解液仅产生少量的气体，极板有很强的抗过充电能力，而且具有内阻小、低温启动性能好、比常规蓄电池使用寿命长等特点，因而在整个使用期间不需添加蒸馏水。在充电系正常情况下，不需重新拆下进行补充充电，但在保养时应对其电解液的比重进行检查。

大多数免维护蓄电池在盖上设有一个孔形液体（温度补偿型）比重计，它会根据电解液比重的变化而改变颜色，可以指示蓄电池的存放电状态和电解液液位的高度。当比重计的指示眼呈绿色时，表明充电已足，蓄电池正常；当指示眼绿点很少或为黑色，表明蓄电池需要充电；当指示眼显示淡黄色，表明蓄电池内部有故障，需要修理或进行更换。

免维护蓄电池也可以进行补充充电，充电方式与普通蓄电池的充电方法基本一样。充电时每单格电压应限制在 2.3 ~ 2.4 V。注意使用常规充电方法充电会消耗较多的水，充电时充电电流应稍小些（5 A 以下）。不能进行快速充电，否则，蓄电池可能会发生爆炸，导致伤人。当免维护蓄电池的比重计，显示为淡黄色或红色时，说明该蓄电池已接近报废，即使再充电，使用寿命也不长。此时的充电只能做为救急的权宜之计。

（五）蓄电池日常维护

为了使蓄电池经常处于完好状态，延长其使用寿命，对使用中的蓄电池需进行下列维护工作：通常汽车每行驶 1 000 km，或冬季行驶 10 ~ 15 天、夏季行驶 5 ~ 6 天，需对蓄电池进行下列检查。

（1）电解液液面高度的检查。液面高度用玻璃管测量，如图 2-2-10 所示。电解液应高出极板 10 ~ 15 mm，或在两刻度线之间。电解液不足时应补充蒸馏水。

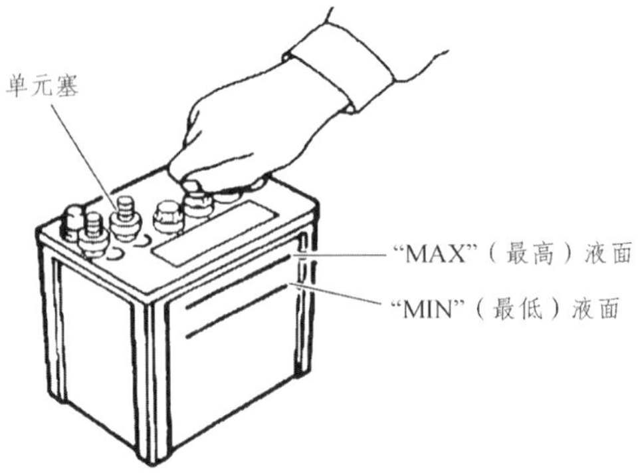

图 2-2-10　电解液液面高度检查

注意：除非确知液面降低是由于电解液溅出所致，一般不允许加入电解液。

（2）检查蓄电池在车上安装是否牢靠，导线接头与极柱的连接是否紧固。

（3）经常清除蓄电池盖上的灰尘泥土，擦去电池顶上的电解液，清理好加液孔盖上的气孔，清除极桩和导线头上的氧化物。

（4）经常检查蓄电池放电程度，超过规定时立即充电。放电程度可通过专用密度计测量电解液的相对密度和通过高率放电计测量单格电池电压。

① 用密度计测量电解液相对密度。

电解液的相对密度用吸式密度计测定，如图 2-2-11 所示，先吸入电解液，使密度计浮子浮起，电解液液面所在的刻度即为相对密度值。注意：在测量密度时，应同时测量电解液温度，并将测得的电解液相对密度值转换到 25 °C 时的相对密度值。一般密度每下降 0.01 g/cm^3，相当于蓄电池放电 6%。

② 用高率放电计测量放电电压。

高率放电计是模拟接入启动机负荷，测量蓄电池在大电流（接近启动机启动电流）放电时的端电压，如图 2-2-12 所示，用以判断蓄电池的放电程度和启动能力。测量时，将放电叉紧压在单格电池的极柱上，时间不超过 5 s。单格电池的电压在 1.5 V 以上，并在 5 s 内保持稳定，说明此单格电池良好。如果在 5 s 内电压迅速下降或某一单格的电压低于其他单格电池电压 0.1 V 以上，都说明此单格电池有故障。

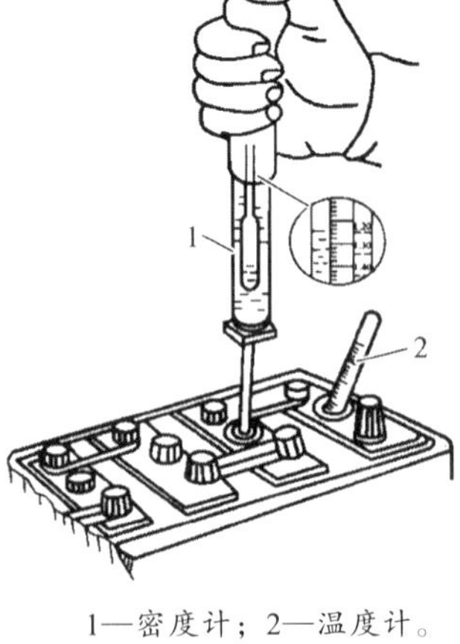

1—密度计；2—温度计。

图 2-2-11　用密度计测量电解液相对密度

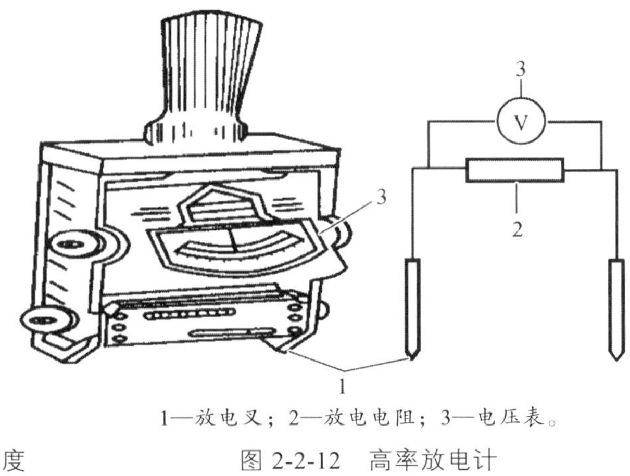

1—放电叉；2—放电电阻；3—电压表。

图 2-2-12　高率放电计

（六）蓄电池充电

1. 初充电

新蓄电池或修复后的蓄电池在使用前的首次充电称为初充电。方法如下：

（1）按蓄电池制造厂的规定，加注一定量相对密度的电解液（一般为 1.25 ~ 1.28）。

（2）电解液加入蓄电池之前，其温度不得超过 30 °C；注入电解液后，应静置 3 ~ 6 h，待温度低于 35 °C 才能充电。

（3）将蓄电池的正、负极分别与充电机的正、负极相接（见图 2-2-13），并按表 2-2-1 蓄电池充电规范中初充电电流进行充电。

图 2-2-13　蓄电池充电

（4）充电过程通常分两个阶段：第一阶段的充电电流约为额定容量的 1/15，充电至电解液中放出气泡，单格电压达 2.4 V。第二阶段的充电电流约为额定容量的 1/30，充电至单格电压达 2.7 V。

表 2-2-1　蓄电池充电电流规范

蓄电池型号	初次充电				补充充电			
	第一阶段		第二阶段		第一阶段		第二阶段	
	电流/A	时间/h	电流/A	时间/h	电流/A	时间/h	电流/A	时间/h
6-Q-60	4		2		6		3	
6-Q-75	5		3		7.5		4	
6-Q-90	6	25 ~ 35	3	20 ~ 30	9	10 ~ 11	4	3 ~ 5
6-Q-105	7		4		10.5		5	
6-Q-120	8		4		12.0		6	

2. 补充充电

蓄电池在使用中常有充电不足的现象，应根据需要进行补充充电，一般每月至少一次。如发现下列现象，必须随时进行充电，方法参照初充电。

（1）当电解液相对密度降到 1.150 以下时。

（2）冬季放电超过 25%，夏季超过 50%时。

（3）灯光比平时暗，表示电力不足时。

充电过程中应注意以下几点：

（1）充电过程中必须拧开电池盖。

（2）充电场所必须保持通风。

（3）充电过程中若电解液温度上升到 40 °C，应将充电电流减半，如上升到 45 °C，应立即停止充电。

（4）充电室严禁用明火取暖。

（5）充电时应先接好电线，再开电源开关；停止充电时则应先关断充电电源。

（6）导线的连接务必可靠，以防突然断开产生火花而造成事故。

（7）充电设备不要与被充电蓄电池放置在同一工作间。

3. 蓄电池编号含义

汽车蓄电池上编号（中国标准），以型号 6-QAW-54a 为例。

（1）6 表示由 6 个单格电池组成，每个为 2 V，即额定电压为 12 V。

（2）Q 表示蓄电池用途，Q 为汽车起动用蓄电池。M 为摩托车用蓄电池、JC 为船舶用蓄电池、HK 为航空用蓄电池、D 表示电动车蓄电池、F 表示阀控型蓄电池。

（3）A 和 W 表示蓄电池的类型，A 表示干荷型蓄电池，W 表示免维护型蓄电池。若不标，则表示普通型蓄电池。

（4）54 表示蓄电池的额定容量为 54 Ah。

（5）角标 a 表示对原产品的第一次改进，若为 b 则表示第二次改进，以此类推

（七）电池启动性能检查与更换

1. 蓄电池检查

蓄电池检查如表 2-2-2 所示。

表 2-2-2　悦动原装蓄电池检查

序号	步　骤	图　示
1. 核对蓄电池信息	核对蓄电池选装代码	
	核对蓄电池额定电压	
	核对蓄电池额定容量	
	核对蓄电池电池类型	
2. 测量静态电压	测量不启动时蓄电池电压此时所测电压值为蓄电池额定电压 12 V	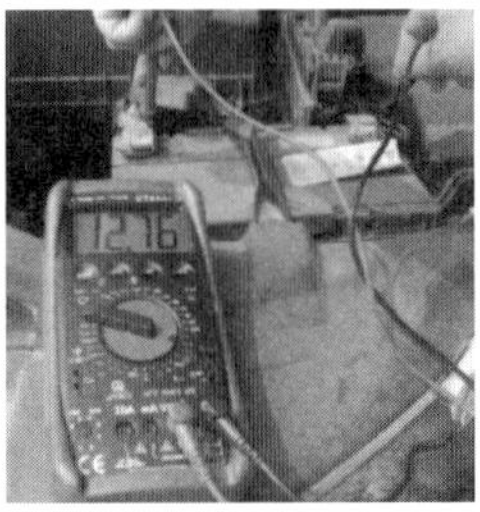

续表

序号	步　　骤	图　　示
3. 测量动态电压	怠速运转发动机，读取充电电压。 此时是发电机发电，蓄电池两端电压为 14 V	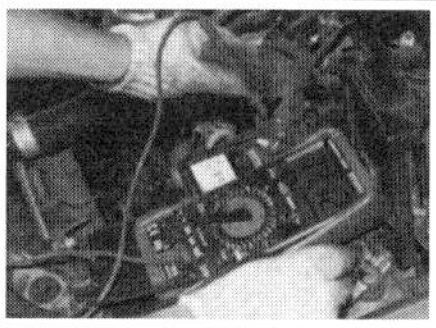
	高速运转发动机，读取充电电压。 此时是发电机发电，蓄电池两端电压为 14 V。（电子调压器将发电机输出电压稳定在 14 V，不随发动机转速变化而变化）	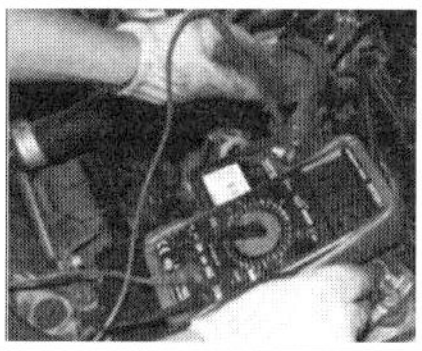
4. 检测寄生电流	① 将电流钳校准归零； ② 检测蓄电池负极电缆寄生电流	

2. 蓄电池更换

一般汽车蓄电池的使用寿命为 2～3 年，新车的原装蓄电池可以使用 3 年以上。所以如果你的蓄电池已经使用差不多两年，就要注意，它的使用寿命有可能已经到期。这时应该进行检查，提前做好检测，发现问题及早解决或更换，避免使用过程中蓄电池突然“趴窝”造成损失。蓄电池更换如表 2-2-3 所示。

表 2-2-3　悦动原装蓄电池更换

序号	步　　骤	图　　示
1. 更换前准备	核对蓄电池型号是否与悦动汽车原装电池型号匹配	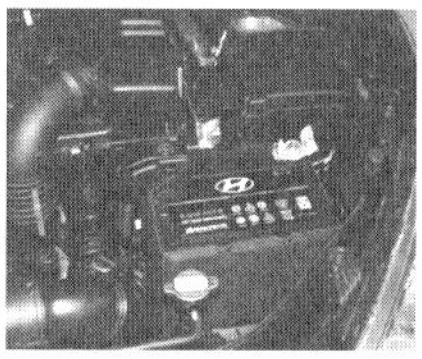
	启动悦动汽车	
	将新的蓄电池用“过江龙”并联到悦动汽车蓄电池连接线上	
2. 拆卸	拧松负极接头螺母：打开隔热棉两个固定纽扣，可以看到正负极接头上面红黑两个绝缘罩，翻开绝缘罩就可以看到锁紧螺母	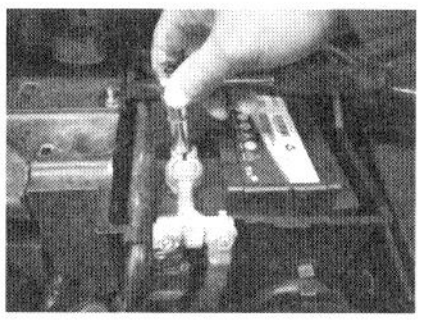
	拆开负极接头：用扳手或六角套筒分别拧开负极的紧固螺母，再用一字螺丝刀慢慢撬开紧固块，接着即可拔出负极接头	
	拆开正极接头：用相同的方法拆开正极接头	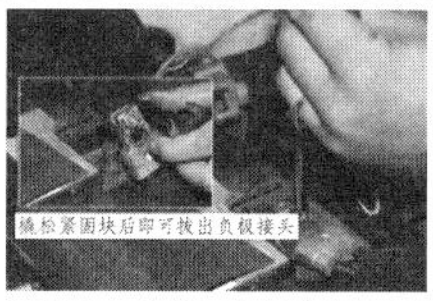
	拆开锁紧带：拧开用于固定蓄电池的锁紧带的螺母，松开锁紧带，进而将蓄电池取出	
3. 安装	在安装新的蓄电池时，只需按照相反的步骤进行安装。不过需要注意的是，在安装正负极接头时遵循的是“先正极后负极”的顺序，与拆解时相反，而原理一样，都是为了防止短路危险，保障安全	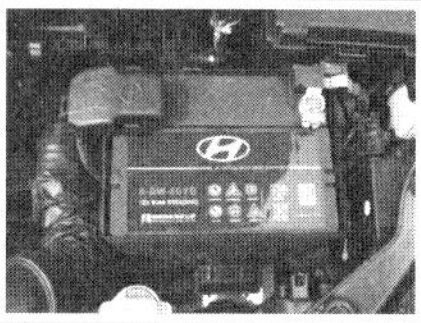

安全注意：

（1）不要将蓄电池的正负极接反或短路。

（2）不要把金属物品或工具放在蓄电池上。

（3）断开蓄电池时，一定要先断开负极，然后再断开正极。

（4）连接蓄电池时，一定要先连接正极，然后再连接负极。

（5）必须确保蓄电池电极拧紧情况下才可以启动发动机。

（6）不要在发动机运行过程中松开或拆下蓄电池接线柱上的接头。

（7）拆装蓄电池前应将所有电器开关断掉，包括断掉发动机点火开关，以消除电弧影响。

（8）在拆下旧的蓄电池时一定要按照“先拆负极再拆正极”的顺序。由于车身是与蓄电池负极连接的（搭铁端），如果先拆正极的话，在拆卸过程中螺丝刀有可能会触碰到车身，一旦触碰到就相当于将蓄电池正负极直接连接，有可能引发短路烧坏蓄电池。因此拆卸时要“先负极后正极”，但在安装时则相反，应遵循“先正极后负极”的顺序。

四、接车与填写接车问诊表

表 2-2-4　接车问诊表

车牌号：______　车架号：______　行驶里程：______（km）

用户名：______　电　话：______　来店时间：______

用户陈述及故障发生时的状况：汽车在启动时感觉启动机运转无力

故障发生状况提示：仪表指示、发动机状态、发生时间、部位、天气、声音描述

接车员检测确认建议：检查启动系统

车间检测确认结果及主要故障零部件：

车间检查确认者：______

外观确认：

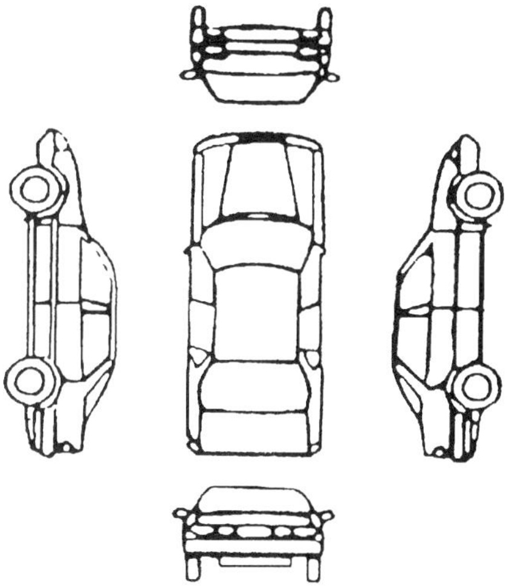

（请在有缺陷部位做标识）

功能确认：（工作正常√　不正常×）

□音响系统　□门锁（防盗器）　□全车灯光

- 工具　□后视镜　□天窗　□座椅
- 点烟器　□玻璃升降器　□玻璃

物品确认：（有√　无×）

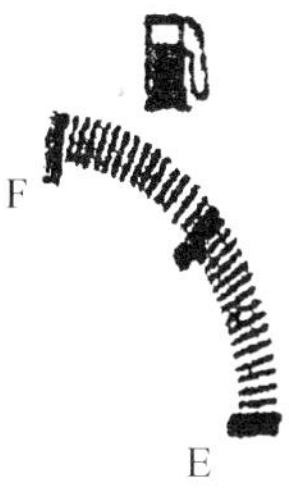

- 贵重物品提示

□工具　□备胎

□灭火器　□其他（　　）

旧件是否交还用户

□是　□否

用户是否需要洗车

□是　□否

- 检测费说明：本次检测的故障如用户在本店维修，检测费包含在修理费用内；如用户不在本店维修，请您支付检测费。本次检测费：¥　　　　元。
- 贵重物品：在将车辆交给我店检查修理前，已提示将车内贵重物品自行收起并保存好，如有遗失恕不负责。

接车员：______　用户确认：______

活页工单二　电池启动性能检查与更换

一、信息测评

查阅相关维修资料，学习电池启动性能检查与更换，完成以下内容。

（1）查阅资料，学习蓄电池的结构，将图 H2-2-1 蓄电池结构图中序号名称填写在零件图下方横线上，并对照蓄电池实物说出零件名称及作用。

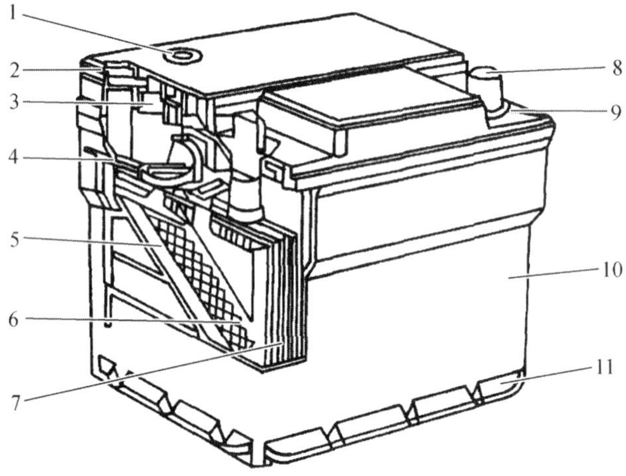

1__________，2__________，3__________，4 __________，5__________，6__________，

7__________，8__________，9__________，10__________，11__________。

图 H2-2-1　蓄电池结构

（2）查阅资料，对照实物，学习蓄电池的工作原理。

① 电动势的建立。

当极板浸入电解液时，在负极板处金属铅受到两方面作用：一方面它有溶解于电解液的倾向，因而有少量铅进入溶液，生成 Pb^{2+}，在极板上留下电子 2e，使极板带负电。另一方面由于正负电荷吸引，Pb^{2+} 有沉附于极板表面的倾向。当两者达到平衡时溶解便停止，此时极板具有负电位，约为 0.1 V。正极板处，少量 PbO_2 溶入电解液，与水生成 $Pb(OH)_4$，再分离成 4 价铅离子和氢氧根离子，即反应式为

____

____

Pb^{4+} 沉附于极板的倾向大于溶解的倾向，因而沉附在正极板上，使极板呈正电位。当达到平衡时，约为 +2.0 V。

因此，当外电路未接通，反应达到相对平衡状态时，蓄电池的静止电动势 E_0 约为

____

② 铅蓄电池的放电。

蓄电池接上负载，在电动势的作用下，电流 I_f 从正极经过负载流往负极（即电子从负极到正极），使正极电位降低，负极电位升高，破坏了原有的平衡。放电时的化学反应过程：

在正极板处，Pb^{4+} 和电子结合，变成二价铅离子 Pb^{2+}，Pb^{2+} 与电解液中的 SO_4^{2+} 结合生成 $PbSO_4$ 沉附于极板上，即

____

____

③ 铅蓄电池的充电。

充电时，应将蓄电池接直流电源。当电源电压高于蓄电池电动势时，在电场力的作用下，电流从蓄电池正极流入，负极流出（即驱使电子从正极经外电路流入负极）。这时正负极板发生的反应正好与放电过程相反。

在负极板处有少量的 $PbSO_4$ 进入电解液中，离解为 Pb^{2+} 和 SO_4^{2-}，即

____

Pb^{2+} 在电源的作用下获得两个电子变为金属 Pb，沉附在极板上。而 SO_4^{2-} 则与电解液中的 H^+ 结合，生成硫酸，即

____

____

负极板上的总反应为

____

二、制定任务实施方案

分组查阅维修手册，认识蓄电池的结构及工作原理，为维护与检测蓄电池做准备。

1. 任务分工：

2. 任务实施步骤：

3. 异常情况处理办法：

三、任务实施

1. 蓄电池日常维护（见表 H2-2-1）

表 H2-2-1　蓄电池日常维护

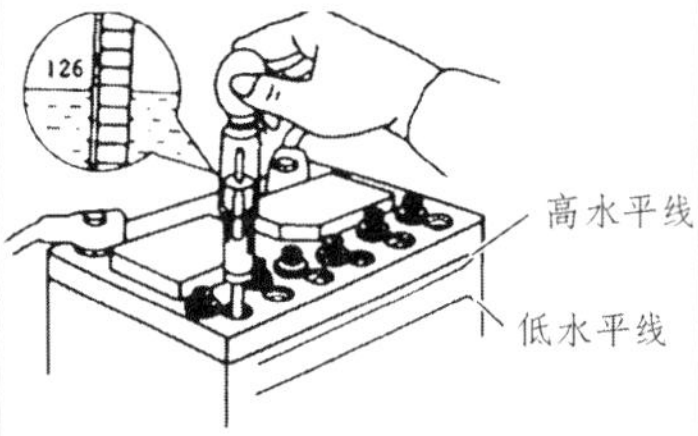	步骤 1　电解液液位检测 技术要求：液面高度用玻璃管测量，电解液应高出极板 10～15 mm，或在两刻度线之间。 完成情况：□正常 □不正常，原因：________
	步骤 2　蓄电池导线接头检查 技术要求：检查蓄电池在车上安装是否牢靠，导线接头与极柱的连接是否紧固。 完成情况：□正常 □不正常，原因：________
	步骤 3　清除飞尘和氧化物 技术要求：清除蓄电池盖上的灰尘泥土，擦去电池顶上的电解液，清理好加液孔盖上的气孔，清除极桩和导线头上的氧化物。 完成情况：□正常 □不正常，原因：________
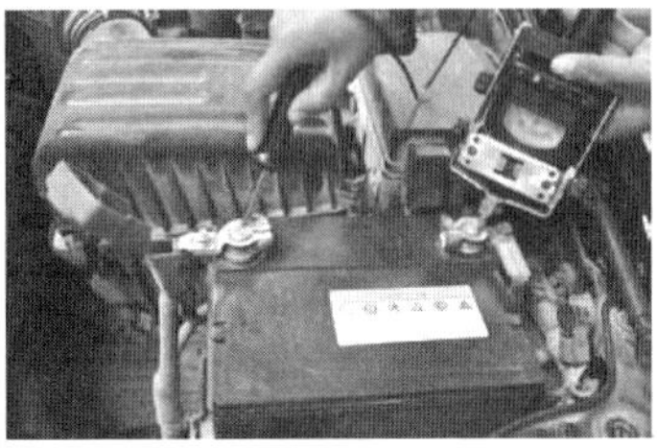	步骤 4　检查蓄电池放电程度 技术要求：放电程度可通过专用密度计测量电解液的相对密度和通过高率放电计测量单格电池电压。 a. 用密度计测量电解液相对密度： b. 用高率放电计测量放电电压。 完成情况：□正常 □不正常，原因：________

2. 蓄电池的检查（见表 H2-2-2）

表 H2-2-2　蓄电池的检查

	步骤 1　核对蓄电池信息 核对蓄电池选装代码、额定电压、额定容量、电池类型。 完成情况：□正常 □不正常，原因：________

续表

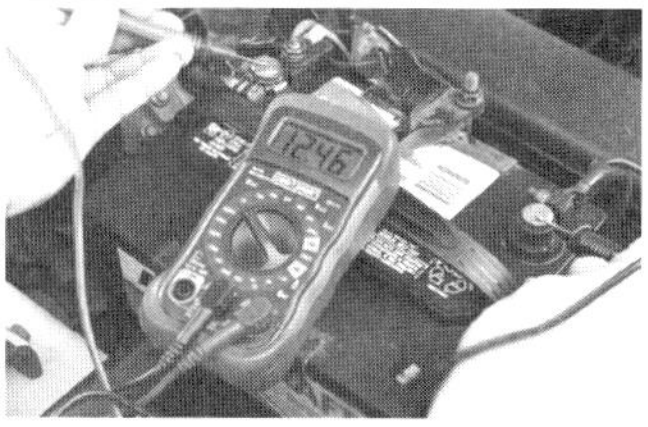	步骤 2　测 t 量静态电压 完成情况：□正常 □不正常，原因：________
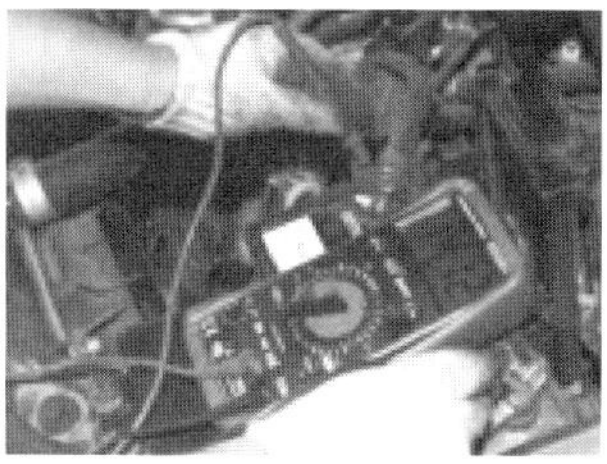	步骤 3　测量动态电压 怠速运转发动机，读取充电电压。 高速运转发动机，读取充电电压。 完成情况：□正常 □不正常，原因：________
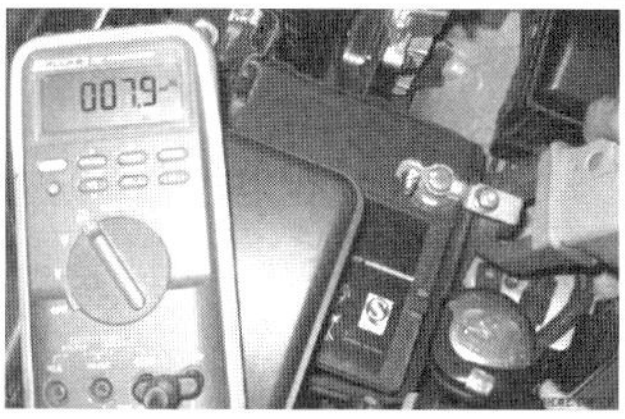	步骤 4　漏电电流检测 检测蓄电池负极电缆寄生电流。 完成情况：□正常 □不正常，原因：________

3. 蓄电池的更换（见表 H2-2-3）

表 H2-2-3　蓄电池的更换

	步骤 1　更换前准备 核对蓄电池型号是否与悦动汽车原装电池型号匹配。 完成情况：□正常 □不正常，原因：________
	步骤 2　旧蓄电池拆卸 先拆开负极接头，后拆开正极接头。 拆开锁紧带 完成情况：□正常 □不正常，原因：________
	步骤 3　新蓄电池安装 安装锁紧带。 先安装正极接头，后安装负极接头。 完成情况：□正常 □不正常，原因：________

四、评价总结

表 H2-2-4　学习任务评价表

班级____________　小组____________　学号____________　姓名____________

	主要测评项目	学生自评			
		A	B	C	D
关键能力总结	1. 遵守纪律，遵守学习场所管理规定，服从安排				
	2. 具有安全意识、责任意识、6S 管理意识，注重节约、节能与环保				
	3. 学习态度积极主动，能按时参加安排的实习活动				
	4. 具有团队合作意识，注重沟通，能自主学习及相互协作				
	5. 仪容仪表符合学习活动要求				
专业知识与能力总结	1. 能进行蓄电池的日常维护				
	2. 能进行蓄电池检查				
	3. 能正确更换蓄电池				
个人自评总结与建议					
小组评价					
教师评价		总评成绩			

教师签字/日期：

任务三　发电机的检查保养与更换

一、任务目标

阅读下面文字内容和信息，标记出发电机检修关键内容。

（1）发电机由哪些零件组成。

（2）发电机每个零件的作用。

（3）发电机是怎样发电的。

（4）哪些因素会影响到发电机不发电。

（5）怎样解体与装配发电机。

（6）如何检测发电机零部件。

（7）进行发电机检修时必须遵守哪些安全规定。

（8）进行发电机检修前必须做好哪些准备工作，需要用到什么工具和材料。

二、情境导入

一辆现代悦动轿车，行驶里程为 55 000 km，车主报修，仪表灯会显示蓄电池不充电状态常亮。经过诊断，确定是启动系统故障引起，首先检查发电机皮带是否断裂或者打滑，其次检查线束连接情况和蓄电池状况，最后检测发电机本身有损坏故障。如果你是一名汽车售后维修技术人员，应如何解决这个故障呢?

四、信息收集

（一）发电机构造

发电机构造如图 2-3-1 所示。

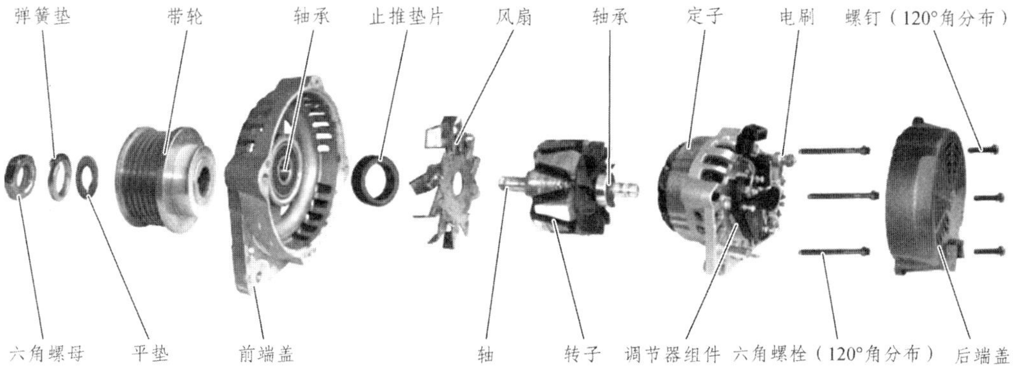

图 2-3-1　发电机构造图

1. 转　子

转子的结构如图 2-3-2 所示。励磁绕组的两根引出线分别焊在与轴绝缘的两个滑环上，滑环与装在后端盖上的 2 个电刷相接触。当 2 个电刷与直流电源相接时，励磁绕组中便有励磁电流通过，产生轴向磁通，使得一块爪极被磁化为 N 极，另一块爪极被磁化为 S 极，从而形成了 6 对相互交错的磁极。

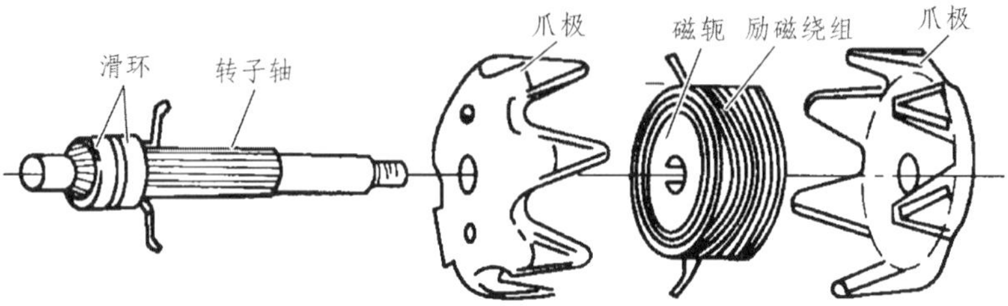

图 2-3-2　转子的结构

2. 定　子

定子的作用是产生感应电动势，它由定子铁心和三相定子绕组组成。定子铁心一般由相互绝缘且内圆带嵌线槽的环状硅钢片叠成，三相定子绕组对称安放在定子铁心槽内。图 2-3-3 所示为 JF13 系列交流发电机定子绕组展开图。三相绕组的连接方法有星形接法（简称 Y 形接法）和三角形接法（简称△形接法）两种，如图 2-3-4 所示。其中汽车用交流发电机采用星形接法较多。

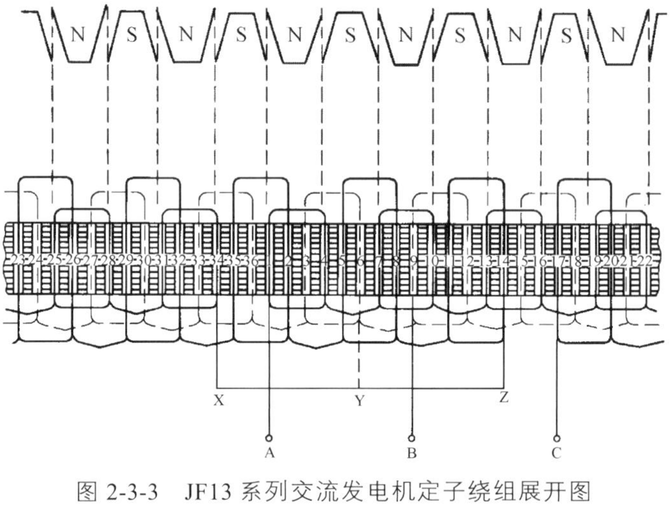

图 2-3-3　JF13 系列交流发电机定子绕组展开图

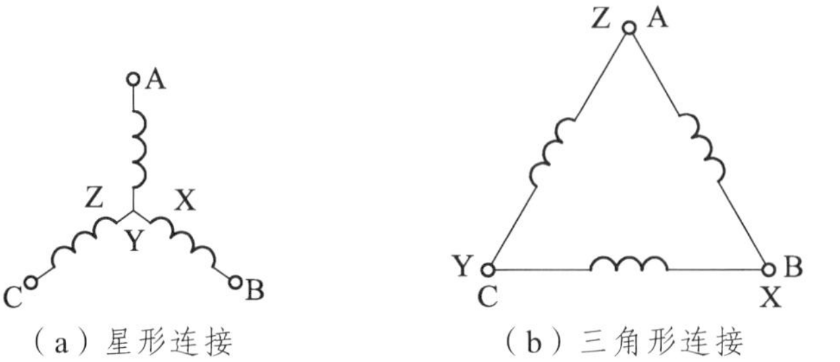

图 2-3-4　定子三相绕组连接方法

3. 端盖和电刷总成

交流发电机的前后端盖均由铝合金压铸或用砂模铸造而成，这是因为铝合金为非导磁性材料，可减少漏磁，并具有轻便、散热性能良好等优点。电刷总成由 2 只电刷、电刷弹簧和电刷架组成。2 只电刷装在电刷架孔内，借电刷弹簧的压力与滑环保持接触，向发电机转子磁场绕组提供磁场电流。

交流发电机的电刷架有 2 种结构：一种是外装式，即电刷架直接可从发电机外部拆装；另一种为内装式，即电刷架不可以直接从发电机外部拆装，如图 2-3-5 所示。

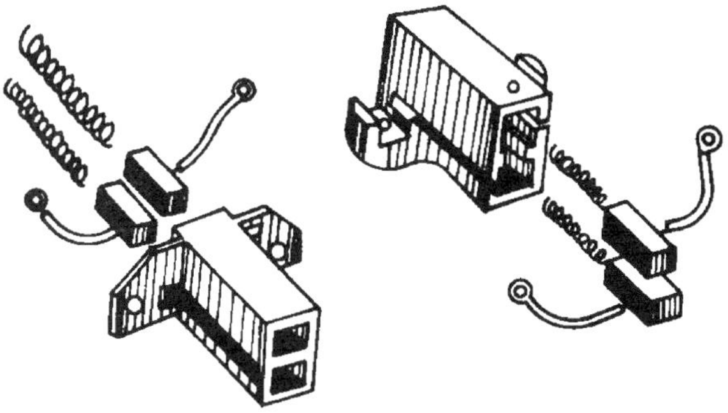

（a）外装式　　（b）内装式

图 2-2-5　电刷与电刷架

4. 整流器

整流器一般由 6 只硅二极管和二极管的散热板组成。交流发电机整流器的作用是将发电机定子绕组产生的三相交流电变换为直流电。国产车用交流发电机专用硅整流二极管的外形和安装示意图如图 2-3-6 和图 2-3-7 所示。

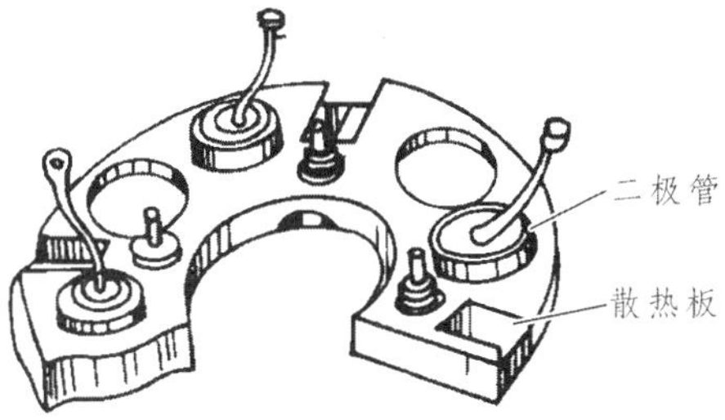

图 2-3-6　散热板外形

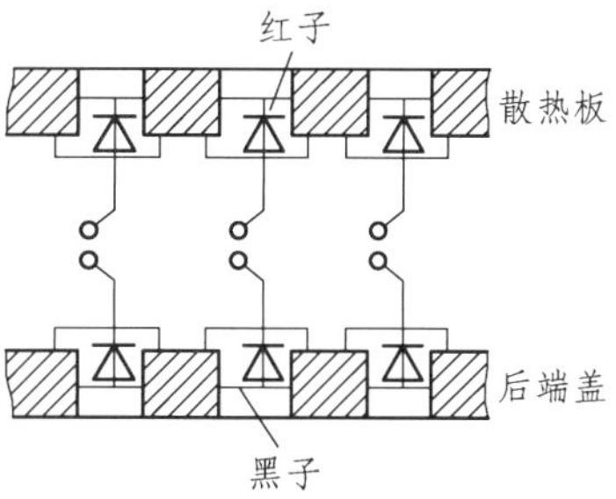

图 2-3-7　硅二极管的安装示意图

（二）发电机工作原理

交流发电机产生交流电的基本原理是电磁感应原理。三相交流发电机的工作原理如图 2-3-8 所示。

交流发电机的转子为一旋转磁场，当转子由发动机带轮带动旋转时，由于定子绕组与磁感应线有相对的切割运动，所以在三相绕组中产生交流电动势。交流发电机定子绕组内的感应电动势的大小与每相绕组串联的匝数以及转子的转速有关，匝数越多、转速越高，感应电动势越高。

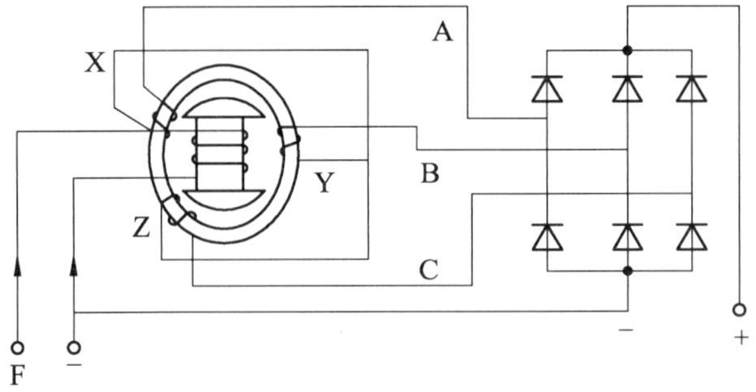

图 2-3-8 交流发电机的工作原理

在交流发电机中，6 只二极管组成的全波整流电路如图 2-3-9（a）所示，其整流原理如下：

由于 3 个正极管子（V_1、V_3、V_5）的正极分别接在发电机三相绕组的首端（A、B、C），而它们的负极同接在元件板上，所以在某一瞬间，哪一相的电压最高，哪一相就获得正向电压而导通。由于 3 个负极管子（V_2、V_4、V_6）的负极也分别接在三相绕组的首端，而它们的正极同时接在后端盖上，所以在某一瞬间，哪一相的电压最低，哪一相的负极管子就导通。

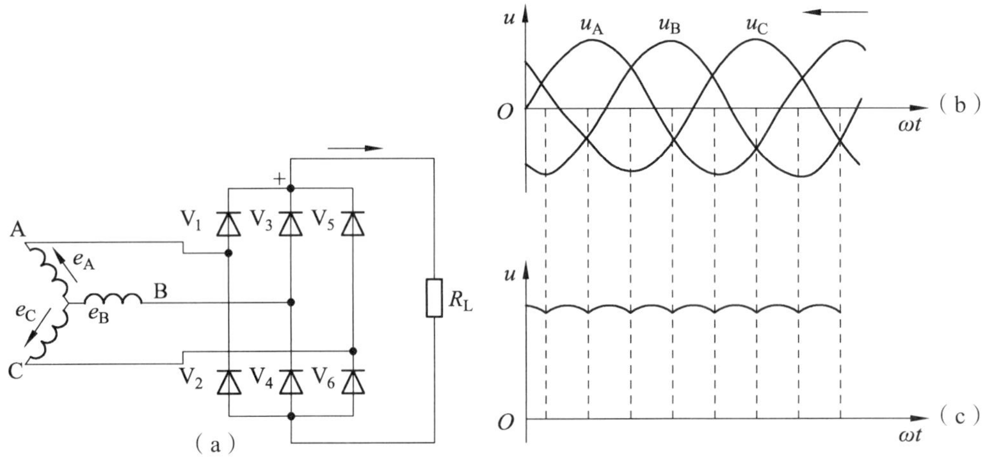

图 2-3-9 整流器整流原理

（三）爪极式无刷发电机

爪极式无刷交流发电机的结构与普通交流发电机大致相同。图 2-3-10 所示为国产 JFW14X 型无刷交流发电机外形图及其分解图，其励磁绕组是静止不动的，因此励磁绕组的两端引出线可以直接引出，省去了电刷和滑环，爪极在励磁绕组的外围旋转。

爪极式无刷交流发电机的主要缺点是由于磁轭托架与爪极和转子磁轭之间有附加间隙存在，漏磁较多，因此在输出功率相同的情况下，必须增大励磁绕组的励磁电流。

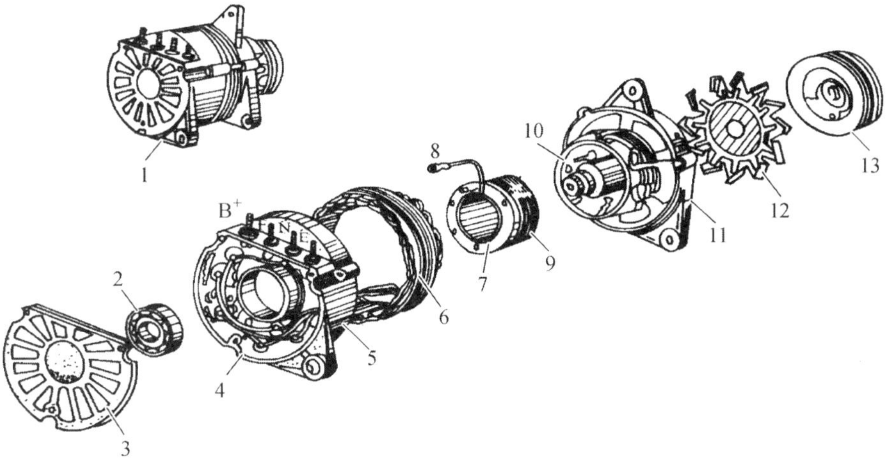

1—外形；2—后轴承；3—防护罩；4—元件板和硅二极管组；5—励磁绕组支架及后轴承支架；6—定子总成；7—磁轭；8—励磁绕组接头；9—励磁绕组；10—爪极及转子轴总成；11—前端盖；12—风扇叶；13—带轮。

图 2-3-10 国产 JFW14X 型无刷交流发电机外形图及其分解图

（四）永磁式无刷发电机

永磁式无刷交流发电机以永久磁铁为转子磁极而产生旋转磁场，常用的永磁材料有铁氧体、铝镍钴、稀土钴、钕铁硼等。图 2-3-11 是钕铁硼永磁转子的结构示意图。具有较高剩磁和矫顽力的钕铁硼永磁体采用瓦片式结构，并用环氧树脂粘在导磁扼上。

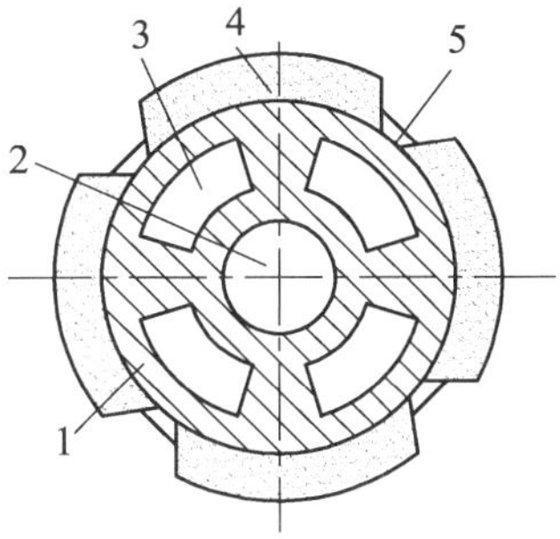

1—导磁扼；2—转轴；3—通风口；4—永磁铁；5—环氧树脂胶。

图 2-3-11 钕铁硼永磁转子的结构示意图

永磁式交流发电机的磁场强度是固定不变的，因此不可能像其他类型的交流发电机那样通过调节励磁绕组励磁电流的方法来达到稳定电压的目的。图 2-3-12 是永磁式交流发电机电压调节的电路原理图。3 只二极管 VD_1、VD_2、VD_3 与 3 只三极管 VT_1、VT_2、VT_3 组成的三相半控桥式整流电路向外输出直流电，而 $VD_1 \sim VD_6$ 组成的三相桥式整流电路则向晶闸管控制极提供触发电压，其电路中串联着电压调节器的触点 K。电压调节器的 K 为常闭触点，调节器电磁线圈并接于发电机的输出端。

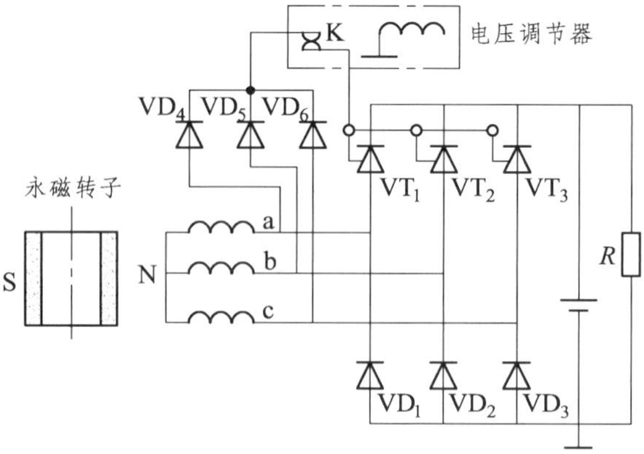

图 2-3-12　永磁发电机电压控制电路原理图

（五）发电机的保养检查与更换

1. 更换发电机总成

现代悦动发电机总成安装位置如图 2-3-13 所示，参照维修手册，完成发电机总成拆装，并完成表 2-3-1。

图 2-3-13　现代悦动发电机总成

表 2-3-1　更换发电机总成

序号	步　骤	图　示
1	拆卸蓄电池负极连接线	
2	拆卸发电机插头“B＋”接线插头	
3	松开发电机张紧螺栓	
4	松开发电机紧固螺栓，取下皮带	
5	拆下发电机总成	

续表

序号	步　　骤	图　　示
6	安装发电机总成：安装发电机总成（参见维修手册），将电缆连接到蓄电池负极端子（与拆卸相反）。 具体步骤： ① 安装发电机紧固螺栓。 ② 安装发电机张紧螺栓，并紧固螺栓，调节皮带张紧度（参见维修手册）。 ③ 安装发电机插头“B+”接线插头。 ④ 安装蓄电池负极连接线	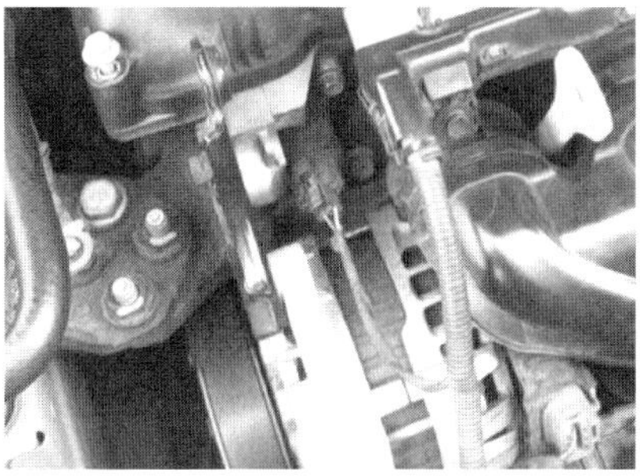

注：① 发电机周边带有线束和水管，拆装时应特别小心，以免压坏造成人为故障。
② 拆卸发电机前应先将电源断开，避免发生短路事故。
③ 润滑机械部件时只能使用润滑脂，不能使用润滑油。

2. 发电机检查保养

发电机检查保养如表 2-3-2 所示。

表 2-3-2　发电机检查保养

序号	步　　骤	图　　示
1	发电机电缆线的检查：检查发电机“B+”端子与蓄电池正极连接是否牢固，连接电缆线绝缘胶是否有脱落、烧蚀等现象	
2	试验启动后怠速和整体声音是否正常	
3	检查蓄电池电压，查看发电机的充电情况，不足时应该及时充电	
4	高速运行后发电机的输出电压和频率是否正常，声音是否正常	

四、接车与填写接车问诊表

表 2-3-3　接车问诊表

<table>
<tr><td colspan="3">车牌号：________　车架号：________　行驶里程：________（km）</td></tr>
<tr><td colspan="3">用户名：________　电　话：________　来店时间：________</td></tr>
<tr><td colspan="3">用户陈述及故障发生时的状况：仪表灯会显示蓄电池不充电状态常亮</td></tr>
<tr><td colspan="3">故障发生状况提示：行驶速度、发动机状态、发生频率、发生时间、部位、天气、路面状况、声音描述</td></tr>
<tr><td colspan="3">接车员检测确认建议：检查发电机皮带、检查线束连接、蓄电池状况</td></tr>
<tr><td colspan="3">车间检测确认结果及主要故障零部件：</td></tr>
<tr><td colspan="3">车间检查确认者：________</td></tr>
<tr><td rowspan="3">外观确认：
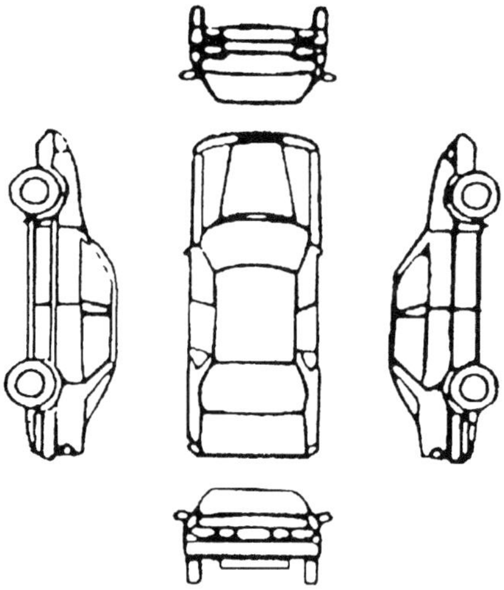
（请在有缺陷部位做标识）</td><td colspan="2">功能确认：（工作正常√　不正常×）
□音响系统　□门锁（防盗器）　□全车灯光
• 工具　□后视镜　□天窗　□座椅
• 点烟器　□玻璃升降器　□玻璃</td></tr>
<tr><td colspan="2">物品确认：（有√　无×）</td></tr>
<tr><td>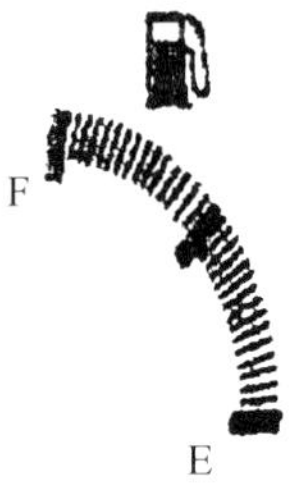
</td><td>• 贵重物品提示
□工具　□备胎
□灭火器　□其他（　　）
旧件是否交还用户
□是　□否
用户是否需要洗车
□是　□否</td></tr>
<tr><td colspan="3">• 检测费说明：本次检测的故障如用户在本店维修，检测费包含在修理费用内；如用户不在本店维修，请您支付检测费。本次检测费：¥　　　　元。
• 贵重物品：在将车辆交给我店检查修理前，已提示将车内贵重物品自行收起并保存好，如有遗失恕不负责。
接车员：____________　用户确认：____________</td></tr>
</table>

活页工单三　发电机结构原理及拆装检修

一、信息测评

查阅相关维修资料，学习发电机结构与工作原理，完成以下内容：

（1）查阅资料，学习发电机的结构，将图 H2-3-1 发电机结构图中序号填写在零件图下方横线上，并对照启动机实物说出零件名称及作用。

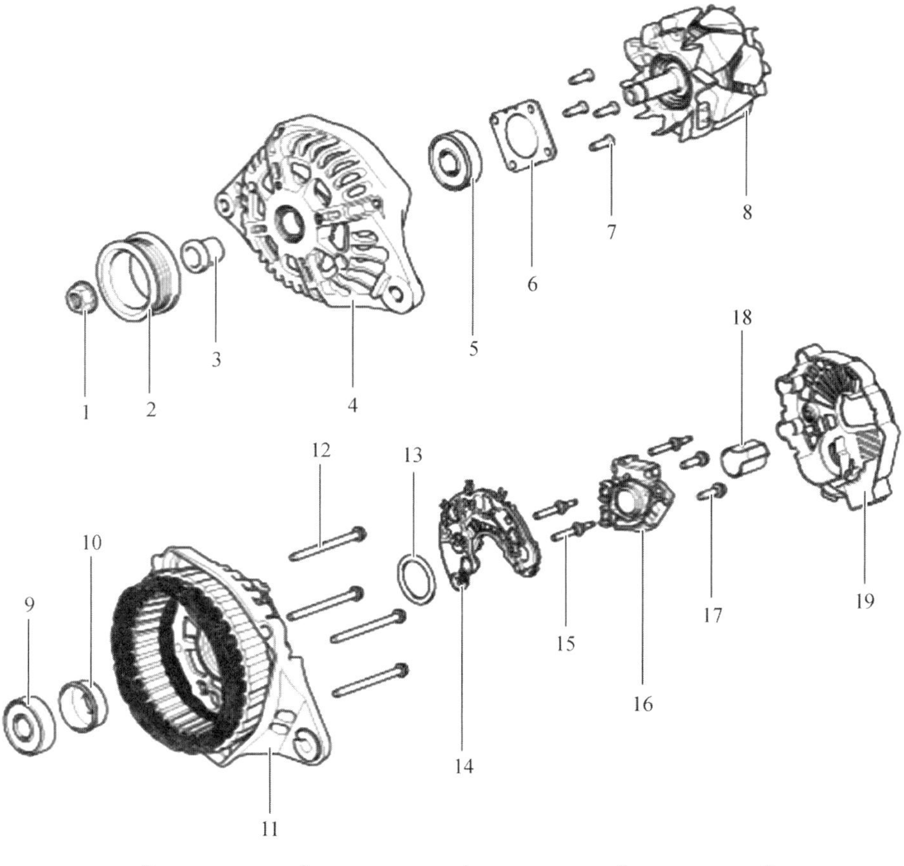

1__________，2__________，3__________，4__________，5__________，6__________，

7________，8__________，9__________，10_________，11________，12________，

13___________，14___________，15__________，16__________，

17___________，18___________，19___________。

图 H2-3-1　发电机结构

（2）查阅资料，对照实物，学习发电机的工作原理。对照图 H2-3-2，将发电机工作原理填写完成，并能根据图 H2-3-2 写出电流方向及各元件的工作过程。

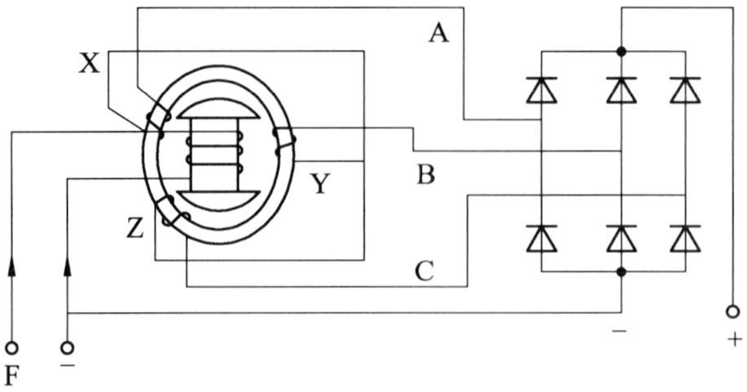

图 H2-3-2　交流发电机的工作原理

交流发电机产生交流电的基本原理是____________。交流发电机的____________为一旋转磁场，当转子由发动机带轮带动旋转时，由于____________与____________有相对的切割运动，所以在三相绕组中____________。交流发电机定子绕组内的感应电动势的大小与每相绕组串联的匝数以及____________的转速有关，匝数越多，转速越高，感应电动势越高。

二、制订任务实施方案

分组查阅维修手册，认识发动机的结构及工作原理，为维护与检测发动机做准备。

1. 任务分工：

2. 任务实施步骤：

3. 异常情况处理办法：

三、任务实施

1. 更换发电机总成

更换发电机总成，如表 H2-3-1 所示。

表 H2-3-1　更换发电机总成

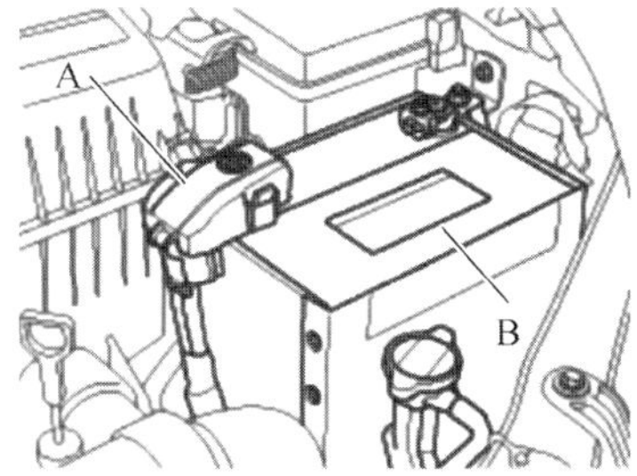	步骤 1　拆卸蓄电池负极连接线 完成情况：□正常 □不正常，原因：________
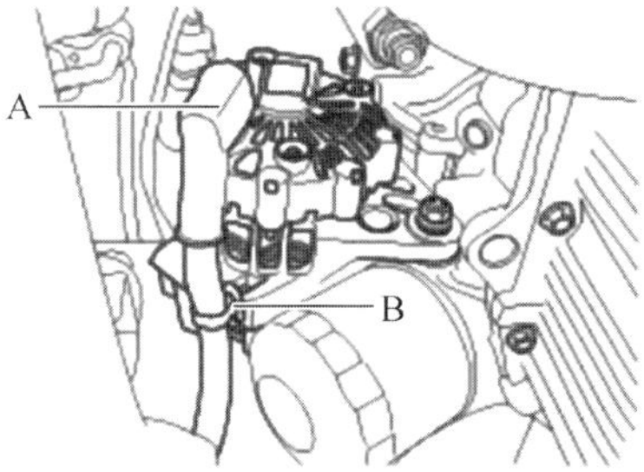	步骤 2　拆卸发电机插头“B＋”接线插头 完成情况：□正常 □不正常，原因：________
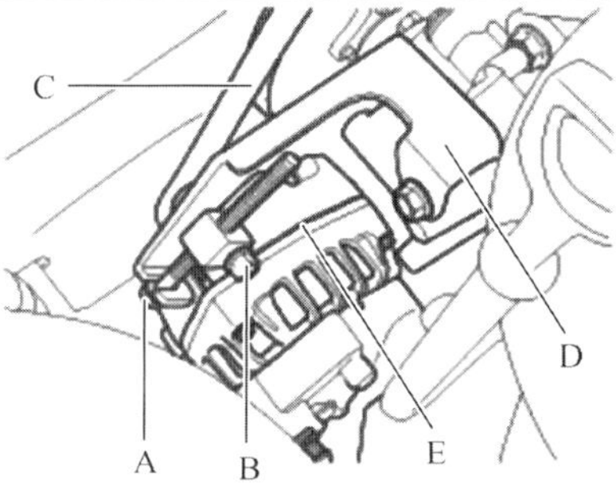	步骤 3　松开发电机张紧螺栓 完成情况：□正常 □不正常，原因：________
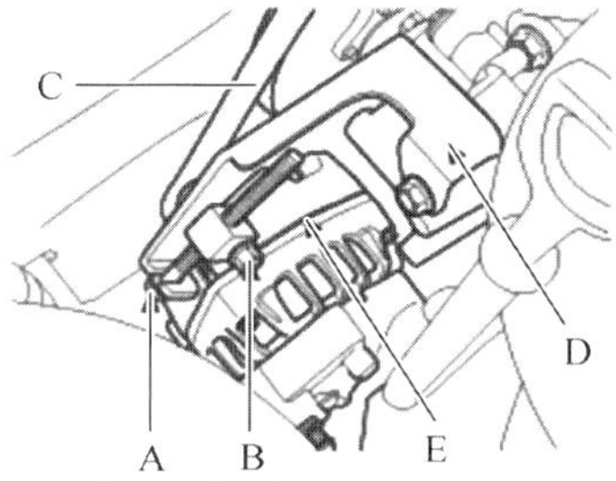	步骤 4　松开发电机紧固螺栓，取下皮带 完成情况：□正常 □不正常，原因：________
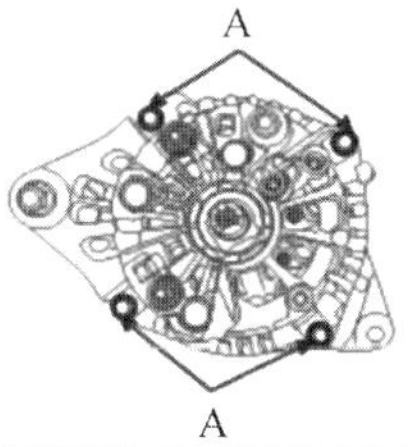	步骤 5　拆下发电机总成 完成情况：□正常 □不正常，原因：________
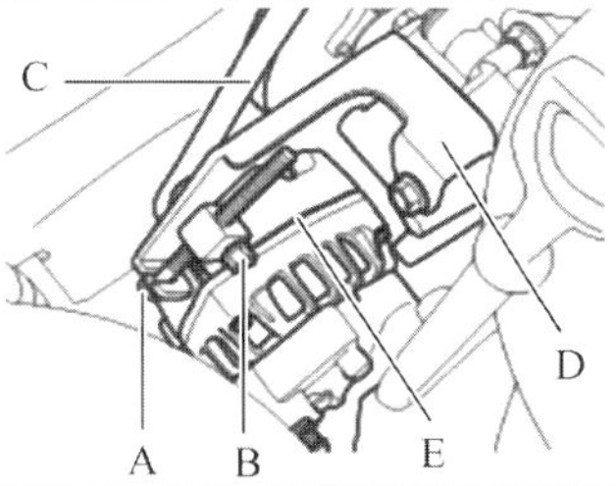	步骤 6　安装发电机总成 完成情况：□正常 □不正常，原因：________

2. 发电机检查保养

现代悦动总成安装，参照维修手册，完成启动机总成拆装，并完成表 H2-3-2。

表 H2-3-2　发电机检查保养

	步骤 1　发电机电缆线的检查 完成情况：□正常 □不正常，原因：________________
	步骤 2　试验启动后怠速和整体声音是否正常 完成情况：□正常 □不正常，原因：________________
	步骤 3　检查蓄电池电压，查看发电机的充电情况 完成情况：□正常 □不正常，原因：________________
	步骤 4　检查高速运行后发电机的输出电压和频率 完成情况：□正常 □不正常，原因：________________

四、评价总结

表 H2-3-3　学习任务评价表

班级____________　小组____________　学号____________　姓名____________

	主要测评项目	学生自评			
		A	B	C	D
关键能力总结	1. 遵守纪律，遵守学习场所管理规定，服从安排				
	2. 具有安全意识、责任意识、6S 管理意识，注重节约、节能与环保				
	3. 学习态度积极主动，能按时参加安排的实习活动				
	4. 具有团队合作意识，注重沟通，能自主学习及相互协作				
	5. 仪容仪表符合学习活动要求				
专业知识与能力总结	1. 能参照维修手册更换发电机总成				
	2. 能进行实车发电机检查保养				
	3. 能检查充电系统是否充电				
个人自评总结与建议					
小组评价					
教师评价		总评成绩			

教师签字/日期：

任务四　启动机的检查保养与更换

一、任务目标

阅读下面文字内容和信息，标记出启动机结构与工作原理关键内容。

（1）启动系统由哪些元件组成及功用。

（2）这些元件在车上的安装位置。

（3）启动机的检查保养。

（4）启动机的更换。

二、情境导入

一辆丰田卡罗拉小轿车，行驶里程为 55 000 km，车主报修，启动发动机时，启动机转速很慢，发动机无法启动，经过诊断，确定是启动系统故障引起，需要检查蓄电池、启动机等部件。如果你是一名汽车售后维修技术人员，应如何解决这个故障?

三、信息收集

要使发动机由静止状态过渡到工作状态，必须先用外力转动发动机的曲轴，使发动机自行运转，工作循环自动进行。因此，曲轴在外力作用下由静止状态开始转动到发动机自动地怠速运转的全过程，称为发动机的启动。完成启动过程所需的装置，称为发动机的启动系。

如图 2-4-1 所示，启动系统由蓄电池、点火开关、启动继电器、启动机等组成。启动系统的功用是通过启动机将蓄电池的电能转换成机械能，启动发动机自行运转。

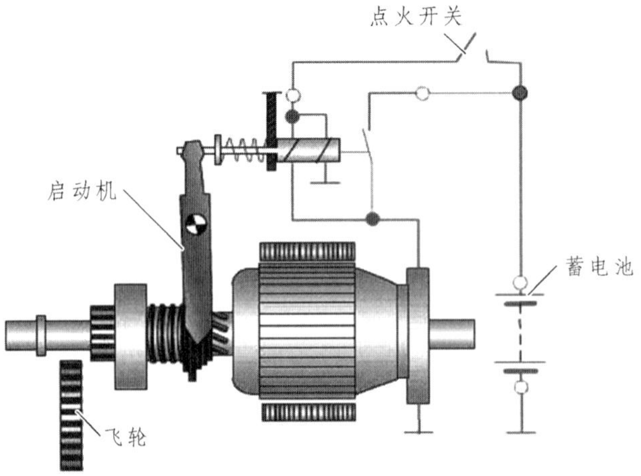

图 2-4-1　启动机系统

（一）汽车启动机型号和马达 QDY/QDJ 命名规则

根据中华人民共和国汽车行业标准《汽车电气设备产品型号编制方法》（QC/T73—1993）的规定，汽车启动机型号组成、汽车马达 QDY/QDJ 命名规则如下。

1. 汽车启动机产品代号

QD——普通启动机。

QDJ——减速启动机。

QDY——永磁启动机（包括永磁减速启动机）。

启动机的型号如图 2-4-2 所示。

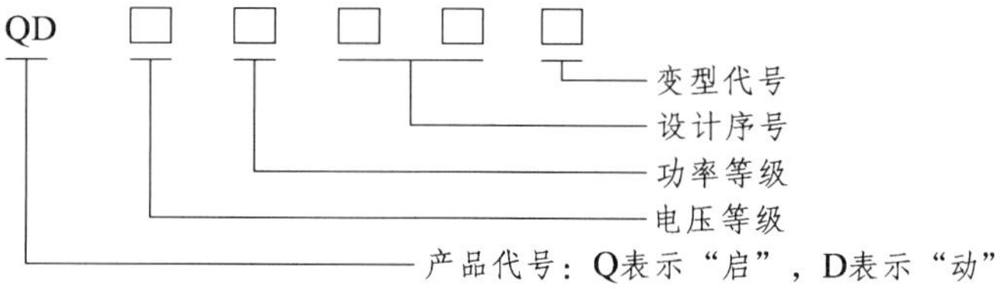

图 2-4-2　启动机的型号

产品代号用中文字母表示，例：Q 表示“启”；D 表示“动”；J 表示“减”；Y 表示“永”。

2. 汽车启动机电压等级代号

电压等级代号用一位阿拉伯数字表示，例：1 表示 12 V 系统；2 表示 24 V 系统。

3. 启动机功率等级代号

启动机功率等级代号如表 2-4-1 所示。

表 2-4-1　启动机功率等级代号

功率等级代号	1	2	3	4	5	6	7	8	9
功率/kW	<1	1 ~ 2	2 ~ 3	3 ~ 4	4 ~ 5	5 ~ 6	6 ~ 7	7 ~ 8	>8

4. 汽车启动机设计序号

设计序号用 1 ~ 2 位阿拉伯数字表示，表示产品设计的先后顺序。

5. 汽车启动机变形代号

主要电气参数和基本结构不变的情况下，一般电气参数的变化和结构某些改变称为变型，以汉语拼音大写字母 A/B/C…顺序表示。

如：QDY1257 A

QDY——永磁减速启动机；

1——12 V；

2——大于 1 kW，小于 2 kW；

57——设计的先后顺序；

A——变形代号。

（二）启动系统控制电路

启动机控制原理如图 2-4-3 所示。其电流回路为：蓄电池正极→点火开关 D→50b→启动机接线柱 50→保持线圈 14→搭铁→蓄电池负极。另一电流回路吸引线圈 13→导电片→启动机开关接线柱 C→启动机励磁绕组、电枢绕组→搭铁→蓄电池负极。

主电路接通时，吸引线圈被短路，活动铁心靠保持线圈的磁力保持在吸合位置。发动机启动后，放松点火开关旋钮，点火开关会自动转回一个角度，保持线圈中的电流由启动机开关接线柱 50b、接线柱 50、导电片、吸引线圈、构成回路。此时两线圈所建立的磁场方向相反，相互抵消，于是活动铁心在复位弹簧的作用下退回原位，驱动齿轮与飞轮齿环脱离啮合，同时接触盘退出，切断了启动机与蓄电池之间的电路，启动机便停止工作。

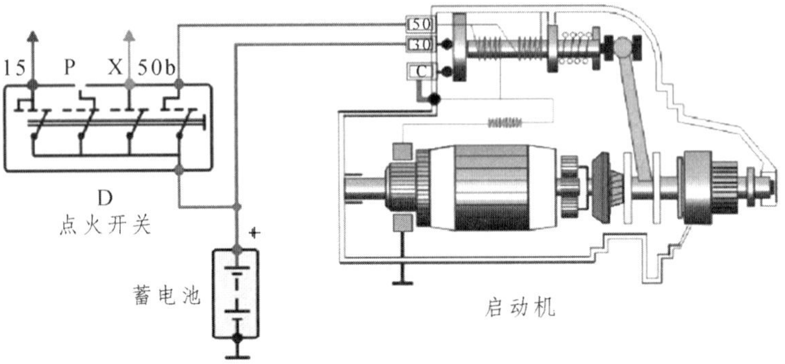

图 2-4-3 启动机控制原理图

1. 启动机控制电路原理

蓄电池直接供电到启动机 30 端子，点火开关 50b 触点直接控制启动机 50 端子。

当点火开关打到 50b 挡位时，启动机吸引线圈得电，控制装置内大功率触点吸合，电动机转动；此时，保持线圈维持控制装置工作。同时，拔叉推动启动机齿轮向前伸出，带动飞轮转动。

当点火开关复位，断开 50b 供电，启动机复位不工作。

2. 启动系统控制电路及控制原理

燃油汽车以电动机作为启动动力。启动系统的基本组成由蓄电池、点火开关、启动继电器、启动机等组成，如图 2-4-4 所示。

启动系统的功用是通过启动机将蓄电池的电能转换成机械能，启动发动机运转。

（1）启动开关：接通启动机电磁开关电路，以使电磁开关通电工作。汽油发动机的启动开关与点火开关组合在一起。

（2）启动继电器：由启动继电器常开触点控制启动机电磁开关电路的通断，启动开关只是控制启动继电器线圈电路，即控制小电流回路，从而保护了启动开关。

（3）启动机：启动机一般由直流电动机、传动机构和电磁操纵机构三部分组成。直流电机产生电磁转矩；传动机构在发动机启动时，使启动机小齿轮与飞轮齿圈啮合，将启动机转矩传给发动机飞轮，在发动机启动后，使启动机自动脱开飞轮齿圈；电磁操纵机构控制启动机的运转和传动机构的啮合与分离。

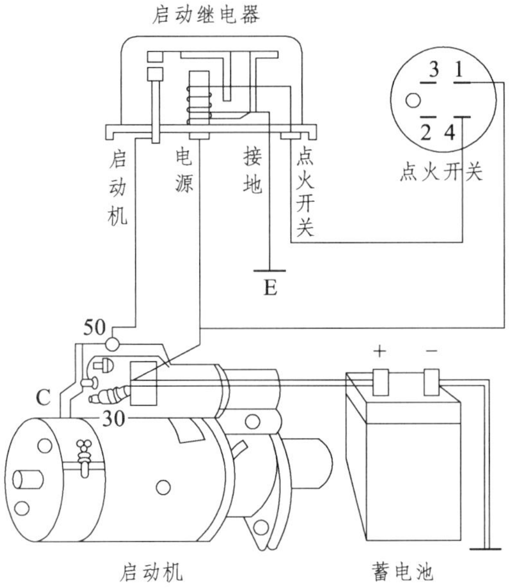

（a）启动系统原理图

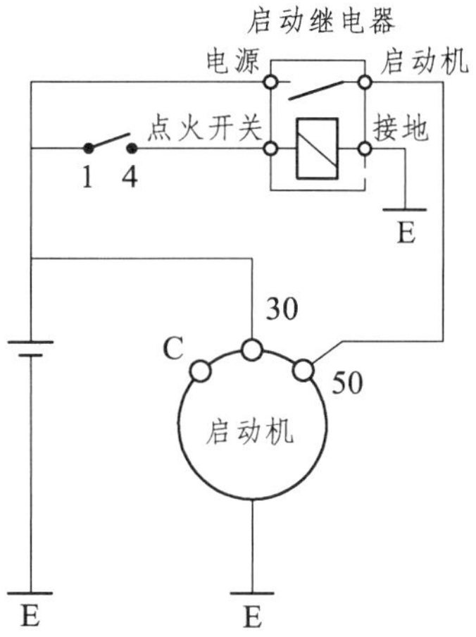

（b）启动系统接线图

图 2-4-4 启动系统控制电路及控制原理

（三）启动机的保养检查与更换

1. 更换启动机总成

丰田卡罗拉启动机总成安装如图 2-4-5 所示，参照维修手册，完成启动机总成拆装，并完成表 2-4-2。

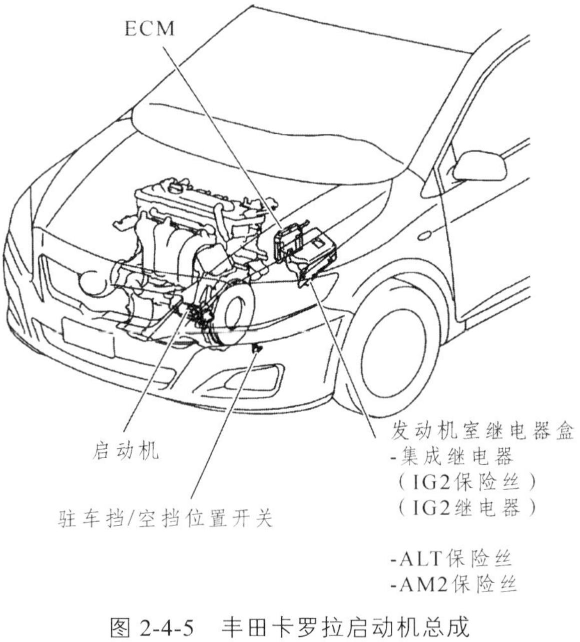

图 2-4-5 丰田卡罗拉启动机总成

表 2-4-2　更换启动机总成

序号	步　　骤	图　　示
1	拆卸蓄电池负极连接线	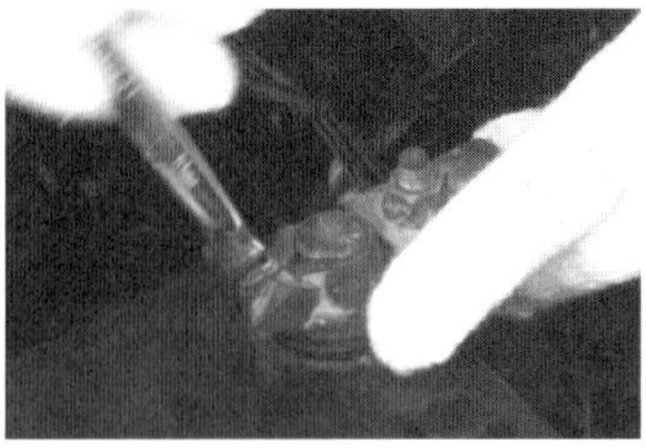
2	拆卸启动机 30 及 50 接线插头	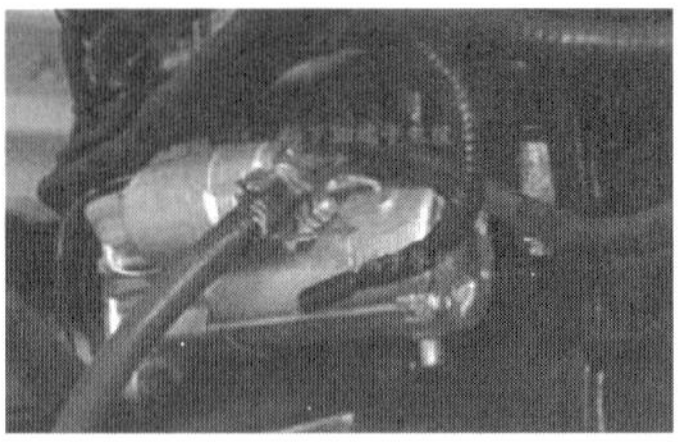
3	拆下启动机固定螺丝	
4	拆下启动机总成	
5	安装启动机总成：安装散热器上空气导流板（参见维修手册），将电缆连接到蓄电池负极端子（与拆卸相反）。 具体步骤： ① 用两个螺栓安装启动机总成； ② 合上端子盖； ③ 用螺栓安装线束支架； ④ 安装两个线束卡夹；连接连接器。用螺母连接端子 30	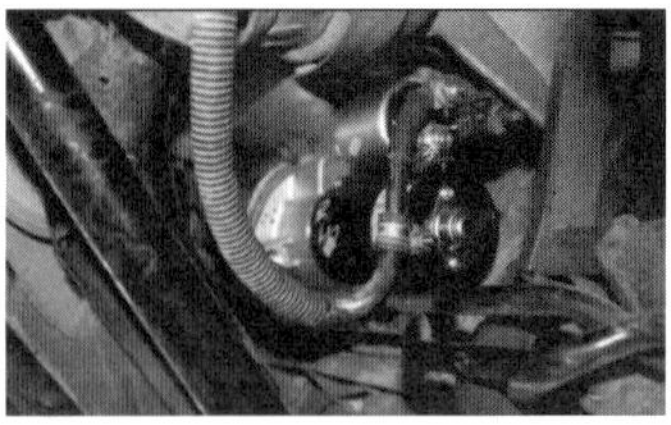

注：① 启动机周边带有线束和水管，拆装时应特别小心，以免压坏造成人为故障。
② 拆卸启动机前应先将电源断开，避免发生短路事故。
③ 润滑机械部件时只能使用润滑脂，不能使用润滑油。

2. 启动系统检查保养

启动系统检查保养如表 2-4-3 所示。

表 2-4-3　启动系统检查保养

序号	步　　骤	图　　示
1	启动电缆线的检查：检查启动机 30 端子与蓄电池正极连接是否牢固，连接电缆线绝缘胶是否有脱落、烧蚀等现象	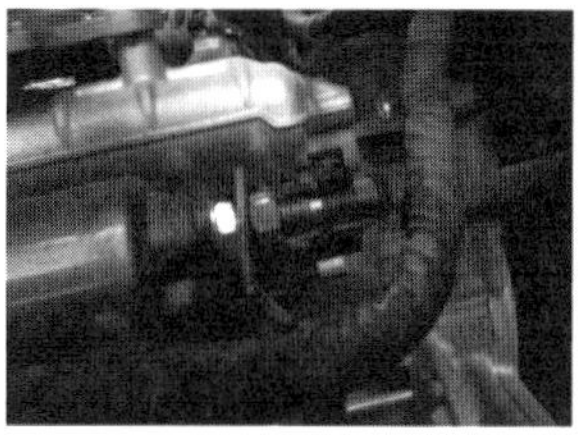
2	启动机带电空载检查：将励磁线圈引线连接至端子 C，将启动机夹在台钳中。如右图所示，将蓄电池和电流表连接到启动机上，检查并确认电流表显示规定电流	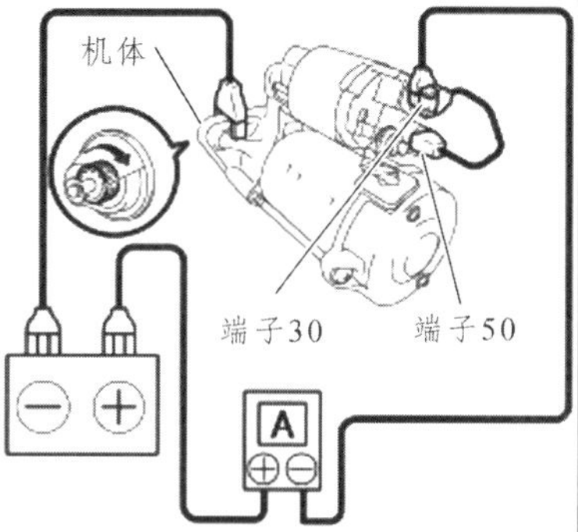
3	磁力开关性能测试：将蓄电池连接至磁力启动机开关，检查并确认驱动齿轮向外移动，断电后驱动齿轮回位	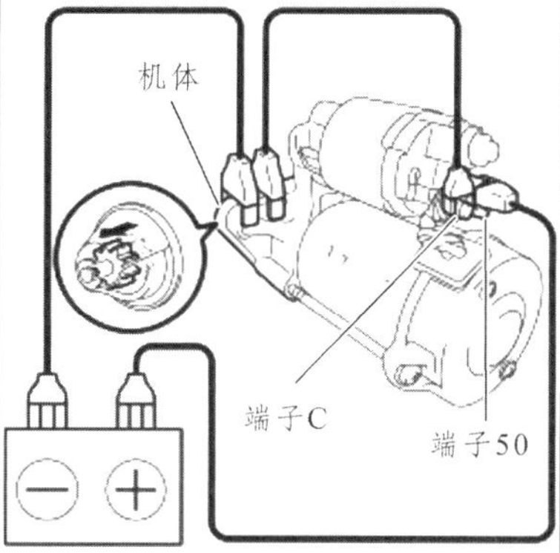
4	启动继电器测试：在继电器①②端接入 12 V 电源，有接触声发出，③⑤端导通，断电后不导通	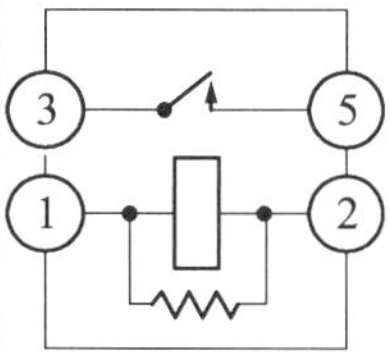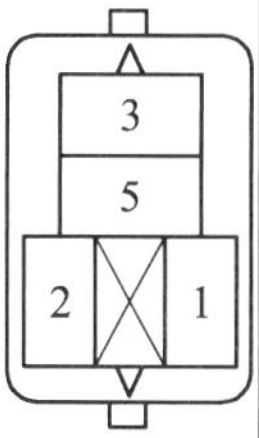

3. 启动机的维护及注意事项

（1）启动机的安装。启动机安装面和凸缘止口（径向定位面）与发动机缸体或变速箱的安装面必须有良好的定位接触，不得有油污和锈蚀；在安装固定螺钉时，必须同时交叉紧固，切忌先紧固好其中一只螺钉，然后再紧固其他螺钉，易造成安装中心偏移；启动机固定后，不可以再用工具强行撬动，以免破坏启动机的安装接触面和对中性。

（2）线束的连接。电磁开关接线柱如图 2-4-6 所示。电磁开关接线柱的 M10 螺母拧紧力矩通常取 14.7 ~ 17.7 N・m，力矩过小会引起线束松动，引起发热，增加电路压降，影响启动性能，甚至造成打火烧蚀，力矩过大则会导致拧断接线柱。

（3）经常检查电路各节点及接插件，如有生锈、腐蚀或松动，应当及时排除，以免电路发热，产生过大电路压降，影响启动机正常工作。

（4）个别车型启动机在使用一段时间后，因为环境影响，造成启动机驱动轴上油污、尘埃结聚，引起驱动齿轮复位迟缓而被飞轮反带产生瞬时响声，但不会影响启动性能。消除此响声的最好办法是，将启动机拆下，在驱动轴上加少许中性机油清洗污渍（切不可使用汽油清洗）。

图 2-4-6　电磁开关接线柱

（5）启动电路的检查。通常蓄电池端电压小于 12 V 时不得强行启动（解释：蓄电池荷电量 100%时电压在 12.78 V 左右，理论上要求蓄电池荷电量低于 95%时不得启动，而此时蓄电池电压在 12.14 V 左右），必须在蓄电池重新充电恢复正常电压后才能够启动。

4. *启动系统使用注意事项*

启动机使用应注意：保持蓄电池处于充足电状态、启动机与蓄电池之间的连线及蓄电池的搭铁线连接应固定牢靠，且导电良好。

（1）启动发动机前，应确认发动机状况良好后再使用启动机。

（2）启动前应将变速器挂上空挡，启动同时踩下离合器踏板，严禁用挂挡启动来移动车辆，启动机正常工作时间为 1.5～2 s，最长工作时间每次不得超过 5 s，如果大于 5 s 还未启动主机，必须中断启动，间隔 20～30 s 后再次启动。如 3 次无法正常启动，必须检查线路或发动机是否有故障，排除故障后再启动。

（3）使用无自保护功能的启动机时，启动后及时回转钥匙，发动机正常运转时，勿随意按启动按钮。

（4）严禁使用启动机对发动机排除故障及挂挡移动车辆。

（5）由于启动机通常安装在发动机旁边，有相当高的环境温度，要避免热态下整车泡进水中，引起零部件受损。

（6）在冬季或低温下启动时，应采取相应的措施，例如蓄电池保温确保蓄电池有充足的启动容量、手摇发动机进行预润滑等。

（7）启动机外部应保持清洁，各连接导线，特别是蓄电池相连接的导线，应保证连接牢固可靠；汽车每行驶 3 000 km 时，应检查与清洁换向器，清除换向器表面的碳粉和脏污；汽车每行驶 5 000～6 000 km 时，检查测试电刷的磨损程度以及电刷弹簧的压力，均应在规定范围之内；每年对启动机进行一次解体保养。

四、接车与填写接车问诊表

表 2-4-4 接车问诊表

<table>
<tr><td colspan="3">车牌号：______ 车架号：______ 行驶里程：______（km）</td></tr>
<tr><td colspan="3">用户名：______ 电　话：______ 来店时间：______</td></tr>
<tr><td colspan="3">用户陈述及故障发生时的状况：启动时，启动机转速很慢，发动机无法启动</td></tr>
<tr><td colspan="3">故障发生状况提示：行驶速度、发动机状态、发生频率、发生时间、部位、天气、路面状况、声音描述</td></tr>
<tr><td colspan="3">接车员检测确认建议：检查启动系统</td></tr>
<tr><td colspan="3">车间检测确认结果及主要故障零部件：</td></tr>
<tr><td colspan="3">车间检查确认者：______</td></tr>
<tr><td rowspan="3">外观确认：
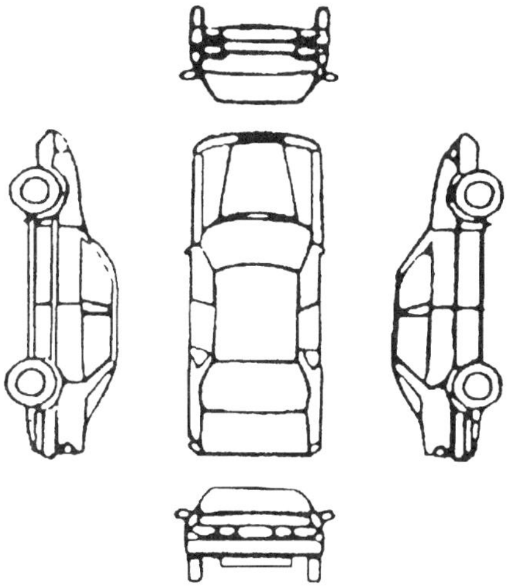
（请在有缺陷部位做标识）</td><td colspan="2">功能确认：（工作正常√ 不正常×）
□音响系统 □门锁（防盗器） □全车灯光
• 工具 □后视镜 □天窗 □座椅
• 点烟器 □玻璃升降器 □玻璃</td></tr>
<tr><td colspan="2">物品确认：（有√ 无×）</td></tr>
<tr><td>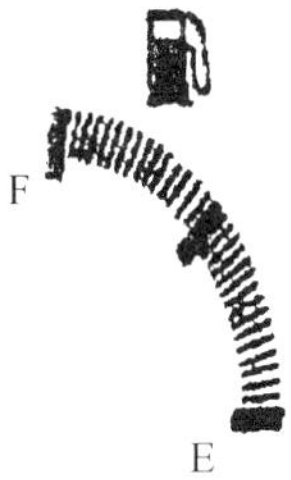</td><td>• 贵重物品提示
□工具 □备胎
□灭火器 □其他（　　）
旧件是否交还用户
□是 □否
用户是否需要洗车
□是 □否</td></tr>
<tr><td colspan="3">• 检测费说明：本次检测的故障如用户在本店维修，检测费包含在修理费用内；如用户不在本店维修，请您支付检测费。本次检测费：¥　　　元。
• 贵重物品：在将车辆交给我店检查修理前，已提示将车内贵重物品自行收起并保存好，如有遗失恕不负责。
接车员：______ 用户确认：______</td></tr>
</table>

活页工单四　启动机结构原理及拆装检修

一、信息测评

查阅相关维修资料，学习启动系统结构与工作原理，完成以下内容：

（1）对照实物，查阅资料，认识启动系统的结构，将图 H2-4-1 中序号与零件名称用实线连接，并在实物上找到相应的零件。

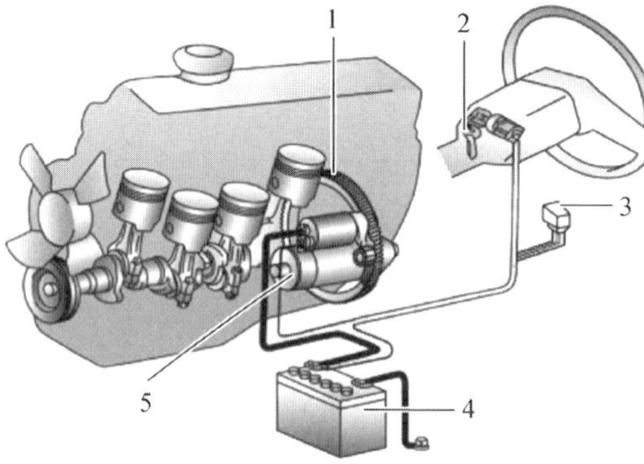

1
2
3
4
5

蓄电池
点火开关
启动机
飞轮
启动继电器

图 H2-4-1　启动系统结构

（2）查阅资料，学习启动机的结构，将图 H2-4-2 启动机结构图中序号填写在零件图下方横线上，并对照启动机实物说出零件名称及作用。

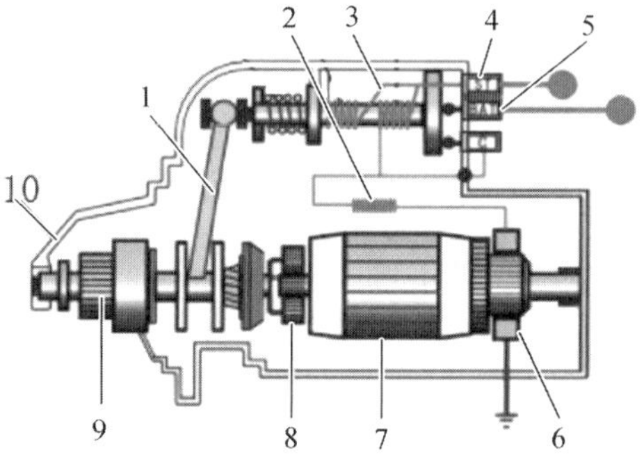

图 H2-4-2　启动机结构

__________　__________　______　____________　___________　__________　_________

（3）查阅资料，对照实物，学习启动系统工作原理，对照图 H2-4-3，将启动系统工作原理填写完成，并能根据图 H2-4-3 写出电流方向及各元件的工作过程。

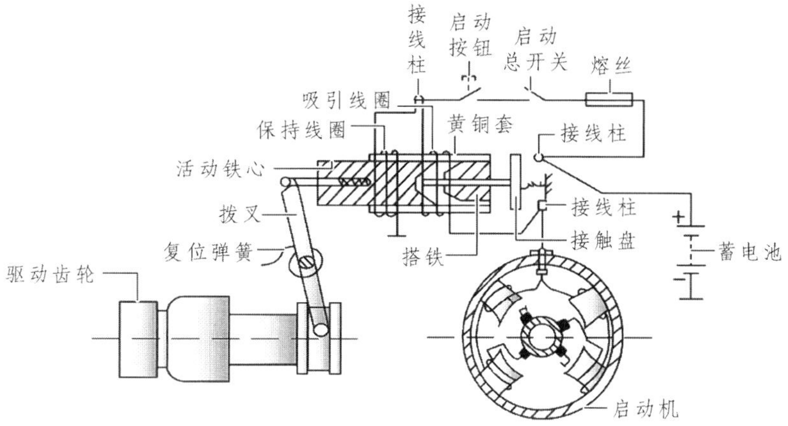

图 H2-4-3　启动系统工作原理

活动铁心在两个线圈电磁吸力的共同作用下，克服复位弹簧的弹力而__________，带动______便将小齿轮推出与飞轮齿环逐渐啮合。由于吸引线圈的电流流经________和电枢绕组，产生一定的电磁转矩，所以小齿轮是在缓慢旋转的过程中啮合的。当齿轮啮合好后，将上下接线柱______，于是蓄电池的大电流流经启动机的______，产生正常的转矩，带动发动机旋转，启动发动机。与此同时，______被短路，齿轮的啮合位置由吸力来保持。

当发动机启动后，松开启动按钮瞬间，保持线圈中的电流只能经________构成回路，由于此时两线圈所产生的磁通方向________，磁力相互抵消，于是活动铁心在复位弹簧的作用下回至原位，小齿轮退出啮合，接触盘脱离上下接线柱，切断启动电路，启动机停止运转。

当合上启动总开关，按下启动按钮时，吸引线圈和保持线圈的电路接通，电流方向如下：

蓄电池正极→接线柱→________→________→________→接线柱→________→搭铁→蓄电池负极。

蓄电池正极→接线柱→熔丝→启动总开关→启动按钮→接线柱→__________→接线柱→启动机励磁绕组→电枢绕组→搭铁→蓄电池负极。

（4）查阅资料，学习启动系统控制电路，在启动系统接线台架或老师提供的实物上正确地连接线路，说出启动系统控制过程与电流方向。

二、制订任务实施方案

分组查阅维修手册，认识启动系统的结构及工作原理，为维护与检测启动机做准备。

1. 任务分工：

2. 任务实施步骤：

3. 异常情况处理办法：

三、任务实施

1. 启动机保养检查（见表 H2-4-1）

表 H2-4-1　启动机保养检查

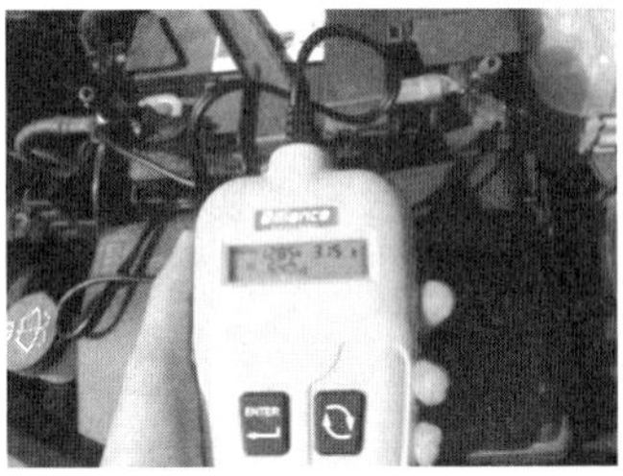	步骤 1　使用蓄电池容量检测仪检测蓄电池电量 完成情况：□正常 □不正常，原因：________________
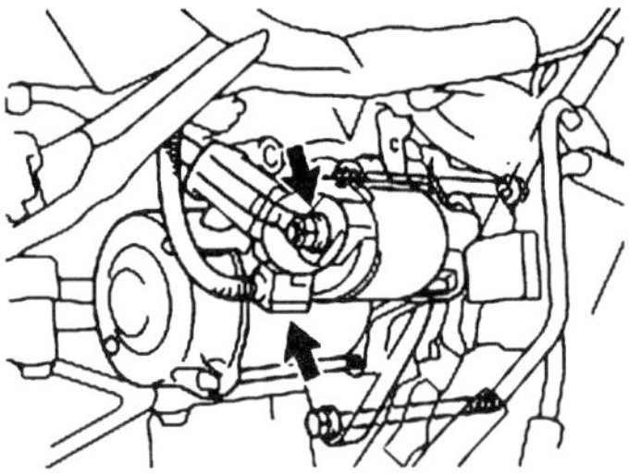	步骤 2　检查启动系统外部线路连接情况 技术要求：蓄电池正负极端接头应无松脱或氧化；启动机 30 与 50 端子线接头应无松脱。 完成情况：□正常 □不正常，原因：________________
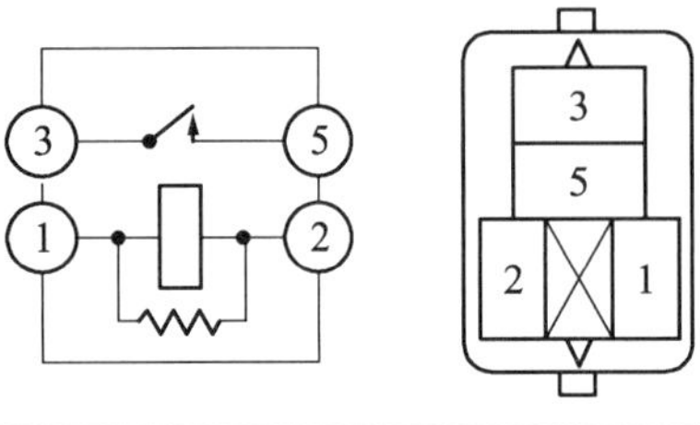	步骤 3　检测启动继电器 技术要求：在 1、2 号之间不加蓄电池电压时，万用表检测 3、5 号之间电阻应大于 10 kΩ；加上蓄电池电压时，万用表检测 3、5 号之间电阻应小于 1 Ω。 完成情况：□正常 □不正常，原因：________________

续表

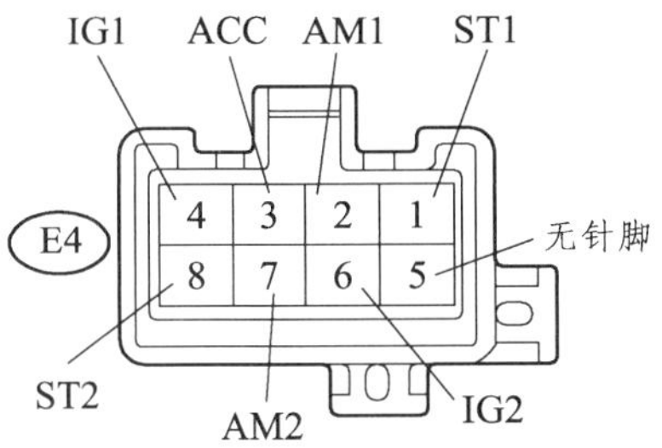	步骤 4　检查点火开关 技术要求：当点火开关处于 ST 挡时，ST1-AM1-IG1 与 IG2-AM2-ST2 之间电阻应小于 1 Ω。 完成情况：□正常 □不正常，原因：________________
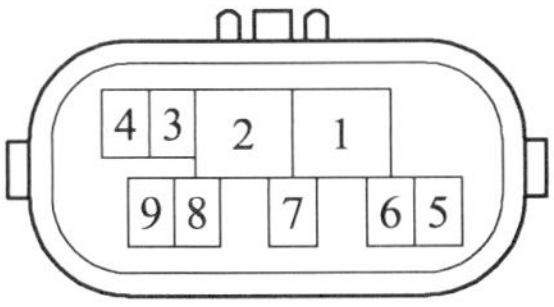	步骤 5　检查空挡启动开关 技术要求：当挡位开关位于 P 或 N 挡时，4～5 号插头之间电阻应小于 1 Ω，其他挡位时，4～5 号插头之间电阻应大于 10 kΩ。 完成情况：□正常 □不正常，原因：________________
	步骤 6　检查线路 技术要求：用万用表检测启动系统控制线路，每条线路电阻应小于 1 Ω。 完成情况：□正常 □不正常，原因：________________

2. 更换启动机总成

丰田卡罗拉启动机总成安装如图 H2-4-4 所示，参照维修手册，完成启动机总成拆装，并完成表 H2-4-2 内容。

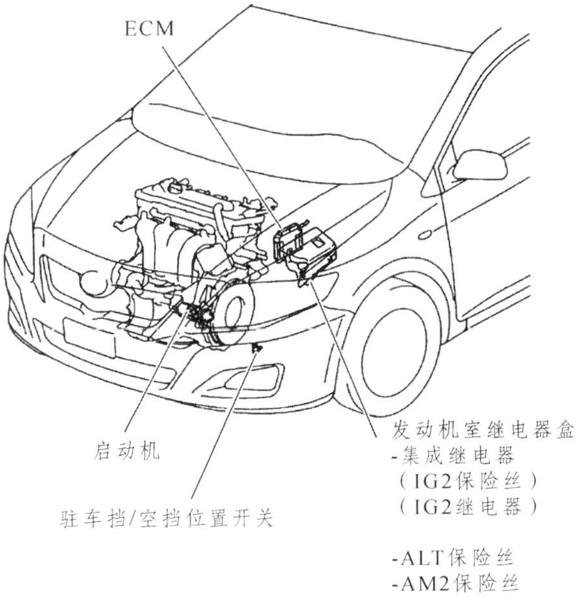

图 H2-4-4　启动机总成安装

表 H2-4-2　启动机总成拆装

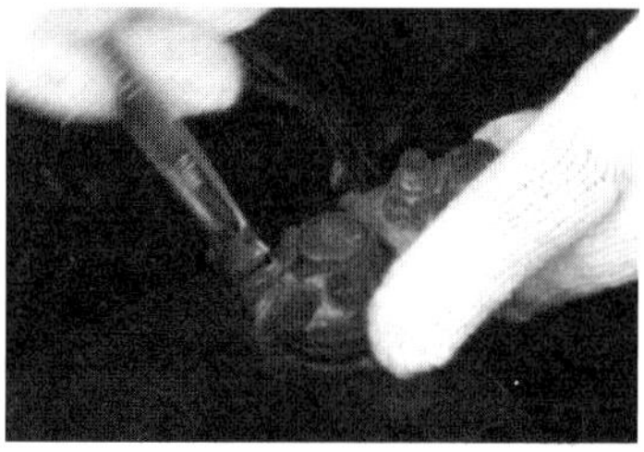	步骤 1　拆卸蓄电池负极连接线 完成情况：□正常 □不正常，原因：________
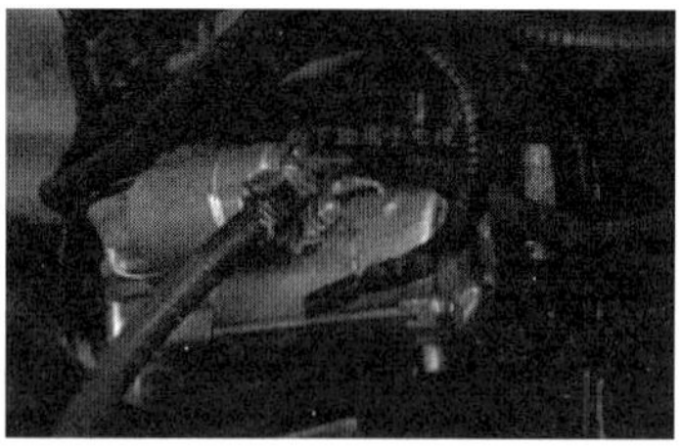	步骤 2　拆卸启动机 30 及 50 接线插头 完成情况：□正常 □不正常，原因：________
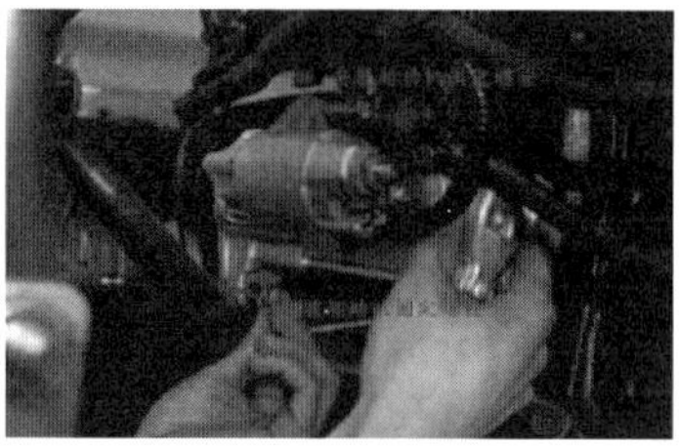	步骤 3　拆下启动机固定螺丝 完成情况：□正常 □不正常，原因：________
	步骤 4　拆下启动机总成 完成情况：□正常 □不正常，原因：________
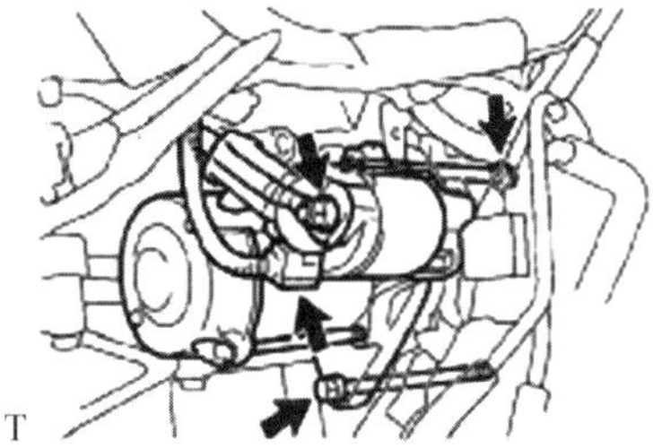	步骤 5　安装启动机总成 技术要求：启动机总成安装步骤与拆卸相反。 完成情况：□正常 □不正常，原因：________

四、评价总结

表 H2-4-3 学习任务评价表

班级____________ 小组____________ 学号____________ 姓名____________

<table>
<tr><td rowspan="2"></td><td rowspan="2">主要测评项目</td><td colspan="4">学生自评</td></tr>
<tr><td>A</td><td>B</td><td>C</td><td>D</td></tr>
<tr><td rowspan="5">关键能力总结</td><td>1. 遵守纪律，遵守学习场所管理规定，服从安排</td><td></td><td></td><td></td><td></td></tr>
<tr><td>2. 具有安全意识、责任意识、6S 管理意识，注重节约、节能与环保</td><td></td><td></td><td></td><td></td></tr>
<tr><td>3. 学习态度积极主动，能按时参加安排的实习活动</td><td></td><td></td><td></td><td></td></tr>
<tr><td>4. 具有团队合作意识，注重沟通，能自主学习及相互协作</td><td></td><td></td><td></td><td></td></tr>
<tr><td>5. 仪容仪表符合学习活动要求</td><td></td><td></td><td></td><td></td></tr>
<tr><td rowspan="3">专业知识与能力总结</td><td>1. 能通过维修手册查找启动系统电路图</td><td></td><td></td><td></td><td></td></tr>
<tr><td>2. 能实车进行启动系统的保养</td><td></td><td></td><td></td><td></td></tr>
<tr><td>3. 能更换启动机</td><td></td><td></td><td></td><td></td></tr>
<tr><td>个人自评总结与建议</td><td colspan="5"></td></tr>
<tr><td>小组评价</td><td colspan="5"></td></tr>
<tr><td rowspan="2">教师评价</td><td rowspan="2"></td><td colspan="4">总评成绩</td></tr>
<tr><td colspan="4"></td></tr>
</table>

教师签字/日期：

（汽车电子电气与空调舒适系统技术）初级考题

<table>
<tr><td colspan="2">模块：汽车电子电气与空调舒适系统技术（初级）</td><td colspan="2">考核时间：30 分钟</td></tr>
<tr><td>姓名：</td><td>班级：</td><td>学号：</td><td rowspan="3">考评员签字：</td></tr>
<tr><td>监考官初评：□合格
□不合格</td><td>组长复评：□合格
□不合格</td><td>总部总评：□合格
□不合格</td></tr>
<tr><td>日期：</td><td>日期：</td><td>日期：</td></tr>
<tr><td colspan="4">考核项目二：启动与充电系统检查保养【实操考核报告】</td></tr>
</table>

一、车辆信息记录

品牌		整车型号		生产日期	
发动机型号		发动机排量		行驶里程	
车辆识别码					

二、充电系统性能检测

序号	检测项目	检测数据	检测结果
1	蓄电池静态电压		正常□ 异常□
2	怠速时蓄电池电压		正常□ 异常□
3	高速转蓄电池电压		正常□ 异常□

三、依据启动机继电器针脚功能，找到对应的两个针脚，进行检测

继电器针脚功能	针脚编号	针脚编号	万用表使用档位	检测数据	判断
继电器线圈两端					正常□ 异常□
继电器供电端与常开端					正常□ 异常□
继电器供电端与线圈端					正常□ 异常□

四、核对蓄电池信息

序号	核对项目	实车信息	厂家信息
1	选装代码		
2	额定电压		
3	额定容量		
4	电池类型		
分析	实车电池信息是否符合厂家要求：是□ 否□		

五、检测指定电路寄生电流

序号	指定电路	允许寄生电流额定值	断电 5 分钟后寄生电流
1	蓄电池负极电缆		

（汽车电子电气与空调舒适系统技术）初级考题——配分评分表

考核项目二：启动与充电系统检查保养【配分评分表】

一、考试情景

- 考试院校可根据实际情况选用整车或台架；
- 若选用整车请填写【1. 车辆信息】；
- 若选用台架请填写【2. 台架信息】；
- 若选用整车或台架具备功能需符合【应具备正常系统功能】栏。

1. 车辆信息

品牌		整车型号		生产日期	
发动机型号		发动机排量		行驶里程	
车辆识别码					
应具备正常系统功能	启动系统、点火系统、电控燃油喷射系统、进气系统、排气系统功能需正常				

2. 台架信息

台架型号		台架号		生产日期	
应具备正常系统功能	1. 发动机台架需能进行动态测试； 2. 启动系统、点火系统、电控燃油喷射系统、进气系统、排气系统功能需正常				

3. 使用资料情况（依据院校实际情况填写使用资料情况）

- 考试院校根据选用整车或发动机台架填写【使用维修手册】及【使用其他的资料】信息。

使用维修手册	品牌： 车型： 年份： □中文版 □英文版	□电子档 □纸质档
使用用户手册	品牌： 车型： 年份： □中文版 □英文版	□电子档 □纸质档
使用其他的资料		
资料名称	种类	类型
多功能万用表使用手册	□电子档 □纸质档	□中文版 □英文版
电流钳使用手册	□电子档 □纸质档	□中文版 □英文版

4. 使用设施设备情况（依据院校实际情况填写使用设施设备）

- 院校依据【使用设施设备】填写【学校实际使用设施设备名称】及【品牌】；
- 院校需按【要求数量】准备设施设备。

使用设施设备					
序号	设施设备名称	学校实际使用设施设备名称	品牌	要求数量	使用项目
1	维修工具套装	180 件套		1	零件拆装
2	多功能万用表			1	电路电压、电阻检测
3	电流钳			1	检测充电电流
依据：汽车运用与维修职业技能考核【初级】培训方案准则中【汽车电子电气与空调舒适系统技术】-【强化培训设备与工具清单】任务 6-10，页码：P73					

5. 车辆故障信息（依据院校实际情况填写使用车辆故障信息）

- 依据院校实际情况填写【车辆原有故障信息】，车辆原有故障不应影响考核项目顺利进行。

车辆原有故障：	

6. 车辆设置考题

- 院校依据【设置考题】进行考题设置

车辆设置考题：	一、充电系统性能检测； 二、依据启动机继电器针脚功能，找到对应的两个针脚，进行检测； 三、核对蓄电池信息； 四、检测指定电路寄生电流
设置考题依据：	汽车运用与维修职业技能考核【初级】培训方案准则中【汽车电子电气与空调舒适系统技术】初级任务6-10，页码：P81-85

二、考试评分细项

评分项	得分条件	评分标准	配分	扣分
情意面 （作业安全） （职业操守）	1. 能进行工位7S操作（总分3分） □1.1 整理、整顿（0.5分） □1.2 清理、清洁（1分） □1.3 素养、节约（0.5分） □1.4 安全（1分） 2. 能进行设备和工具安全检查 （总分3分） □2.1 检查作业所需要的工具设备是否完备，有无损坏（0.5分） □2.2 检查作业环境是否配备灭火器（0.5分） □2.3 检查检测设备的电量是否充足（1分） □2.4 检查检测设备的插头及电缆的放置位置是否安全（1分） 3. 能进行车辆安全防护操作（总分3分） □3.1 正确安装车辆绝缘翼子板布和格栅垫（1分） □3.2 正确安装车内四件套（1分） □3.3 正确安装后车轮挡块（1分） 4. 能进行工具清洁校准存放操作（总分3分） □4.1 使用工具前对工具量具进行校准（1分） □4.2 使用工具后对工具量具进行清洁（1分） □4.3 作业完成后对工具进行复位（1分） 5. 能进行三不落地操作（总分3分） □5.1 作业过程做到工具不落地（2分） □5.2 作业过程做到零件不落地（1分）	依据得分条件进行评分，按要求完成在□打√，未按要求完成在□打×并扣除对应分数，扣分不得超15分	15	
技能面 （应用技能） （操作技能）	1. 能正确检查启动充电系统性能检测（总分：8分） □1.1 检测电压时，多功能万用表的表笔连接是否正确（2分） □1.2 多功能万用表所选择电压量程是否符合规格（2分） □1.3 多功能万用表所选择挡位是否符合要求（2分） □1.4 能正确记录读取的数据且单位正确（2分） 2. 依据启动机继电器针脚功能，找到对应的两个针脚，进行检测（总分：8分） □1.1 万用表是否调整至合适挡位（2分） □1.2 继电器线圈两端针脚是否选择正确（2分） □1.3 继电器供电端与常开端是否选择正确（2分）	依据得分条件进行评分，按要求完成在□打√，未按要求完成在□打×并扣除对应分数，扣分不得超25分	25	

续表

评分项	得分条件	评分标准	配分	扣分
技能面 （应用技能） （操作技能）	□1.4 继电器供电端与线圈端是否选择正确（2分） 3. 检测指定电路寄生电流（总分：9分） □3.1 检测电流时，电流钳的安装方向是否正确（2分） □3.2 电流钳所选择量程是否符合规格（2分） □3.3 电流钳所选择挡位是否符合要求（2分） □3.4 电流钳安装至负极电缆后是否进行归零（1分） □3.5 能正确记录读取的数据且单位正确（2分）			
作业面 （保养作业） （拆装作业） （维修作业）	1. 能正确检查启动充电系统性能检测（总分：8分） □1.1 选择多功能万用表的电压挡，调整量程（2分） □1.2 读取不启动时蓄电池电压（2分） □1.3 怠速运转发动机，读取充电电压（2分） □1.4 高速运转发动机，读取充电电压（2分） 2. 依据启动机继电器针脚功能，找到对应的两个针脚，进行检测（总分：6分） □1.1 测试继电器线圈两端针脚（2分） □1.2 测试继电器供电端与常开端（2分） □1.3 测试继电器供电端与线圈端（2分） 3. 能正确核对蓄电池信息（总分：7分） □3.1 核对蓄电池选装代码（2分） □3.2 核对蓄电池额定电压（1分） □3.3 核对蓄电池额定容量（2分） □3.4 核对蓄电池电池类型（2分） 4. 能正确检测和查询漏电电流检测方法和标准值（总分：4分） □4.1 将电流钳校准归零（2分） □4.2 检测蓄电池负极电缆寄生电流（2分）	依据得分条件进行评分，按要求完成在□打√，未按要求完成在□打×并扣除对应分数，扣分不得超25分	25	
信息面 （信息录入） （资料应用） （资讯检索）	1. 能正确使用维修手册查询资料（总分：5分） □1.1 查询蓄电池选装代码（1分） □1.2 查询蓄电池额定电压（1分） □1.3 查询蓄电池额定容量（1分） □1.4 查询蓄电池电池类型（1分） □1.5 查询寄生电流额定值（1分） □2. 记录蓄电池选装代码（2分） □3. 记录蓄电池额定电压（1分） □4. 记录蓄电池额定容量（1分） □5. 记录蓄电池电池类型（1分）	依据得分条件进行评分，按要求完成在□打√，未按要求完成在□打×并扣除对应分数，扣分不得超10分	10	
工具及设备的使用能力 （岗位所需工具设备的使用能力） （办公软件的使用能力） （查询软件的使用能力）	□1. 能正确选用维修工具（3分） □2. 能正确使用维修工具拆装（2分） □3. 能正确使用多功能万用表（2分） □4. 能正确使用电流钳（3分）	依据得分条件进行评分，按要求完成在□打√，未按要求完成在□打×并扣除对应分数，扣分不得超10分	10	

续表

评分项	得分条件	评分标准	配分	扣分
分析面 （诊断分析） （检测分析） （调校分析）	□1. 能判断蓄电池静态电压是否正常（1分） □2. 能判断启动机正极电压降是否正常（1分） □3. 能判断怠速时蓄电池电压是否正常（1分） □4. 能判断高转速时蓄电池电压是否正常（2分） □5. 能判断蓄电池容量是否正常（2分） □6. 能判断电池RPO信息是否符合厂家要求（3分）	依据得分条件进行评分，按要求完成在□打√，未按要求完成在□打×并扣除对应分数，扣分不得超10分	10	
表单填写与报告的撰写能力 （电子工单） （纸质工单） （任务记录单）	□1. 字迹清晰（1分） □2. 语句通顺（1分） □3. 无错别字（1分） □4. 无涂改（1分） □5. 无抄袭（1分）	依据得分条件进行评分，按要求完成在□打√，未按要求完成在□打×并扣除对应分数，扣分不得超5分	5	
合计：				

项目三　汽车灯光系统与洗涤系统检查保养

项目目标

（1）能认识并检查汽车的灯光系统和洗涤系统。

（2）会检查汽车灯光电路。

（3）能进行前照灯的调整。

（4）能进行灯泡更换操作。

（5）会检查仪表灯。

（6）能认识洗涤雨刮系统并可以进行检查保养。

项目任务

任务一　汽车灯光和雨刮洗涤系统认识

任务二　全车灯光系统检查保养

任务三　雨刮洗涤系统检查保养

资源准备

汽车整车一体化教室，并准备如下实训设备、仪器设备、工量具等：

（1）设备：教学实训车辆、保险丝、继电器、雨刮（每小组1台，4~6人一组）。

（2）工量具、仪器设备：万用表、试灯、常用工具等。

（3）辅助工具：车外三件套、车内四件套、车轮挡块等。

（4）其他材料：维修手册、用户使用手册、实训指导书、教学软件、教学微课等。

任务一　汽车灯光与雨刮洗涤系统的认识

一、任务目标

阅读下面文字内容和信息，标记出汽车灯光与雨刮洗涤系统的关键内容。

（1）各种灯在车上的位置。

（2）汽车各个仪表灯所代表的含义。

（3）汽车洗涤系统的组成。

二、情境导入

一辆现代悦动小轿车，行驶里程为 50 000 km，需要进行常规保养，其中包含检查汽车灯光统。如果你是一名汽车售后维修技术人员，应如何进行检查?

三、信息收集

（一）灯光系统的组成和分类

1. 灯光系统组成

汽车照明系统是汽车安全行驶的必备系统之一，它主要包括外部照明灯具、内部照明灯具、外部信号灯具、内部信号灯具等。大众速腾汽车照明系统灯具位置如图 3-1-1 所示。

1—转向灯；2—室内照明灯；3—前照灯；4—前雾灯；
5—高位刹车灯；6—后尾灯；7—牌照灯。

图 3-1-1　照明系统灯具位置图（大众速腾汽车）

2. 灯光系统分类

汽车灯具按照功能分为汽车照明灯和汽车信号灯两种。

第一类：汽车照明灯

汽车照明灯按照其安装的位置及功用包括前照灯、雾灯、倒车灯、牌照灯、仪表灯、顶灯、工作灯。

（1）前照灯。前照灯又叫前大灯，装于汽车头部两侧，用于夜间行车道路的照明。大灯包含近光灯和远光灯，如图 3-1-2 所示。其中，近光灯的作用是为近距离照明，设计要求就是照射范围大（160°），照射距离短。而远光灯发出的光会平行射出，光线较为集中，亮度较大，可以照到很远很高的物体。

图 3-1-2　前照灯（大众速腾）

（2）雾灯。雾灯安装于汽车的前部和后部，如图 3-1-3 和 3-1-4 所示。用于在雨雾天气行车时照明道路和为迎面来车及后面来车提供信号。前雾灯安装在前照灯附近，一般比前照灯的位置稍低，因为雾天能见度低，驾驶员视线受到限制。红色和黄色是穿透力最强的颜色，前雾灯光色为黄色，这是因为黄色光光波较长，具有良好的透雾性能。

图 3-1-3　前雾灯

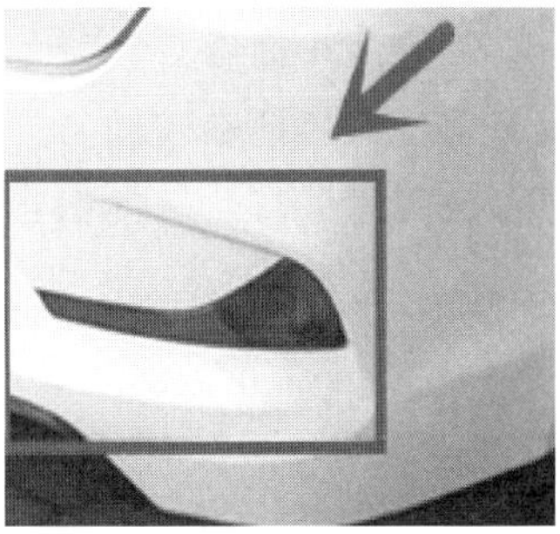

图 3-1-4　后雾灯

（3）倒车灯。倒车灯装于汽车尾部，如图 3-1-5 所示。用于倒车时汽车后方道路照明和警告其他车辆和行人，表示该车正在倒车，兼有灯光信号装置的功能。

（4）牌照灯。牌照灯用于照亮车辆牌照，如图 3-1-6 所示。要求夜间在车后 20 m 处能看清牌照号码。牌照灯装在汽车尾部牌照的上方或左右两侧，灯光光色为白色。

图 3-1-5　倒车灯

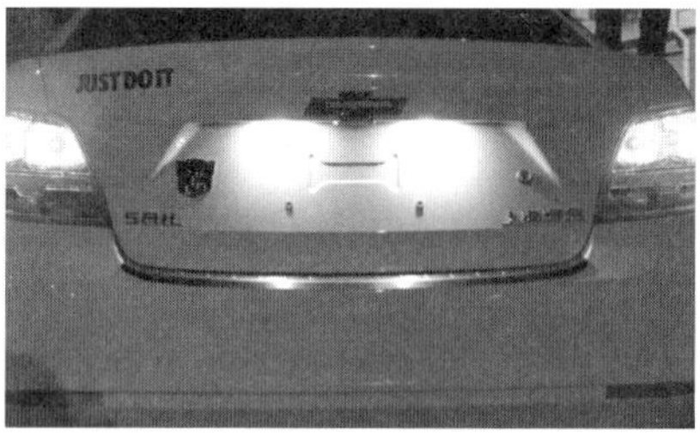

图 3-1-6　牌照灯

（5）汽车内部照明系统。其由顶灯、仪表灯、踏步灯、工作灯、行李厢灯组成，安装位置如图 3-1-7、图 3-1-8、图 3-1-9 所示。

图 3-1-7　顶灯

图 3-1-8　仪表灯

图 3-1-9　行李厢灯

第二类：汽车信号灯

汽车信号灯包括转向信号灯、危险报警灯、示廓灯、尾灯、制动灯、倒车灯。

（1）转向信号灯。转向信号灯用于汽车转弯时发出明暗交替的闪光信号，让前后车辆、行人、交警知其行驶方向，装于汽车前、后、左、右角，如图 3-1-10、图 3-1-11 所示。

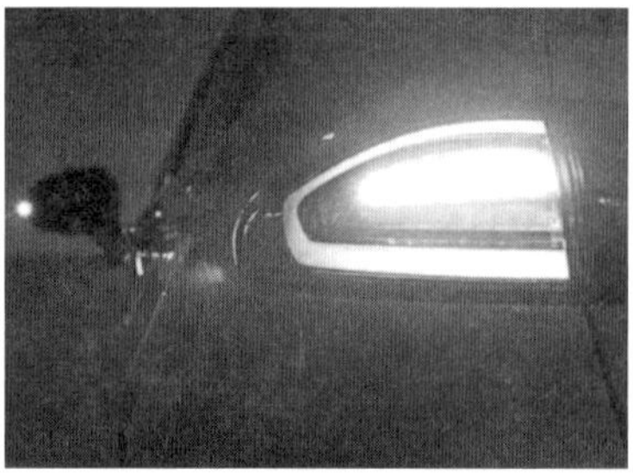

图 3-1-10　后转向灯

图 3-1-11　前转向灯

（2）危险报警灯。危险报警灯用于车辆遇到紧急危险情况时，同时点亮前后左右转向灯以发出警告信号，与转向信号灯有相同的要求。

（3）制动灯。制动灯用于指示车辆的制动或减速信号。制动灯安装在车尾两侧，两制动灯应与汽车的纵轴线对称并在同一高度上，如图 3-1-12 所示。制动灯灯光光色为红光，应保证白天 100 m 以外可见。

图 3-1-12　制动灯

（4）示廓灯。示廓灯安装在汽车前、后、左、右侧的边缘，如图 3-1-13 所示。示廓灯用于汽车夜间行车时标志汽车的宽度和高度，因此也相应地被称之“示宽灯”和“示高灯”。

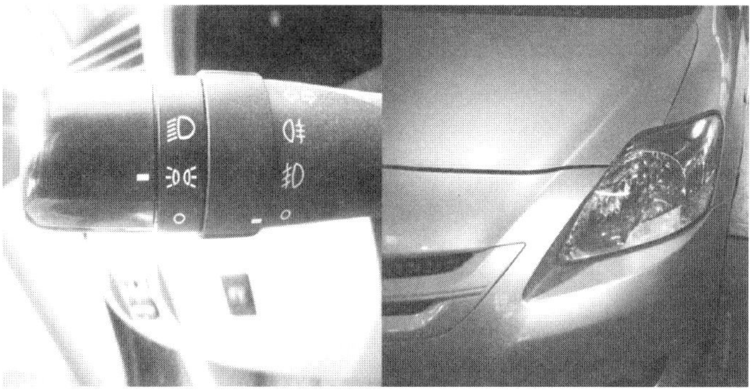

图 3-1-13　示廓灯

（二）汽车仪表系统的组成及作用

汽车仪表系统是最重要的人车交流平台，汽车行驶过程中的重要信息，都是通过仪表反映给驾驶员，以便及时采取正确的操作，避免发生重大事故和故障。它主要由各种仪表、指示灯和警告灯组成。

1. 常用仪表

常用仪表有转速表、车速表、水温表、燃油表、机油压力表等，如图 3-1-14 所示。用来监测发动机转速、车速、水温、油量、机油压力等参数。

图 3-1-14　汽车仪表

2. 指示和警告灯

指示和警告灯的主要作用是显示相关系统的工作状态是否正常，为正确使用和驾驶汽车提供指导。比较常用的指示和警告灯如表 3-1-1 所示，所代表的含义如下。

表 3-1-1　常用的指示和警告灯

(1) 	(2) 	(3) 	(4) 	(5) 	(6) 	(7) 	(8) 	(9) 
(10) 	(11) 	(12) 	(13) 	(14) 	(15) 	(16) 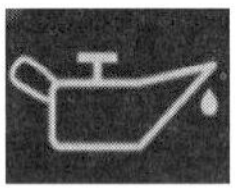	(17) 	(18) 
(19) 	(20) 	(21) 	(22) 	(23) 				

（1）安全带警告灯：该指示灯用来显示安全带是否处于锁止状态，当该灯点亮时，说明安全带没有及时的扣紧。有些车型会有相应的提示音。当安全带被及时扣紧后，该指示灯自动熄灭。

（2）制动系统警告灯：该指示灯用于提醒制动系统是否出故障，在车辆启动时这个灯会短时点亮，正常行驶时是熄灭状态。另外，早期一些车型中由于制动系统警告灯和驻车制动器指示灯合用，因此有些车在拉起手刹时这个灯也会点亮。

（3）燃油警告灯：当油箱燃油不足时，该灯点亮进行提醒。

（4）车门开启警告灯：显示车门状况，当车门未关或未关好时，该警告灯则点亮。

（5）驻车制动器指示灯：当按下电子驻车制动按键或拉起手刹时，该指示灯就会点亮，当解除制动时指示灯则会熄灭。

（6）发动机盖状态指示灯：该指示灯在打开发动机盖时点亮，闭合则指示灯熄灭。

（7）行李箱盖未关闭指示灯：当打开后备厢盖时，指示灯点亮，关闭后指示灯熄灭。

（8）远光指示灯：打开远光灯，该指示灯点亮。

（9）近光指示灯：打开近光灯，该指示灯点亮。

（10）转向指示灯：打开转向灯，对应方向的指示灯闪烁。

（11）、（12）前后雾灯指示灯：打开前、后雾灯，相应的指示灯点亮。

（13）示宽灯指示灯：打开示宽灯，该指示灯点亮。

（14）电瓶指示灯：显示车辆电瓶的使用状态，正常情况下在完成自检，车辆启动后熄灭。如行驶过程中该灯点亮，则提示充电系统故障。

（15）刹车盘磨损警告灯：当刹车盘磨损到极限位置，该指示灯常亮。

（16）机油指示灯：当机油压力过低时，该灯常亮，需要检查发动机机油量。

（17）水温表报警灯：当发动机水温超过正常温度，该灯常亮。

（18）发动机故障指示灯：该指示灯用来显示发动机的工作状况，正常情况下应该在车辆完成自检后熄灭，如果常亮则说明发动机存在故障。

（19）安全气囊指示灯：在车辆自检完成后，该指示灯熄灭。如果常亮，则提示安全气囊系统存在故障。

（20）雨刮水报警灯：当雨刮水的量不足时，该灯常亮。

（21）电动转向警告灯：车辆点火完成自检后，该指示灯熄灭。如在车辆行驶中突然点亮则提示转向系统工作不正常。

（22）自动变速器故障警告灯：自动变速器出现故障，该灯常亮。

（23）轮胎气压报警灯：当轮胎气压不足时，该灯常亮。

（三）汽车雨刮洗涤系统的组成和作用

汽车雨刮洗涤系统是汽车保持清晰视线必不可缺的一部分。其作用是清除附着在前后挡风玻璃和某些豪华汽车大灯上的雨水、积雪和灰尘，使驾驶员保持良好而清晰的视线。它由洗涤壶和洗涤泵、雨刮喷嘴、雨刮臂和雨刮片、前后雨刮电机组成，其中自动雨刮洗涤系统还包含雨量传感器，如图 3-1-15 所示。

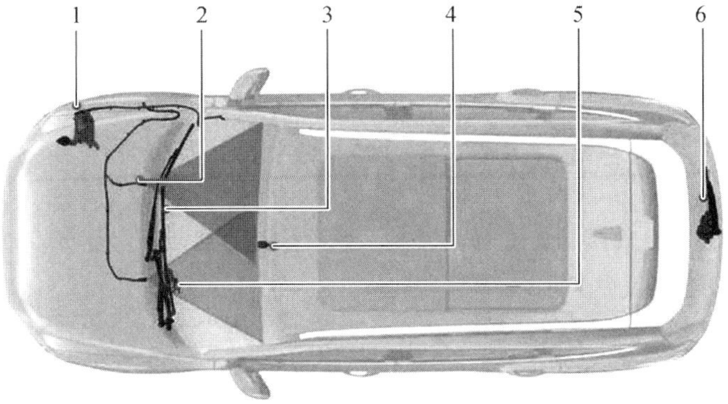

1—洗涤壶和洗涤泵；2—雨刮喷嘴；3—雨刮臂和雨刮片；
4—雨量传感器；5—前雨刮电机；6—后雨刮及电机。

图 3-1-15　汽车雨刮系统

四、接车与填写接车问诊表

表 3-1-2　接车问诊表

<table>
<tr><td colspan="3">车牌号：__________　车架号：__________　行驶里程：__________（km）</td></tr>
<tr><td colspan="3">用户名：__________　电　话：__________　来店时间：__________</td></tr>
<tr><td colspan="3">用户陈述及故障发生时的状况：50 000 km 保养</td></tr>
<tr><td colspan="3">故障发生状况提示：</td></tr>
<tr><td colspan="3">接车员检测确认建议：</td></tr>
<tr><td colspan="3">车间检测确认结果及主要故障零部件：</td></tr>
<tr><td colspan="3">车间检查确认者：__________</td></tr>
<tr><td rowspan="3">外观确认：
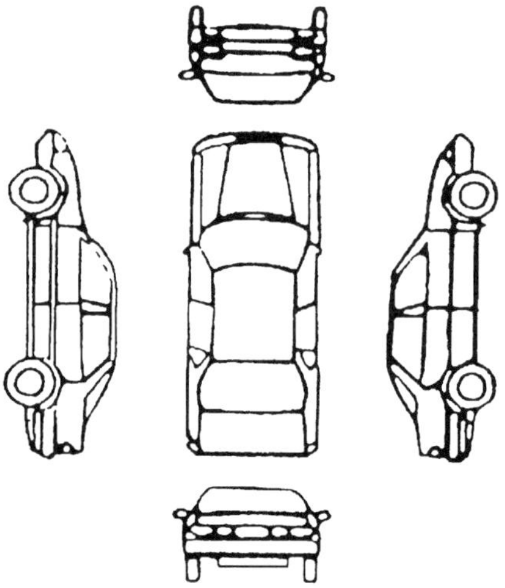
（请在有缺陷部位做标识）</td><td colspan="2">功能确认：（工作正常√　不正常×）
□音响系统　□门锁（防盗器）□全车灯光
•　工具　□后视镜　□天窗　□座椅
•　点烟器　□玻璃升降器　□玻璃</td></tr>
<tr><td colspan="2">物品确认：（有√　无×）</td></tr>
<tr><td>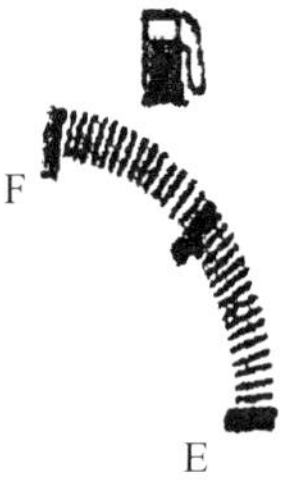</td><td>•　贵重物品提示
□工具　□备胎
□灭火器　□其他（　　）
旧件是否交还用户
□是　□否
用户是否需要洗车
□是　□否</td></tr>
<tr><td colspan="3">•　检测费说明：本次检测的故障如用户在本店维修，检测费包含在修理费用内；如用户不在本店维修，请您支付检测费。本次检测费：¥　　　　元。
•　贵重物品：在将车辆交给我店检查修理前，已提示将车内贵重物品自行收起并保存好，如有遗失恕不负责。
接车员：______________　用户确认：______________</td></tr>
</table>

活页工单一　汽车灯光与雨刮洗涤系统的认识

一、信息测评

查阅相关维修资料，认识汽车灯光及雨刮洗涤系统，完成以下内容。

（1）对照实物，查阅资料，认识灯光系统，完成表 H3-1-1。

表 H3-1-1　认识灯光系统

序号	灯光位置	名称
1	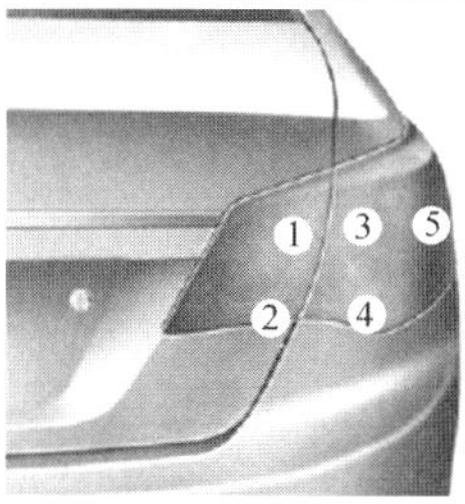	1— 2— 3— 4— 5—
2	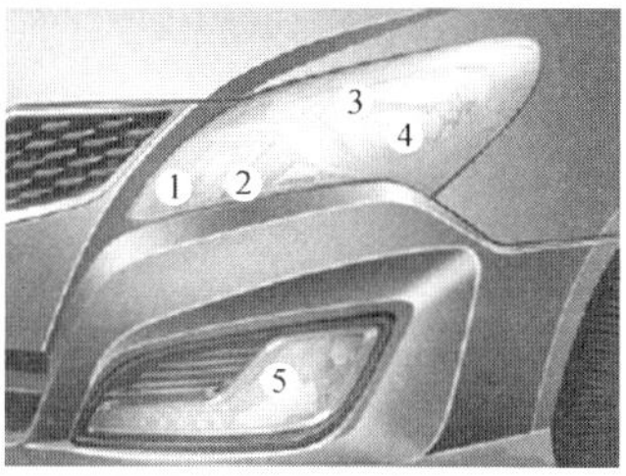	1— 2— 3— 4— 5—

（2）查阅资料，在表 H3-1-2 中写出各个仪表灯的名称。

表 H3-1-2　仪表灯的名称

序号	指示灯	名称	序号	指示灯	名称
1			9		
2			10		
3			11		
4			12		
5	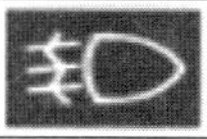		13		
6			14		
7			15		
8			16		

二、制订任务实施方案

分组查阅使用手册，认识灯光和雨刮洗涤系统，为进一步检查保养做准备。

1. 任务分工：

2. 任务实施步骤：

3. 异常情况处理办法：

三、任务实施

1. 灯光系统的认识（见表 H3-1-3）

表 H3-1-3　灯光系统的认识

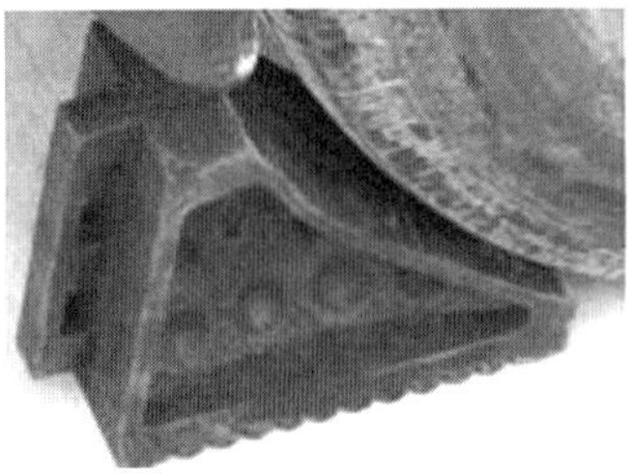	步骤 1　安装车轮挡块 完成情况：□正常 □不正常，原因：________
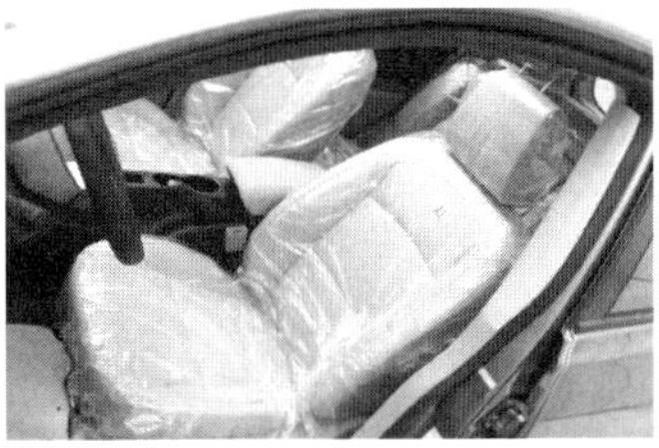	步骤 2　安装车内四件套 完成情况：□正常 □不正常，原因：________
	步骤 3　安装车外三件套 完成情况：□正常 □不正常，原因：________

续表

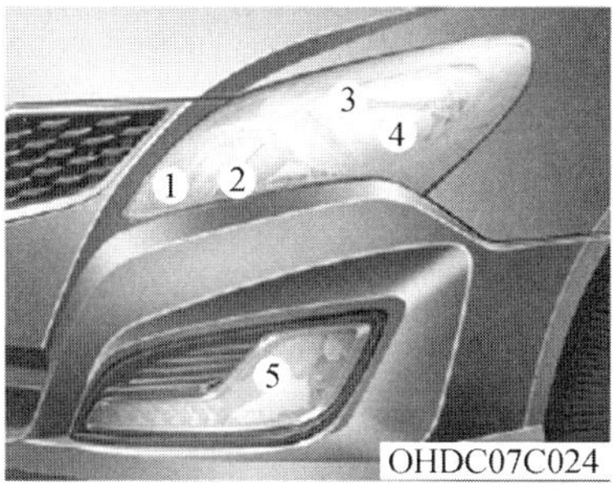 **大灯、示宽灯、转向信号灯更换** （1）前转向信号灯 （2）大灯（远光） （3）大灯（近光） （4）示宽灯 （5）前雾灯/旧间行车灯（如有配备）	步骤4　参照用户手册，在车上指出左右近光灯、远光灯 完成情况：□正常 □不正常，原因：________
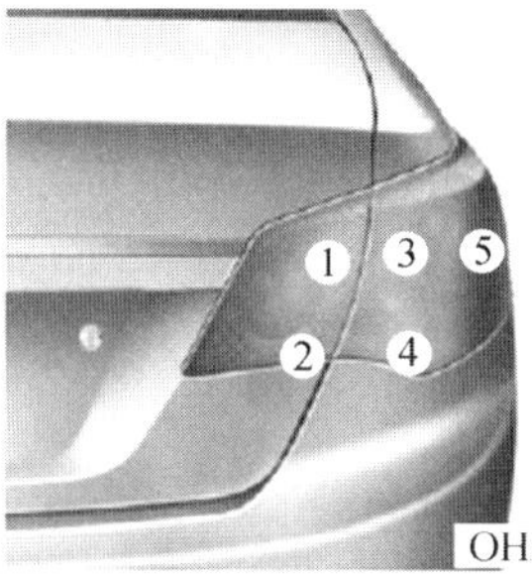 **后组合灯灯泡更换** （1）倒车灯 （2）后雾灯 （3）后转向信号灯 （4）尾灯 （5）制动灯和尾灯	步骤5　参照用户手册，在车上指出刹车灯、倒车灯 完成情况：□正常 □不正常，原因：________
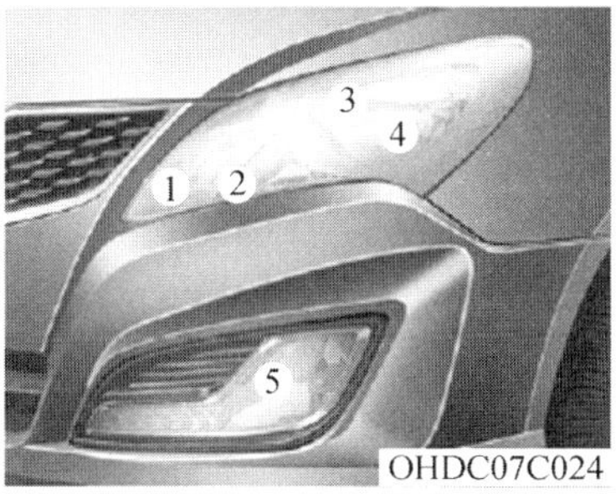 **大灯、示宽灯、转向信号灯更换** （1）前转向信号灯 （2）大灯（远光） （3）大灯（近光） （4）示宽灯 （5）前雾灯/旧间行车灯（如有配备）	步骤6　参照用户手册，在车上指出前后雾灯 完成情况：□正常 □不正常，原因：________

续表

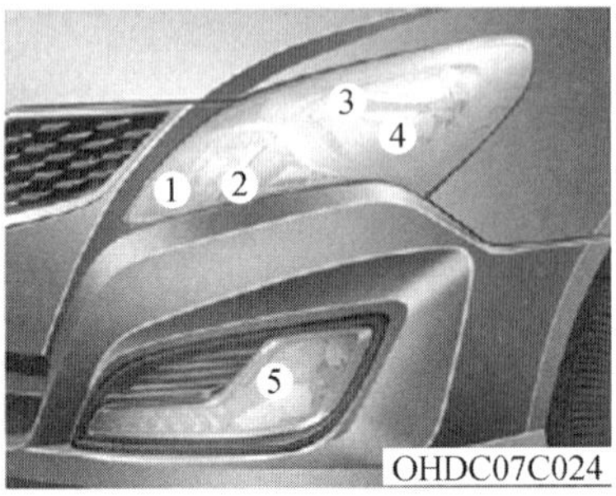 **大灯、示宽灯、转向信号灯更换** （1）前转向信号灯 （2）大灯（远光） （3）大灯（近光） （4）示宽灯 （5）前雾灯/旧间行车灯（如有配备）	步骤 7　参照用户手册，在车上指出转向灯、示宽灯 完成情况：□正常 □不正常，原因：________

2. 仪表系统的认识

参照用户使用手册，并完成表 H3-1-4（教师提前将车辆的示宽灯、大灯、危险警告灯、前后雾灯全部打开）。

表 H3-1-4　仪表系统的认识

简介 **仪表盘上的警告灯与指示灯符号**  车门微开警告灯	步骤 1　进入车辆，参照用户手册，找到仪表上的“警告灯和指示灯符号” 完成情况：□正常 □不正常，原因：________
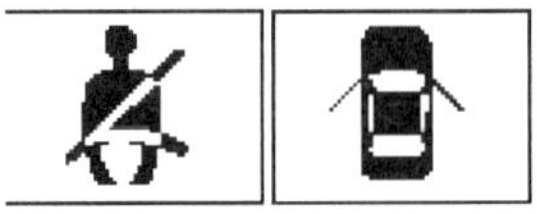	步骤 2　参照用户手册，打开车门，指出仪表上的门开启警告灯、安全带警告灯 完成情况：□正常 □不正常，原因：________
	步骤 3　参照用户手册，指出仪表上的远光灯指示灯、前雾灯指示灯、转向灯信号指示灯 完成情况：□正常 □不正常，原因：________
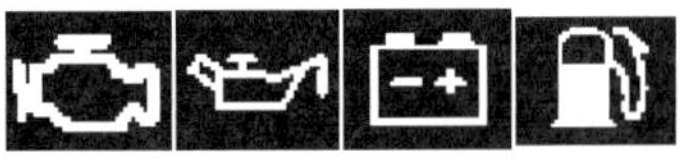	步骤 4　关闭点火开关，重新打开点火开关至 ON 挡。指出仪表上的发动机故障指示灯、机油压力指示灯、燃油油量低警告灯、充电系统警告灯 完成情况：□正常 □不正常，原因：________
	步骤 5　参照用户手册，指出仪表上的驻车制动与制动油量警告灯、安全气囊警告灯 完成情况：□正常 □不正常，原因：________

3. 雨刮与洗涤系统的认识

雨刮与洗涤系统的认识如表 H3-1-5 所示。

表 H3-1-5　雨刮与洗涤系统的认识

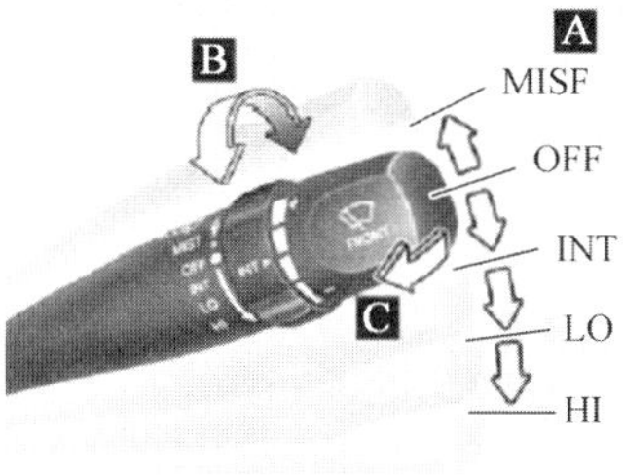	步骤 1　打开主驾驶车门，进入车内并阅读使用手册，指出雨刮器开关的位置 完成情况：□正常 □不正常，原因：________
	步骤 2　参照用户手册，拉动发动机仓盖开关，打开发动机舱盖 完成情况：□正常 □不正常，原因：________
	步骤 3　参照用户手册，指出洗涤壶的位置 完成情况：□正常 □不正常，原因：________
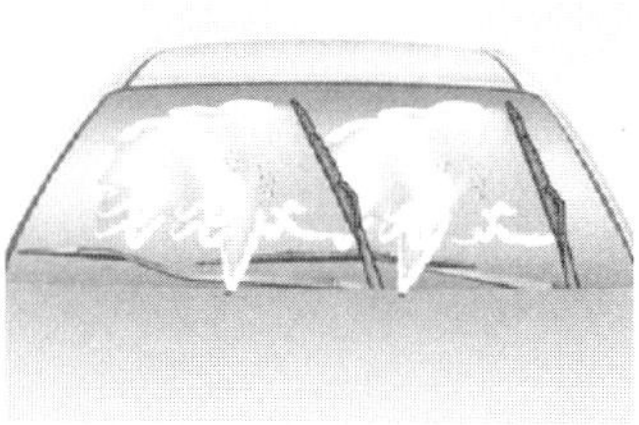	步骤 4　参照用户手册，关闭发动机舱盖，指出喷水器和雨刮的位置 完成情况：□正常 □不正常，原因：________
	步骤 5　复位 完成情况：□正常 □不正常，原因：________

四、评价总结

表 H3-1-6　学习任务评价表

班级____________　小组____________　学号____________　姓名____________

<table>
<tr><td rowspan="2"></td><td rowspan="2">主要测评项目</td><td colspan="4">学生自评</td></tr>
<tr><td>A</td><td>B</td><td>C</td><td>D</td></tr>
<tr><td rowspan="5">关键能力总结</td><td>1. 遵守纪律，遵守学习场所管理规定，服从安排</td><td></td><td></td><td></td><td></td></tr>
<tr><td>2. 具有安全意识、责任意识、6S 管理意识，注重节约、节能与环保</td><td></td><td></td><td></td><td></td></tr>
<tr><td>3. 学习态度积极主动，能按时参加安排的实习活动</td><td></td><td></td><td></td><td></td></tr>
<tr><td>4. 具有团队合作意识，注重沟通，能自主学习及相互协作</td><td></td><td></td><td></td><td></td></tr>
<tr><td>5. 仪容仪表符合学习活动要求</td><td></td><td></td><td></td><td></td></tr>
<tr><td rowspan="3">专业知识与能力总结</td><td>1. 能操作灯光系统</td><td></td><td></td><td></td><td></td></tr>
<tr><td>2. 能操作雨刮系统</td><td></td><td></td><td></td><td></td></tr>
<tr><td>3. 能根据仪表指示灯说出其状态及含义</td><td></td><td></td><td></td><td></td></tr>
<tr><td>个人自评总结与建议</td><td colspan="5"></td></tr>
<tr><td>小组评价</td><td colspan="5"></td></tr>
<tr><td rowspan="2">教师评价</td><td rowspan="2"></td><td colspan="4">总评成绩</td></tr>
<tr><td colspan="4"></td></tr>
</table>

教师签字/日期：

任务二　全车灯光系统检查保养

一、任务目标

阅读下面文字内容和信息，标记出汽车灯光系统检查保养的关键内容。

（1）前照灯的调整方法。

（2）各个灯的开关位置及打开方法。

（3）灯光电路图的控制原理。

（4）保险丝盒的位置及识读方法。

（5）大灯灯泡的更换方法。

二、情境导入

一辆现代悦动小轿车，行驶里程为 45 000 km，左侧近光灯不亮。如果你是一名汽车售后维修技术人员，应如何进行检查及更换灯泡?

三、信息收集

（一）灯光开关

车灯犹如车的眼睛，灯光系统是否正常工作直接关系到驾驶安全，因此灯光系统的检查是汽车日常保养必须包含的内容之一。

检查灯光最基础的步骤就是要通过灯光控制开关开启车灯。目前绝大部分汽车的灯光控制开关都是组合式开关，即一个开关集成了示宽灯、近光灯、远光灯、雾灯开关的功能，以方便驾驶员操作。各车灯的开启方法如图 3-2-1、图 3-2-2 所示。

图 3-2-1　灯光开关

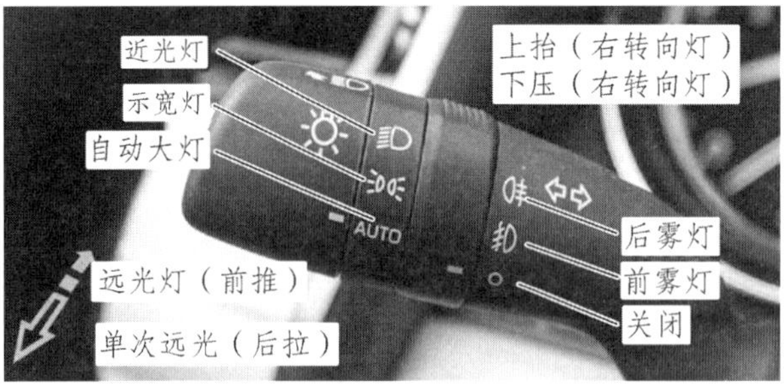

图 3-2-2　灯光开关含义

（1）示宽灯开启：旋转开关至示宽灯标志位置时，汽车的示宽灯点亮。

（2）大灯开启：旋转开关至大灯标志位置时，汽车大灯点亮

（3）远光灯开启：把灯光切换至近光灯后，向前推动拨杆即可开启远光灯。

（4）远光瞬时开启：当需要警示对方时，可以向后拉动灯光操作杆以激活远近光交替功能。

（5）转向灯开启：

① 左转向灯使用方法：向下拨动灯光控制杆，左转向灯开启。

② 右转向灯使用方法：向上拨动灯光控制杆，右转向灯开启。

轻轻拨动灯光拨杆，对应转向灯闪烁三次，随后自动熄灭（此功能一般用于变道）。

（6）雾灯开启：区别于德系车型，此车的前后雾灯控制在灯光操作杆中央，操作杆上旋转开关至相应位置即可。

（7）危险警报灯的开启：按下危险警告灯开关可接通危险警告灯。使所有转向信号灯闪烁。即使点火开关钥匙不在点火开关内，危险警告灯也工作。再按一次危险警告灯开关，即可关闭危险警告灯。如图 3-2-3 所示。

图 3-2-3　危险警报灯的开启方法

（二）灯光的调整

通过以上步骤把车灯开启后，如检查发现前照灯虽然能点亮，但不符合使用安全则需进行调整。调整的目的为了使前照灯在规定的距离内将道路照得明亮而均匀，且不使迎面而来的驾驶员炫目，以保证行车安全。要根据乘员数及行李区的负载重量调整大灯光照点。旋转大灯水平调整开关进行调整。开关数字越大，大灯光照点越近。要保持大灯光照点在适当位置，否则大灯灯光会使对面车辆驾驶员眩目。如图 3-2-4 所示。

图 3-2-4　大灯水平调整

（三）典型灯光电路

如检查过程中发现某个车灯不工作或工作不良。其原因可能涉及灯泡、线路、保险、开关等问题。要想找到具体原因，需要参照汽车维修手册，找到故障灯泡的控制电路，并根据电路图进行分析故障点所在。下面将以前照灯的控制电路为例，学习灯光电路控制原理。

1. 前照明控制部件

（1）车灯开关：车灯开关用来控制前照灯、雾灯、仪表灯、顶灯等的工作。

（2）变光开关和超车灯开关：变光开关的作用是在前照灯工作时，交替接通近光灯和远光灯；超车灯开关的作用是在夜间超车时，短暂接通远光灯电路，提示前方车辆给自己超车让出车道。现代汽车一般将这两个开关的功能集成在车灯开关内。

（3）灯光继电器：它的作用是用小电流控制大电流，保护车灯开关，即用车灯开关去控制继电器线圈的小电流，用继电器的触点去接通远光灯、近光灯的大电流。

2. 前照灯控制线路

（1）无继电器的前照灯控制电路。

如图 3-2-5 所示，当车灯开关置于尾灯挡（一挡）时，接通示宽灯和牌照灯电源。此时电流经蓄电池正极→13 号保险→车灯开关尾灯档→示宽灯、牌照灯→蓄电池负极形成回路，示宽灯和牌照灯工作。

当车灯开关置于前灯挡（二挡）时，示宽灯和牌照灯正常工作，当大灯变光开关处于近光档时，左右大灯的近光灯丝通过变光开关搭铁，远光灯丝未搭铁，电流经蓄电池正极→10 和 11 号保险→左右前大灯近光灯丝→大灯变光开关→蓄电池负极形成回路，前照灯近光灯工作；同样，当大灯变光开关处于远光档时，左右大灯远光灯丝通电，远光灯工作，同时远光指示灯通过变光开关搭铁，远光指示灯工作。

车灯开关置于断开位置，按压变光开关，变光开关处于会车挡时，大灯远光灯丝通过变光开关搭铁，此时远光灯工作。

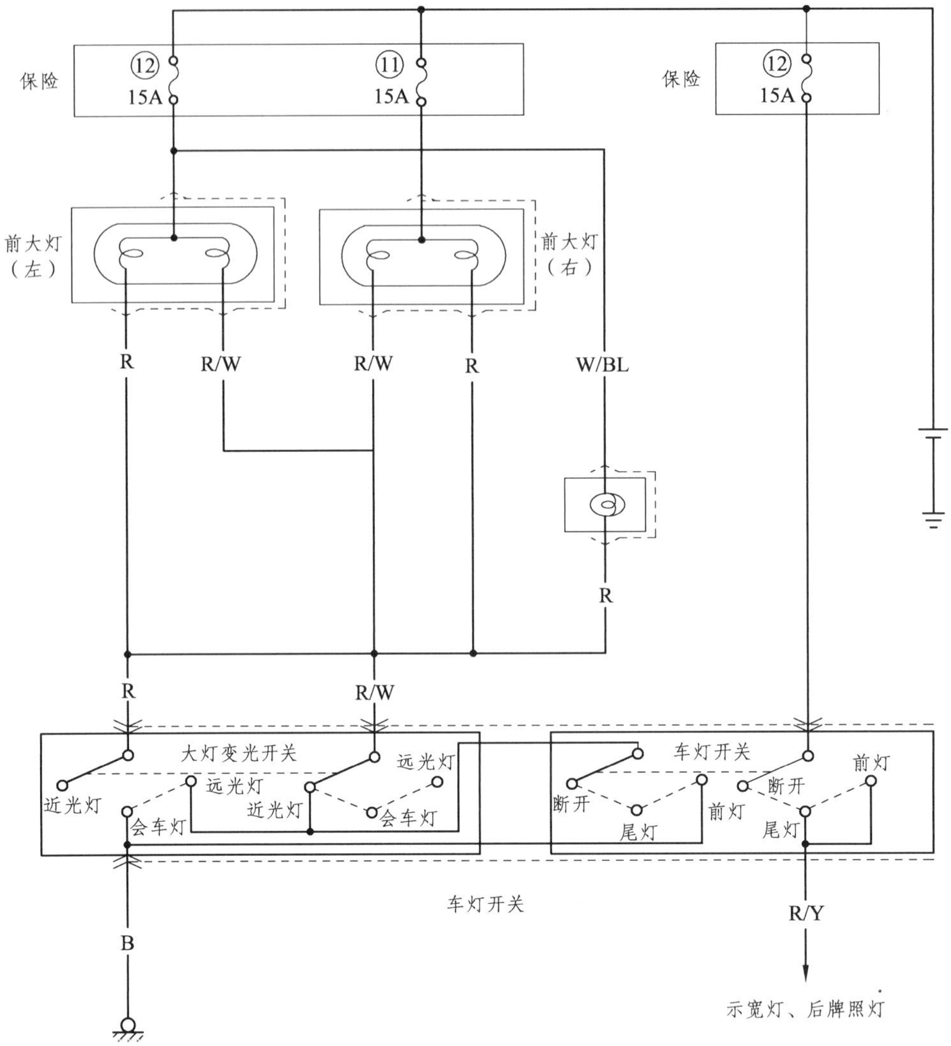

图 3-2-5　无继电器的前照灯控制电路（五菱）

（2）有继电器的前照灯控制电路。

金杯前照灯和尾灯控制电路如图 3-2-6 所示。控制原理如下：

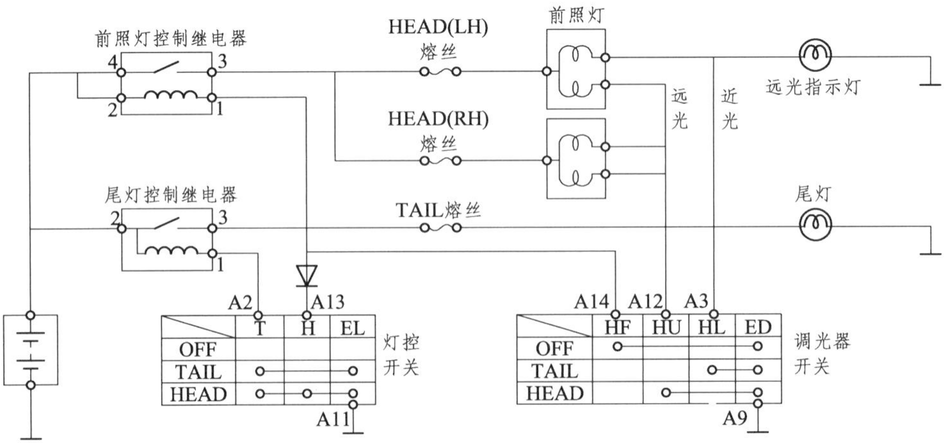

图 3-2-6　有继电器的前照灯控制电路（金杯）

当灯控开关置于 TAIL 位（一挡）时，尾灯控制继电器工作，接通车尾灯电源。此时电流经蓄电池正极→尾灯控制继电器 2→尾灯控制继电器 3→（TAIL）熔丝→尾灯→蓄电池负极形成回路，尾灯工作。

当灯控开关置于 HEAD 位（二挡）时，前照灯控制继电器工作，接通前照灯电源。当调光器开关置于 Low 位（近光）时，电流经蓄电池正极→前照灯控制继电器 4→前照灯控制继电器 3→（HEAD）熔丝→前照灯近光灯丝→调光器开关 HL→调光器开关 ED→蓄电池负极形成回路，前照灯近光灯丝工作。

当调光器开关置于 HIGH 位（远光）时，电流经蓄电池正极→前照灯控制继电器 4→前照灯控制继电器 3→（HEAD）熔丝→前照灯远光灯丝→调光器开关 HU→调光器开关 ED→蓄电池负极形成回路，前照灯远光灯丝工作。另一路电流经蓄电池正极→前照灯控制继电器 4→前照灯控制继电器 3→（HEAD）熔丝→前照灯近光灯丝→远光指示灯→蓄电池负极形成回路，远光指示灯也工作。

调光器开关 FLASH（闪光或超车）位是一个点动开关。其工作频率取决于驾驶员的操作频率。此位置通常是在超车时使用，给前方行车驾驶员提供超车信号。

当调光器开关拨至 FLASH 位时，前照灯控制继电器工作，接通前照灯电源，此时电流经蓄电池正极→前照灯控制继电器 4→前照灯控制继电器 3→（HEAD）熔丝→前照灯远光灯丝→调光器开关 HU→调光器开关 ED→蓄电池负极形成回路，前照灯远光灯丝工作。

由此可见，在灯光电路的检修过程中，只要读懂了电路图，维修人员便可以根据控制原理按照由简到难的原则查找出故障点所在（具体操作步骤见下文的任务实施过程）。

（四）车灯控制继电器和保险丝检查

在实际的灯光故障检修中，往往从比较简单的保险丝和继电器的检查入手。汽车保险丝是电流保险丝的一种，如图 3-2-7 所示，当电路电流超过保险丝额定电流的 2 倍时就会在几秒内熔断，起到电路保护的作用。其故障发生率较高，因此要求维修人员能够根据维修资料找到对应的保险丝和继电器并进行检测。具体方法如下：

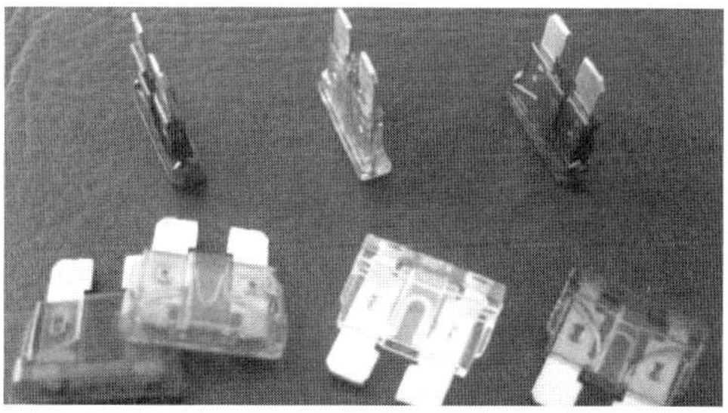

图 3-2-7　保险丝

1. 找到保险丝盒在车上的位置

汽车上一般会有两个保险丝盒，一个位于发动机舱右侧，主要负责汽车外部电器的安全，如 ECU、玻璃水、车灯、喇叭、ABS 等电路的安全保护；另外一个位于转向管柱下部左侧，主要负责座舱内部的电器安全，如点烟器、车窗升降、电动座椅和安全气囊等车内电器的正常工作，如图 3-2-8 所示。

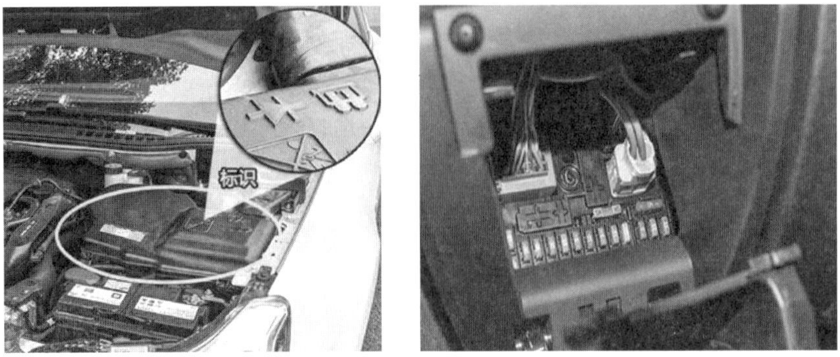

图 3-2-8　保险丝盒

2. 找到对应的保险丝和控制继电器

保险丝盒背面都会清晰标明具体哪个保险丝负责哪个用电器，我们只需把图例放好即可分辨保险丝负责的工作，如图 3-2-9 所示。

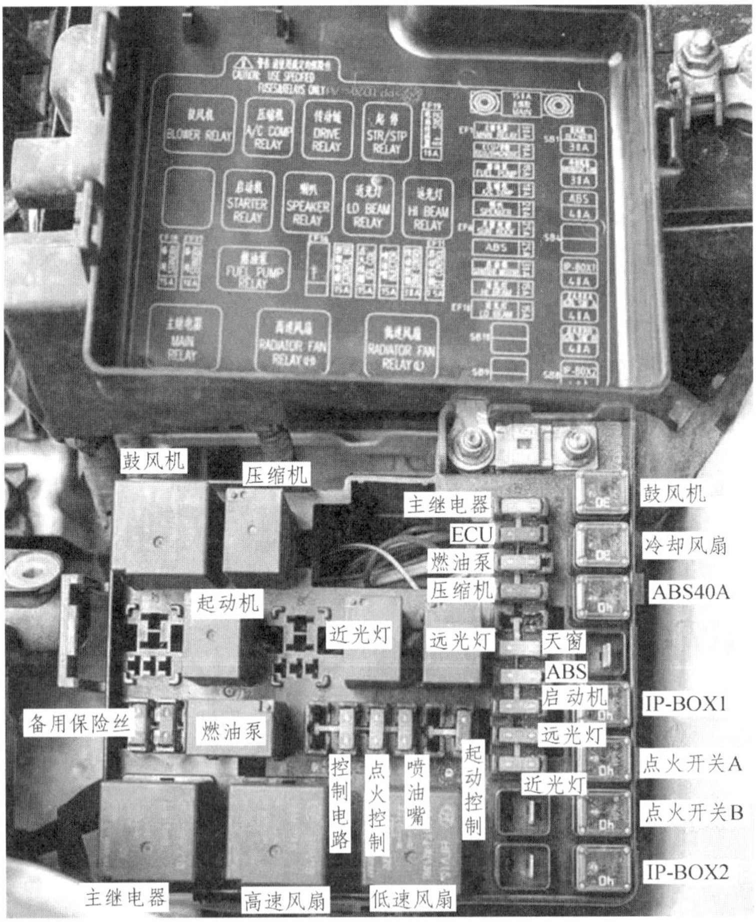

图 3-2-9　保险丝和继电器的查找方法

3. 保险丝和继电器的检查和检测

找到对应的保险丝和继电器后必须对其进行检查和检测，如发现问题需及时更换。

（1）保险丝的检查方法。

方法一：① 找到汽车保险丝盒，打开保险丝盖子，如图 3-2-10 所示。

② 取下保险丝夹子，将保险丝夹出，如图 3-2-11 所示。

图 3-2-10　打开保险丝盖

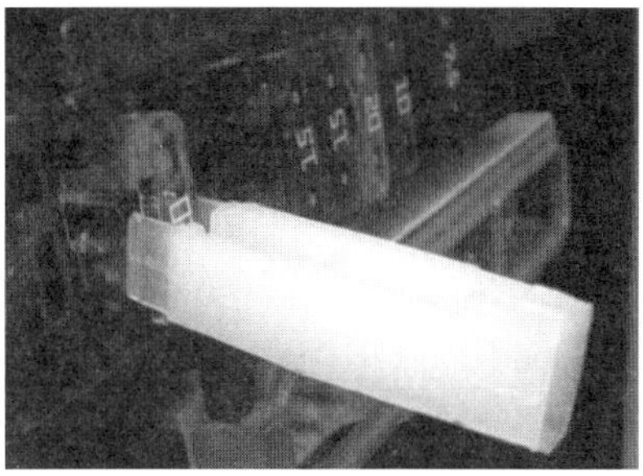

图 3-2-11　夹出保险丝

③ 观察保险丝是否熔断。如熔断则将备用保险丝换上，如图 3-2-12 所示。

方法二：① 打开车电源，用试灯检查，将试灯的夹子夹在车上的搭铁线处，如图 3-2-13 所示。

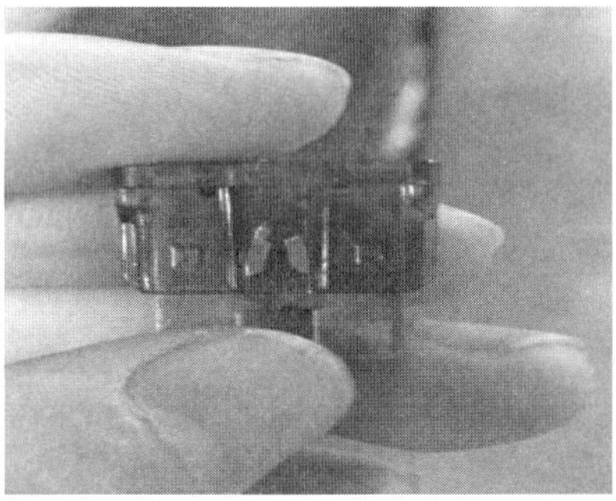

图 3-2-12　熔断的保险丝

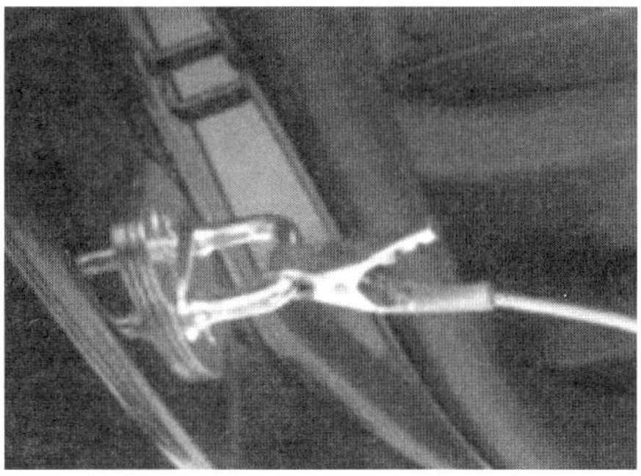

图 3-2-13　试灯一端接搭铁

② 将试灯笔搭到保险丝上，观察试灯，灯亮就是通电，灯不亮就是接触不良，如图 3-2-14 所示。

方法三：将数字万用表打到蜂鸣挡，黑色笔搭在保险丝孔一侧，红笔搭在另一侧，有蜂鸣声侧保险好；若无蜂鸣声侧保险已熔断，如图 3-2-15 所示。

图 3-2-14　试灯笔搭到保险丝上

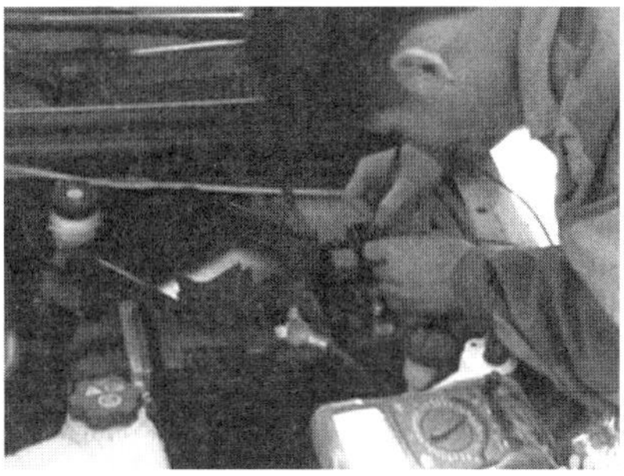

图 3-2-15　蜂鸣挡检测保险丝

（2）继电器的检测。

继电器在电路中起到控制作用。常见类型有 4 脚、5 脚、6 脚等。下面以 5 脚继电器（见图 3-2-16）为例，介绍继电器的检测方法。

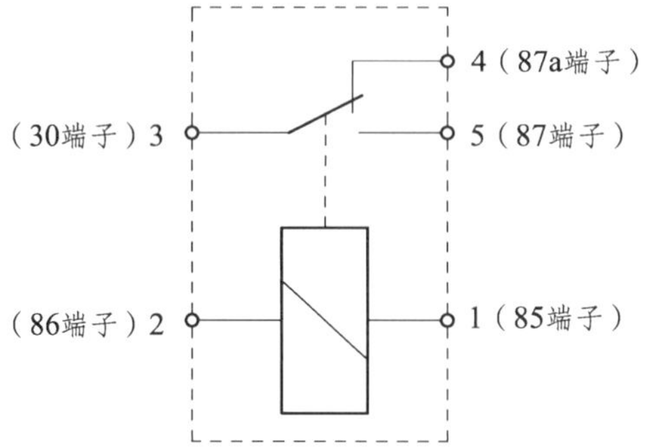

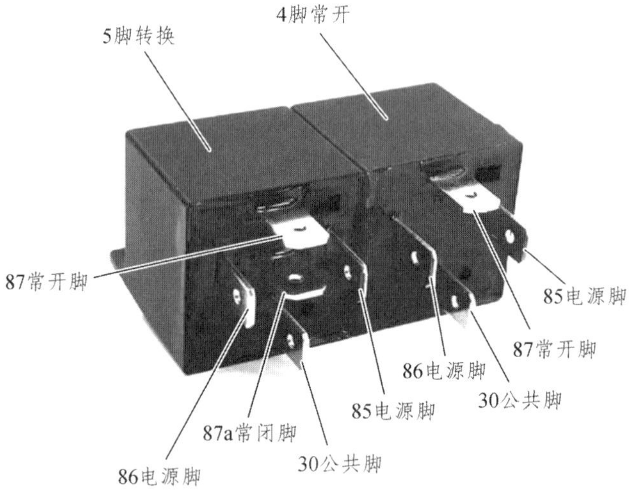

图 3-2-16　5 脚/4 脚继电器

① 线圈的检测。

将万用表拨至 200 Ω挡，然后将两表笔分别与线圈接线（85—86 端子）接触，测量其电阻值；正常时线圈阻值为 60 ~ 80 Ω。若测量电阻值为∞，说明线圈断路；若测量电阻过小，说明线圈短路。如图 3-2-17 所示，测得继电器线圈电阻为 65.2 Ω。

图 3-2-17　检测继电器线圈电阻

② 继电器触点检测。

常闭触点的检测：将万用表拨至 200 Ω挡，然后将两表笔分别与常闭触点，接线脚（30—87a 端子）接触测量其电阻值，正常时万用表显示阻值接近于 0，如图 3-2-18（a）所示。若测量电阻为∞，说触点烧蚀。图 3-2-18（b）为常开触点接线脚（30-87 端子）静态电阻，电阻值为∞。

（a）常闭触点检测　　（b）常开触点检测

图 3-2-18　继电器触点检测

常开触点检测：用两根跨接线把 12 V 的蓄电池电压给线圈通电，将万用表拨至 20 Ω挡，然后将两表笔分别与常开触点接线脚（30—87 端子）接触，测量其电阻值。正常时万用表显示阻值接近于零。若测量电阻为∞，说明触点烧蚀。如图 3-2-19 所示。

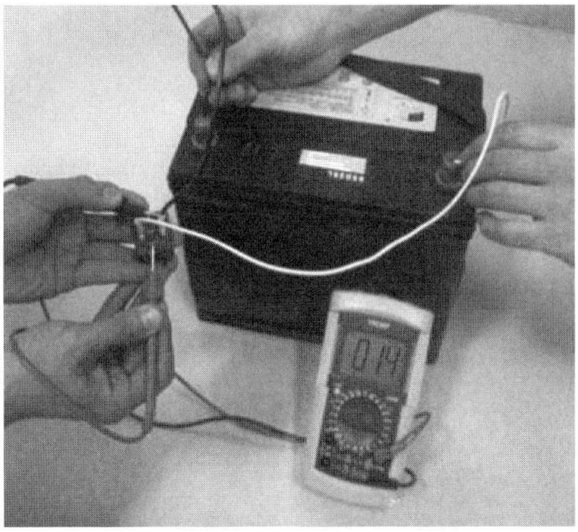

图 3-2-19　常开触点好坏检测

（五）汽车灯泡

目前汽车前照灯用灯泡有充气灯泡、卤钨灯泡、高压灯泡、LED 灯泡四种（见图 3-2-20）。额定电压有 6 V、12 V、24 V 和 20 kV（高压灯泡）四种。除 20 kV 的高压灯泡外，其他几种灯泡的灯丝由大功率的远光灯丝和小功率的近光灯丝组成，灯丝由钨丝制作成螺旋状，以缩小其尺寸，有利于光束的聚合。

图 3-2-20　汽车前照灯用灯泡

汽车灯泡是一种消耗件，有其正常使用寿命。此外，车灯本身质量不好，非法改装，车灯密封不好产生水蒸气导致短路也是引起车灯烧坏的常见原因。当使用过程中如果发现亮度不符合要求或者灯丝发黑烧断则需要更换。如图 3-2-21 所示。

图 3-2-21　灯罩密封不良

更换灯泡时，为避免在更换灯泡时被发动机舱内的部件烫伤，我们要确认车辆已经熄火，并且是在凉车状态，打开引擎盖。车主应根据自己原车灯泡的型号选择合适的产品，灯泡的参数一般都会标注在底座上，如图 3-2-22 所示。注意手指不要直接触及灯泡玻璃体，因为灯泡内部有气体，哪怕有一丁点手指上的油渍粘附在玻璃体上，都会缩短灯泡的使用寿命，长期使用可能会有爆裂的危险。

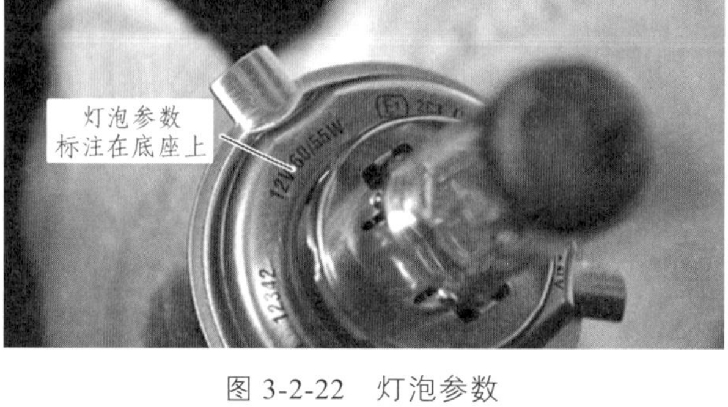

图 3-2-22　灯泡参数

四、接车与填写接车问诊表

表 3-2-1　接车问诊表

车牌号：__________　车架号：__________　行驶里程：__________（km）

用户名：__________　电　话：__________　来店时间：__________

用户陈述及故障发生时的状况：左前近光灯不亮

故障发生状况提示：左前近光灯不亮

接车员检测确认建议：大灯电路检查

车间检测确认结果及主要故障零部件：

车间检查确认者：__________

外观确认：

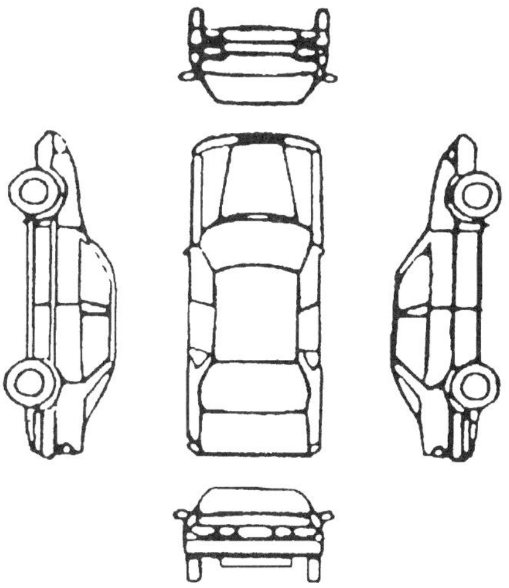

（请在有缺陷部位做标识）

功能确认：（工作正常√　不正常×）

□音响系统　□门锁（防盗器）□全车灯光

• 工具　□后视镜　□天窗　□座椅

• 点烟器　□玻璃升降器　□玻璃

物品确认：（有√　无×）

• 贵重物品提示

□工具　□备胎

□灭火器　□其他（　　）

旧件是否交还用户

□是　□否

用户是否需要洗车

□是　□否

• 检测费说明：本次检测的故障如用户在本店维修，检测费包含在修理费用内；如用户不在本店维修，请您支付检测费。本次检测费：¥　　　　元。

• 贵重物品：在将车辆交给我店检查修理前，已提示将车内贵重物品自行收起并保存好，如有遗失恕不负责。

接车员：_______________　用户确认：_______________

活页工单二　全车灯光系统检查保养

一、信息测评

查阅相关维修资料，掌握汽车灯光的开启方法，完成以下内容。

（1）查阅资料，完成连线。

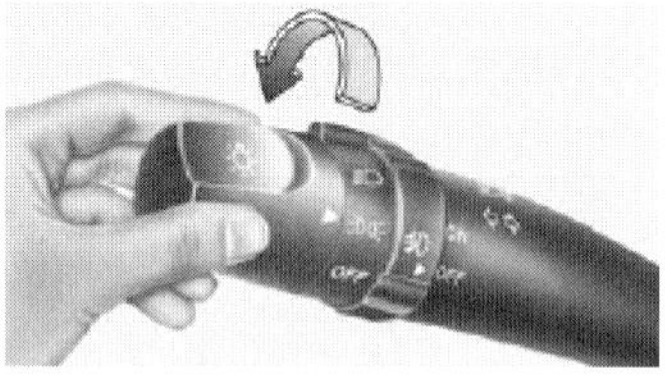

近光灯开启

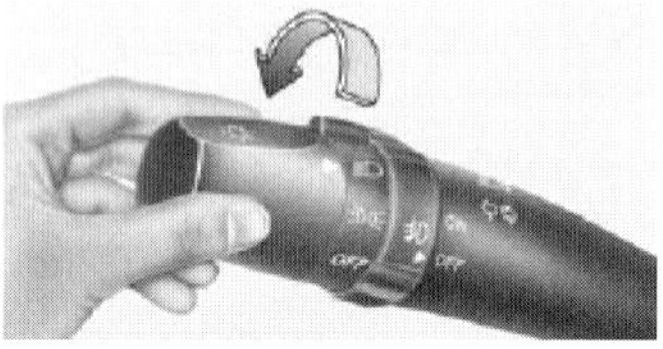

远光灯开启

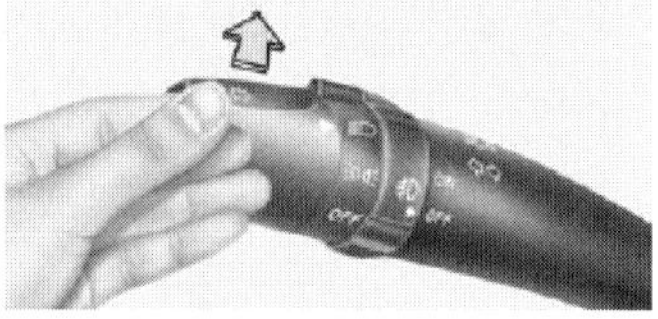

示宽灯开启

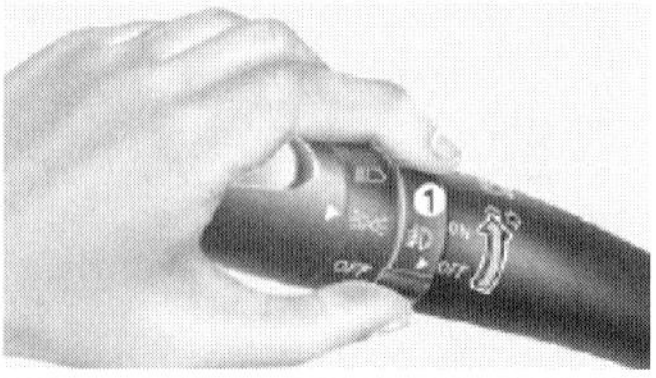

前雾灯开启

（2）查阅用户手册，标出保险丝盒在发动机仓（见图 H3-2-1）所对应的数字为（　　）。

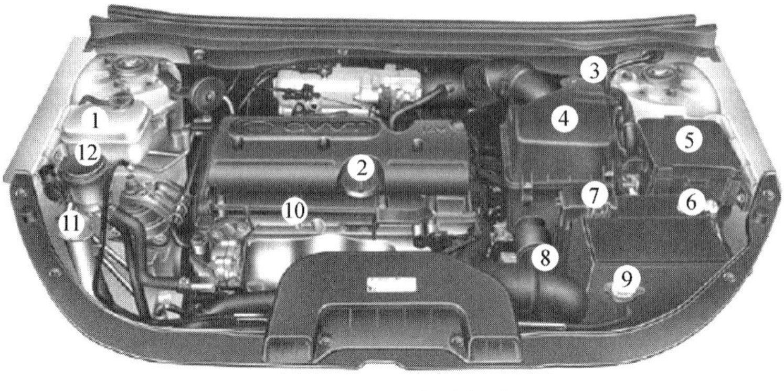

图 H3-2-1　发动机仓

二、制订任务实施方案

分组查阅使用手册，认识灯光和雨刮洗涤系统，为进一步检查保养做准备。

1. 任务分工：

2. 任务实施步骤：

3. 异常情况处理办法：

三、任务实施

1. 灯光系统的检查（见表 H3-2-1）

表 H3-2-1　灯光系统的检查

	步骤 1　安装车外三件套 完成情况：□正常 □不正常，原因：________
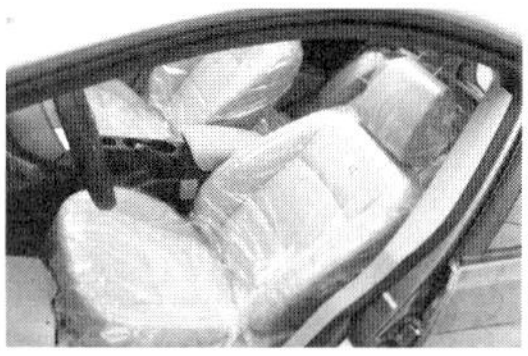	步骤 2　安装车内四件套 完成情况：□正常 □不正常，原因：________
	步骤 3　安装车轮挡块 完成情况：□正常 □不正常，原因：________
	步骤 4　参照用户手册，将点火开关打开到 ON 挡 完成情况：□正常 □不正常，原因：________

续表

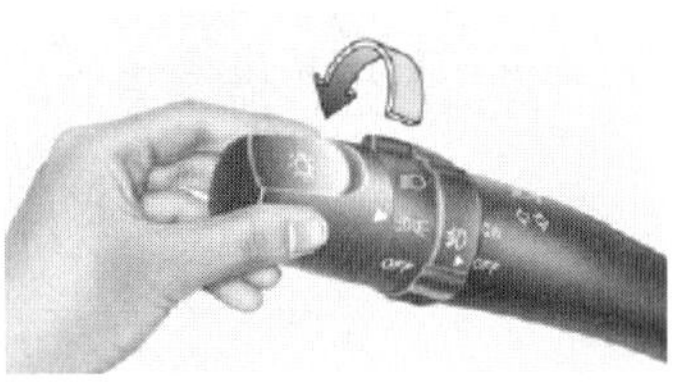	步骤 5　参照用户手册，打开示宽灯 完成情况：□正常 □不正常，原因：________
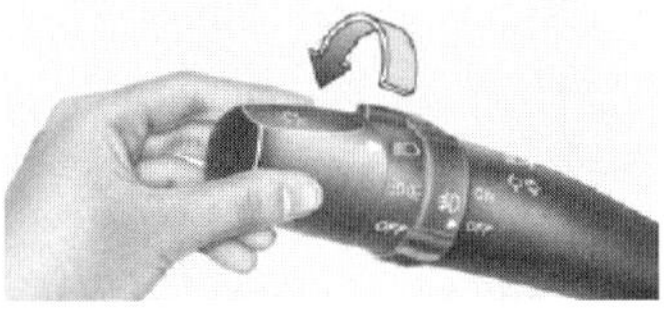	步骤 6　参照用户手册，打开大灯 完成情况：□正常 □不正常，原因：________
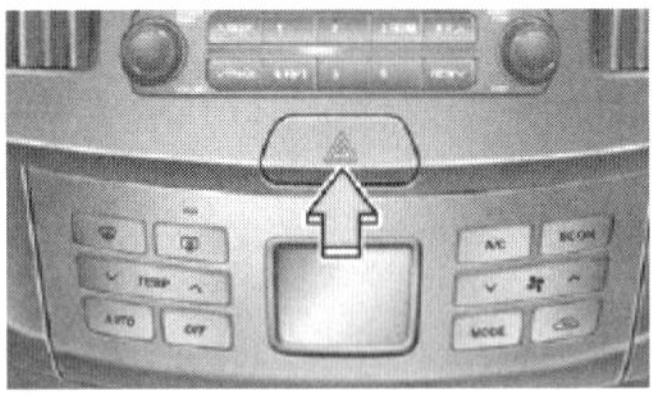	步骤 7　参照用户手册，打开危险警报灯 完成情况：□正常 □不正常，原因：________
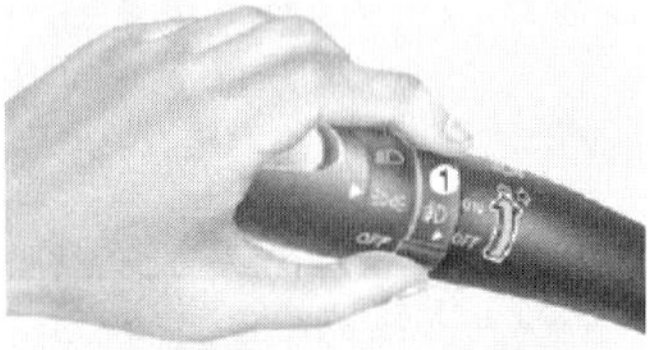	步骤 8　参照用户手册，打开前雾灯 完成情况：□正常 □不正常，原因：________
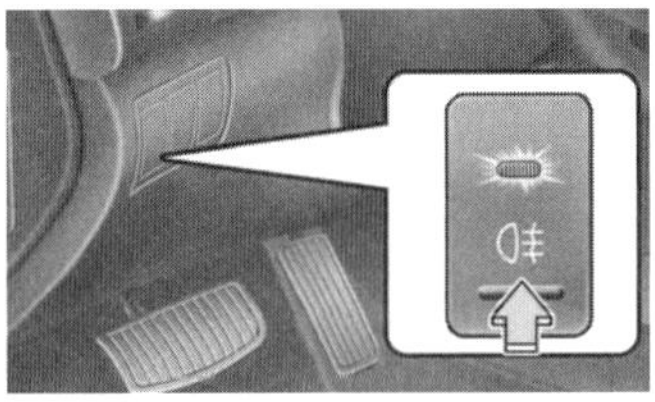	步骤 9　参照用户手册，打开后雾灯 完成情况：□正常 □不正常，原因：________
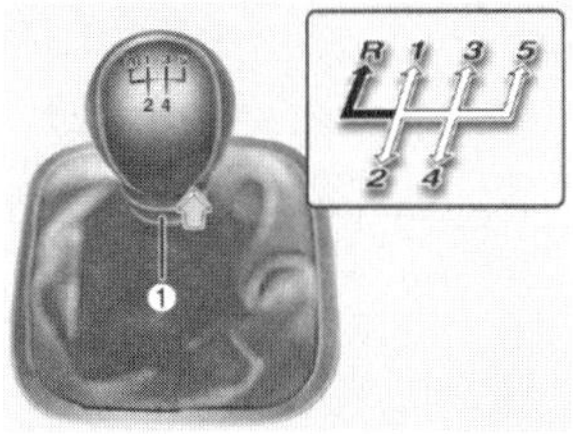	步骤 10　参照用户手册，挂倒挡打开倒车灯 完成情况：□正常 □不正常，原因：________
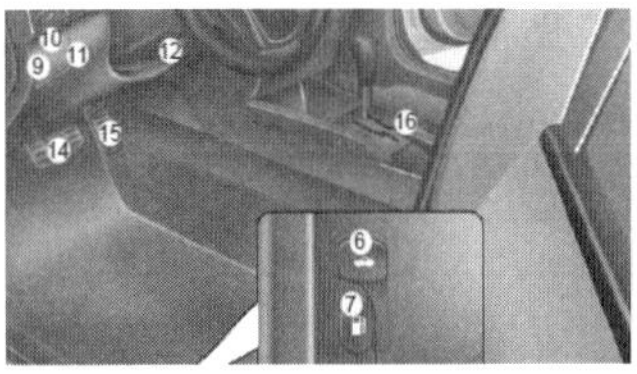	步骤 11　参照用户手册，踩下制动踏板，打开制动灯 完成情况：□正常 □不正常，原因：________
	步骤 12　下车检查全车灯光 完成情况：□正常 □不正常，原因：________

2. 灯光系统电路的检查

若在上述检查中发现某个灯不工作（以左前大灯为例），则需要进一步检查车灯、线路、保险丝、继电器（见表 H3-2-2）。

表 H3-2-2　灯光系统电路的检查

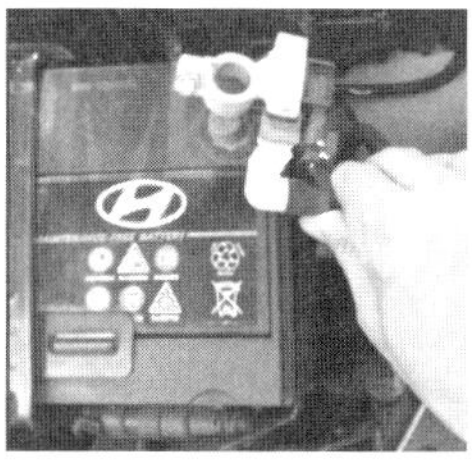	步骤 1　打开发动机罩，分离蓄电池的负极（－）接线柱 完成情况：□正常 □不正常，原因：________
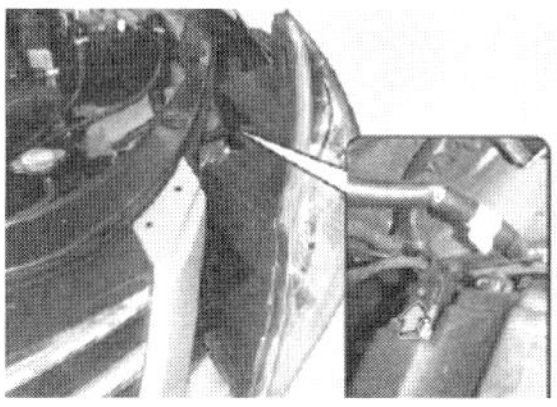	步骤 2　拆掉前大灯总成 技术要求：① 使用正确尺寸的扳手，拧下大灯总成装配螺栓和螺母。② 从大灯背部分离电源连接器。 完成情况：□正常 □不正常，原因：________
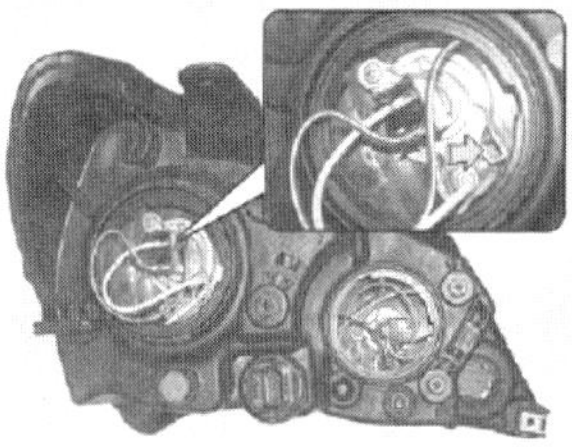	步骤 3　拆卸左前大灯 技术要求：① 逆时针转动塑料盖并拆卸。② 从大灯背后的灯泡基座上分离连接器。③ 推动灯泡弹簧，拆卸大灯灯泡。 完成情况：□正常 □不正常，原因：________
	步骤 4　观察近光灯的灯丝是否熔断或发黑。并用万用表测量灯泡的电阻值 完成情况：□正常 □不正常，原因：________
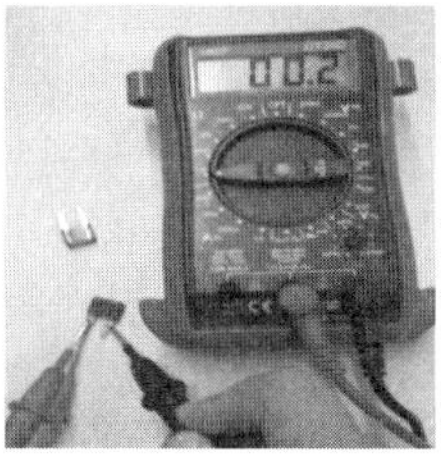	步骤 5　参照用户手册，找出左前近光灯的保险丝，并进行测量 技术要求：如测量的电阻值为无穷大，则需要更换；若测量阻值小于 1 Ω，则说明正常。 完成情况：□正常 □不正常，原因：________
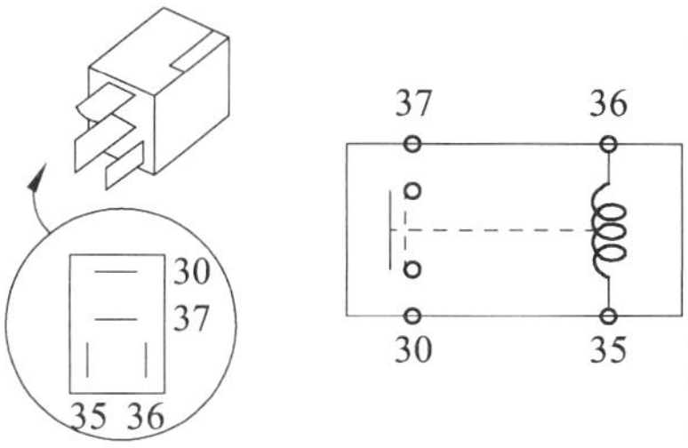	步骤 6　参照维修用户手册，找出左前近光灯的控制继电器，并进行测量 技术要求：① 从发动机室继电器盒拔出继电器。② 检查端子之间是否导通。当电源和搭铁连接 No.86 和 No.85 端子时，No.87 和 No.30 端子应该有导通。③ 分离电源时，87 号和 30 号端子不应导通。 完成情况：□正常 □不正常，原因：________

四、评价总结

表 H3-2-3　学习任务评价表

班级________ 小组________ 学号________ 姓名________

<table>
<tr><td rowspan="2"></td><td rowspan="2">主要测评项目</td><td colspan="4">学生自评</td></tr>
<tr><td>A</td><td>B</td><td>C</td><td>D</td></tr>
<tr><td rowspan="5">关键能力总结</td><td>1. 遵守纪律，遵守学习场所管理规定，服从安排</td><td></td><td></td><td></td><td></td></tr>
<tr><td>2. 具有安全意识、责任意识、6S 管理意识，注重节约、节能与环保</td><td></td><td></td><td></td><td></td></tr>
<tr><td>3. 学习态度积极主动，能按时参加安排的实习活动</td><td></td><td></td><td></td><td></td></tr>
<tr><td>4. 具有团队合作意识，注重沟通，能自主学习及相互协作</td><td></td><td></td><td></td><td></td></tr>
<tr><td>5. 仪容仪表符合学习活动要求</td><td></td><td></td><td></td><td></td></tr>
<tr><td rowspan="3">专业知识与能力总结</td><td>1. 能操作汽车灯光开关</td><td></td><td></td><td></td><td></td></tr>
<tr><td>2. 熟悉各种汽车灯的名称及作用</td><td></td><td></td><td></td><td></td></tr>
<tr><td>3. 会正确使用汽车灯光，并能检查其好坏</td><td></td><td></td><td></td><td></td></tr>
<tr><td>个人自评总结与建议</td><td colspan="5"></td></tr>
<tr><td>小组评价</td><td colspan="5"></td></tr>
<tr><td rowspan="2">教师评价</td><td rowspan="2"></td><td colspan="4">总评成绩</td></tr>
<tr><td colspan="4"></td></tr>
</table>

教师签字/日期：

任务三　雨刮洗涤系统检查保养

一、任务目标

阅读下面文字内容和信息，标记出汽车灯光系统检查保养的关键内容。

（1）洗涤雨刮系统的组成和工作原理。

（2）洗涤雨刮系统的检查内容。

二、情境导入

一辆现代悦动小轿车，行驶里程为 30 000 km，开启雨刮时雨刮片异响。如果你是一名汽车售后维修技术人员，应如何进行检查及更换雨刮?

三、信息收集

（一）雨刮系统组成及工作原理

1.雨刮系统的组成

汽车雨刮系统由刮水器电动机、喷水电机、控制电路、传动机构和雨刮片组成，根据雨刮系统所实现的功能不同控制电路有所不同。

如图 3-3-1 所示，打开雨刮开关接通雨刮器控制电路，雨刮电机便通过传动机构将电机的旋转运动转化为雨刮片的摇摆运动。

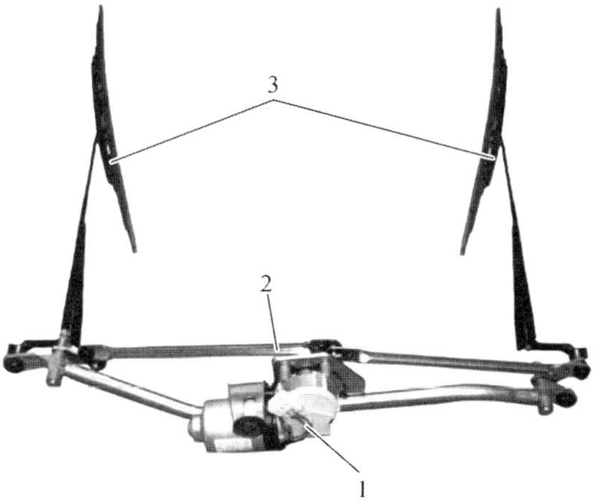

1—刮水器电动机；2—传动机构；3—雨刮片。

图 3-3-1　汽车雨刮器构造

2. 电动机变速原理

在雨刮器的使用过程中，驾驶员需要根据雨量的大小选择不同的工作挡位，而不同挡位对应不同的刮水速度。其变速的工作原理是通过接通不同的开关从而改变电机内部工作线圈，而不同的工作线圈将产生不同的磁场，从而改变转子的转速。

如图 3-3-2 所示，当开关打向低速（L）位置时，电源电压加在电刷 B_1 和 B_3 之间，工作线圈为 1、2、3、4 和 5、6、7、8 的并联；而当开关打到高速（H）位置时，工作线圈为 5、6、7 和线圈 1、2、3、4、8 两组线圈的并联。它们产生的不同磁场与定子中的永久磁铁相互作用从而让转子输出不同转速。

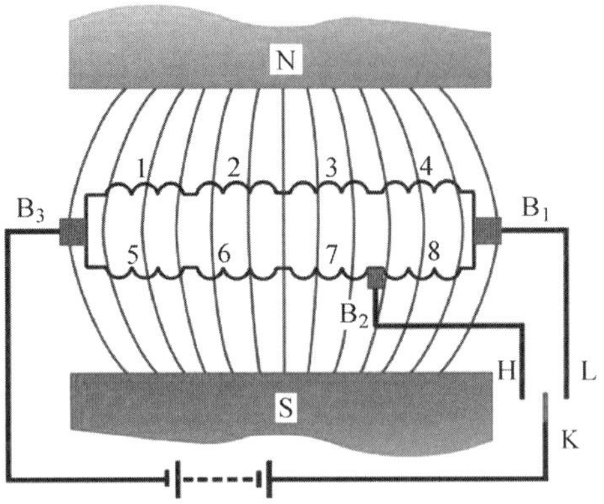

图 3-3-2　电动机变速原理

（二）风窗玻璃洗涤系统的结构原理

风窗玻璃洗涤系统的功用是将洗涤液喷洒到风窗玻璃上，以便刮水系统刮洗尘土或污物。

1. 洗涤系统的结构组成

风窗玻璃洗涤系统由洗涤器和控制开关组成。洗涤器主要由洗涤电动机、洗涤水泵、储液罐、喷嘴和水管组成，如图 3-3-3 所示。

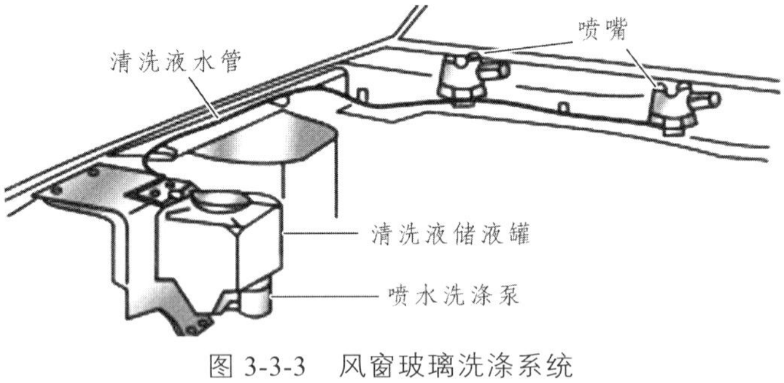

图 3-3-3　风窗玻璃洗涤系统

2. 洗涤系统工作原理

当操作洗涤开关时，洗涤电动机得电工作。电枢轴转动时，通过联轴节驱动水泵轴和泵转子一同旋转，泵转子便将储液罐内的洗涤液泵入出水软管，并经风窗玻璃前方的喷嘴喷向风窗玻璃。与此同时，刮水器同时摆动，从而将风窗玻璃上的尘土或污物刮洗干净。

拓展：带雨量传感器的洗涤雨刮系统的组成与工作原理

为提高驾驶舒适性，现代有些中高端汽车装备自动洗涤雨刮系统。它可以根据雨量大小，自动开启并调节雨刷的运动速度，大大提高雨天驾驶的方便性。

如图 3-3-4 所示，当驾驶员旋转雨刮开关 AUTO 挡时，车身控制电脑 BCM 便根据雨量光线传感器采集的信息，控制前后雨刮电机和洗涤器电机工作。当驾驶员旋转手动控制时，BCM 采集判断组合开关手柄挡位并分别接通雨刷器电机的各挡位，电机通电后通过连杆机构，将电机的旋转运动转化为雨刷臂安装处输出轴的摇摆运动，实现前雨刮臂的摇摆刮刷。同时接通风窗洗涤电机，利用风窗洗涤器电机将洗涤液经洗涤水管，从喷嘴位置喷射洗涤液，加上雨刷的转动，实现对风窗的清洗功能。

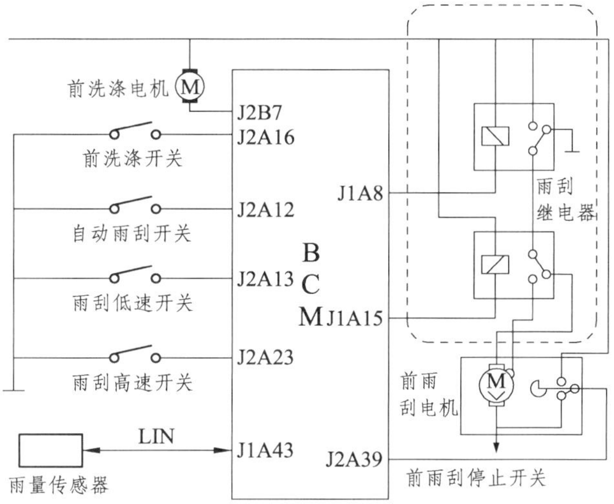

图 3-3-4　雨刮自动控制原理

（三）洗涤雨刮系统的检查

汽车洗涤雨刮系统是驾驶员获得良好视线的重要保障，因此需要在每次保养时做常规检查。检查的项目包括洗涤液、雨刮条、喷水高度、各个挡位的工作情况等。

1. 洗涤液

洗涤壶位置位于发动机仓内，如图 3-3-5 所示。打开洗涤壶的加注盖即可检查洗涤液的量是否足够，不够时可直接加满。

2. 雨刮条

雨刮条（见图 3-3-6）的重要材料是橡胶，长期使用将不可避免出现老化、变形。检查过程中如果发现工作噪音大、刮水效果模糊、抖动等现象，则需进行更换。

图 3-3-5　洗涤壶

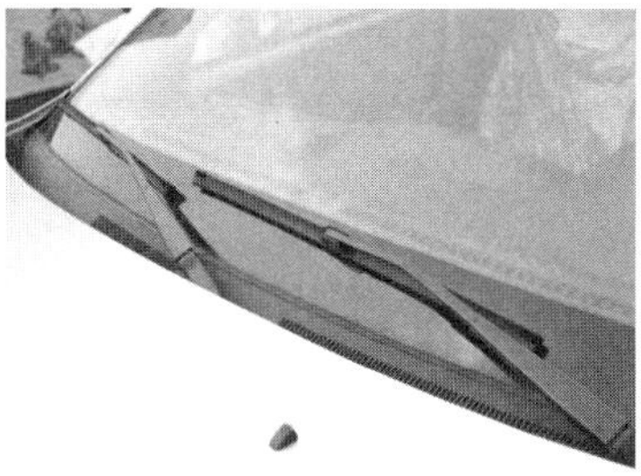

图 3-3-6　雨刮条

3. 喷水高度检查

在洗涤雨刮系统的使用过程中，如果发现喷水器堵塞或喷水高度过高（比如喷到后面来车）过低，需要对喷水器进行疏通以及喷水角度的调整。一般只需进行微调，部分车型不可调。雨刮喷水如图 3-3-7 所示。

4. 雨刮开关检查

雨刮系统挡位分为低速挡（LO）、高速挡（HI）、间歇挡、单次挂刷挡，如图 3-3-8 所示。为确认其控制电路都能正常工作，需要对每个挡位都进行检查。

图 3-3-7　雨刮喷水

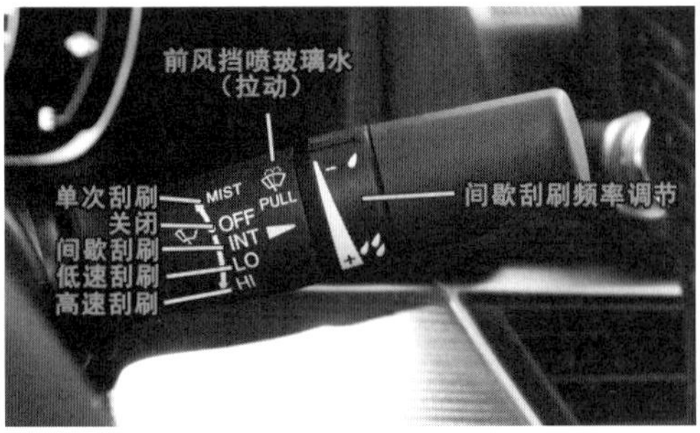

图 3-3-8　雨刮开关

（四）雨刮洗涤系统的保养

雨刮器是汽车最基本的配置，对于雨雪天气这个普通的橡胶配件便会起到增强行车安全的作用，如保养不当不仅会加快橡胶的老化，同时也会造成安全隐患。雨刮器的日常保养：

（1）开车前需清理残留在挡风玻璃上的树叶和杂物，切勿直接用雨刮清扫。当雨刮带动杂物时，会损坏橡胶，也会刮花玻璃。

（2）洗车时将雨刮器抬起，将下面的杂物一同清洗。尤其是飞溅的石子，稍不注意便会损坏玻璃。

（3）在停车时尽量选择地下停车库或阴凉的场所，避免阳光的暴晒。阳光暴晒会造成橡胶变形、老化。

（4）尽量使用玻璃水清洗玻璃，严禁用洗洁精清洗。洗洁精的化学成分会加剧雨刮老化。

（5）车辆长时间停放时应将雨刮器抬起，即使不是下雨天也需要喷水进行刮刷。若长时间无水分会使胶体产生干裂老化。

（6）经常清洗挡风玻璃和雨刮片上的脏物，尤其是下雨过后。能减小雨刮不必要的磨损，可以延长雨刮片寿命。

（7）在冬季开车时不能一启动就打开雨刮器。因为雨刮器有时会被冻住，如果这时开启雨刮，会损坏电机，同时挡风玻璃上的冰冻也会对雨刮条造成磨损。

四、接车与填写接车问诊表

表 3-3-1　接车问诊表

<table>
<tr><td colspan="3">车牌号：______　车架号：______　行驶里程：______（km）</td></tr>
<tr><td colspan="3">用户名：______　电　话：______　来店时间：______</td></tr>
<tr><td colspan="3">用户陈述及故障发生时的状况：雨刮器异响，挂水效果模糊</td></tr>
<tr><td colspan="3">故障发生状况提示：</td></tr>
<tr><td colspan="3">接车员检测确认建议：洗涤雨刮系统检查，更换雨刮片</td></tr>
<tr><td colspan="3">车间检测确认结果及主要故障零部件：</td></tr>
<tr><td colspan="3">车间检查确认者：______</td></tr>
<tr><td rowspan="3">外观确认：
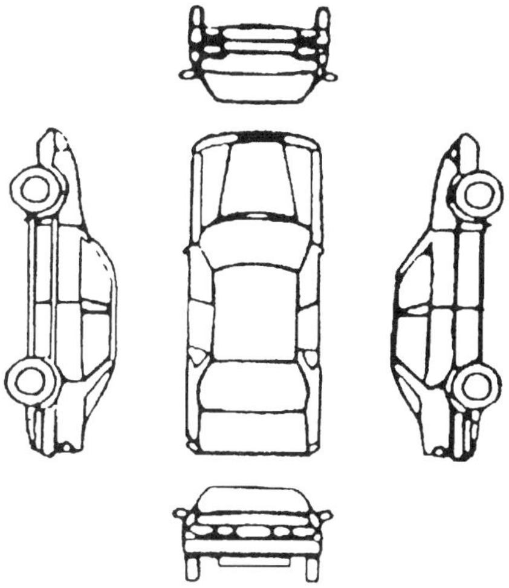
（请在有缺陷部位做标识）</td><td colspan="2">功能确认：（工作正常√　不正常×）
□音响系统　□门锁（防盗器）□全车灯光
• 工具　□后视镜　□天窗　□座椅
• 点烟器　□玻璃升降器　□玻璃</td></tr>
<tr><td colspan="2">物品确认：（有√　无×）</td></tr>
<tr><td>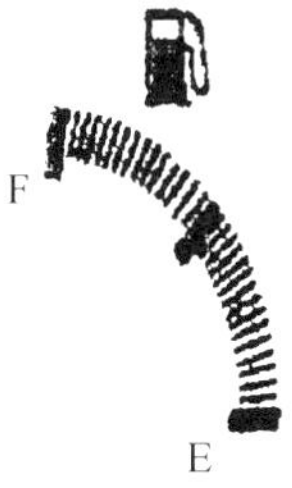
</td><td>• 贵重物品提示
□工具　□备胎
□灭火器　□其他（　　）
旧件是否交还用户
□是　□否
用户是否需要洗车
□是　□否</td></tr>
<tr><td colspan="3">• 检测费说明：本次检测的故障如用户在本店维修，检测费包含在修理费用内；如用户不在本店维修，请您支付检测费。本次检测费：¥　　　　元。
• 贵重物品：在将车辆交给我店检查修理前，已提示将车内贵重物品自行收起并保存好，如有遗失恕不负责。
接车员：______　用户确认：______</td></tr>
</table>

活页工单三　雨刮洗涤系统检查保养

一、信息测评

查阅相关维修资料，认识汽车灯光及雨刮洗涤系统，完成以下内容。

（1）写出图 H3-3-1 雨刮器各元件名称。

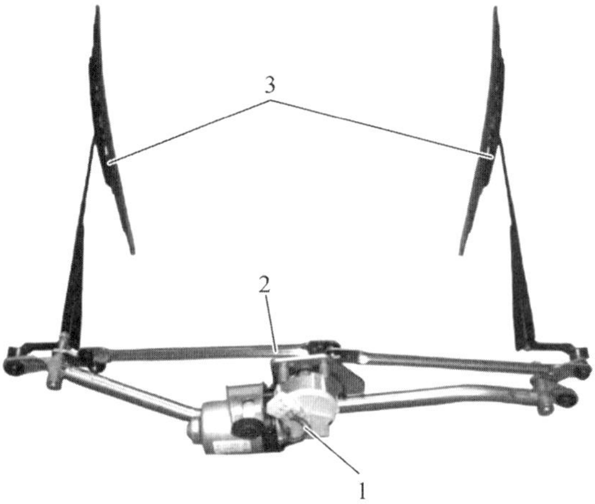

1—（　　　　　），2—（　　　　　），3—（　　　　　）。

图 H3-3-1　雨刮器

（2）写出图 H3-3-2 雨刮器开关各挡位的名称。

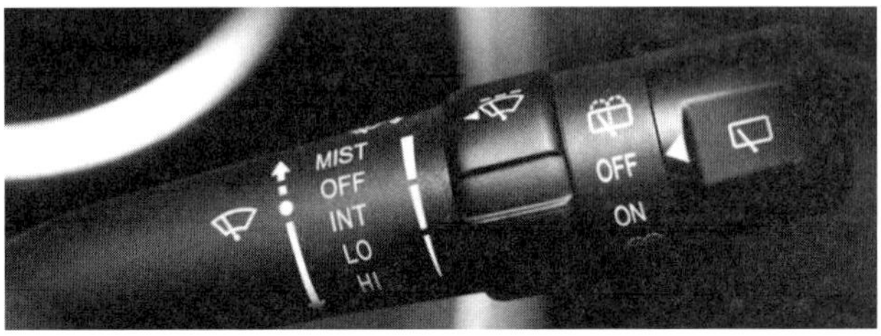

LO—（　　　　　），HI—（　　　　　），INT—（　　　　　），MIST—（　　　　　），OFF—（　　　　　）。

图 H3-3-2　雨刮器开关各挡位

二、制订任务实施方案

分组查阅使用手册，认识灯光和雨刮洗涤系统，为进一步检查保养做准备。

1. 任务分工：

2. 任务实施步骤：

3. 异常情况处理办法：

三、任务实施

1. 雨刮系统的检查（见表 H3-3-1）

表 H3-3-1　雨刮系统的检查

	步骤 1　安装车外三件套 完成情况：□正常 □不正常，原因：________
	步骤 2　安装车内四件套 完成情况：□正常 □不正常，原因：________
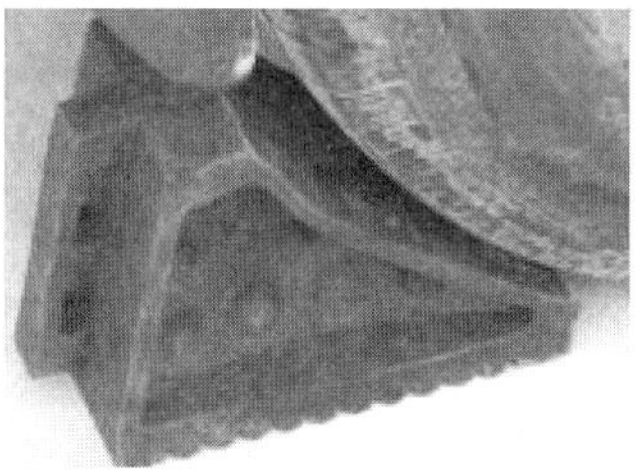	步骤 3　安装车轮挡块 完成情况：□正常 □不正常，原因：________
	步骤 4　参照用户手册，将点火开关打开到 ON 挡 完成情况：□正常 □不正常，原因：________

续表

	步骤 5　用万用表测量蓄电池电压 技术要求：蓄电池电压应大于 11 V 完成情况：□正常 □不正常，原因：________
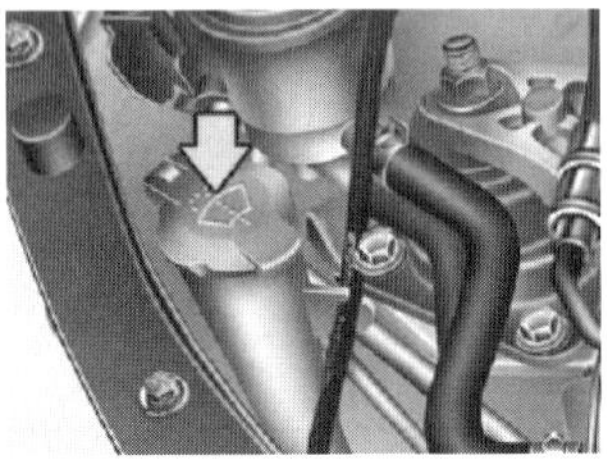	步骤 6　打开发动机舱，检查洗涤壶洗涤液的量 技术要求：① 不够使应及时添加； ② 可使用普通水（非严寒天气）。 完成情况：□正常 □不正常，原因：________
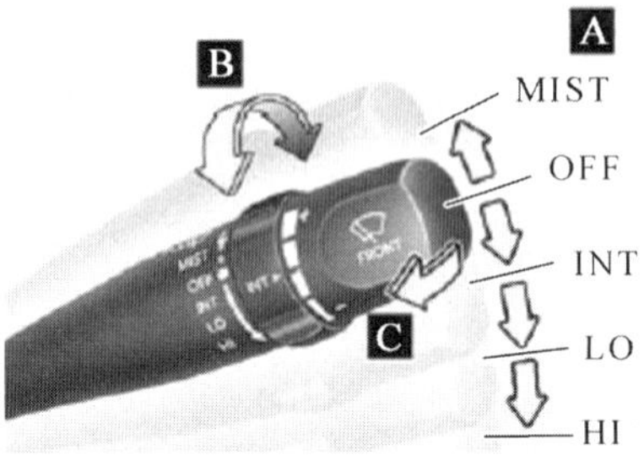	步骤 7　参照用户手册，将雨刮器开关往驾驶员方向拉动，使喷水器喷水联动雨刮器运转，观察喷水高度及宽度 技术要求：雨刮器运转时玻璃上必须有水，不能干刮，否则有可能刮花玻璃。 完成情况：□正常 □不正常，原因：________
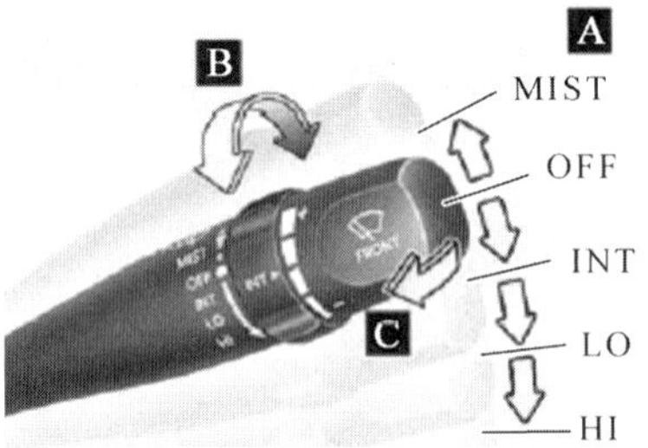	步骤 8　参照用户手册，将雨刮开关往下推至 INT 挡，并逐步调整间歇时间，观察雨刮片的工作情况 技术要求：① 雨刮片摆动频率正常； ② 雨刮片无异响，挂水效果好。 完成情况：□正常 □不正常，原因：________
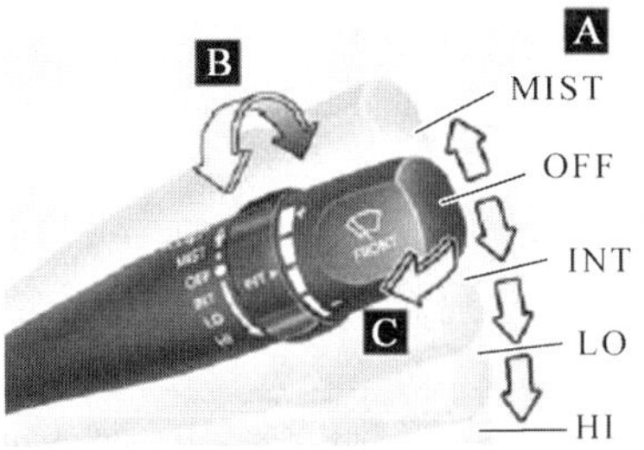	步骤 9　参照用户手册，将雨刮开关往下推至 LO 挡，观察雨刮片的工作情况 技术要求：摆动频率为 35 次/min ~ 55 次/min 完成情况：□正常 □不正常，原因：________
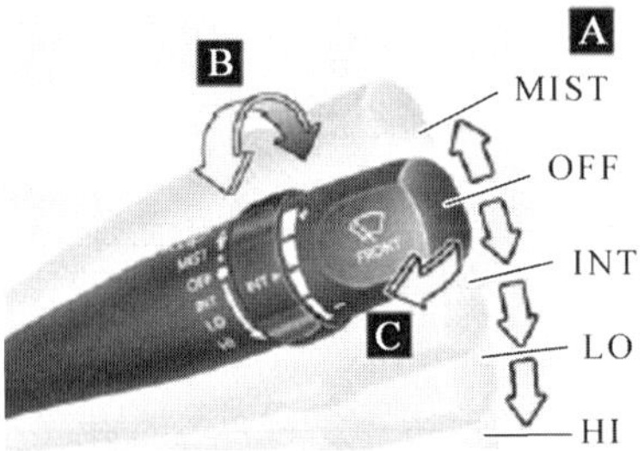	步骤 10　参照用户手册，将雨刮开关往下推至 HI 挡，观察雨刮片的工作情况 技术要求：雨刮片摆动为 50 次/min ~ 70 次/min 完成情况：□正常 □不正常，原因：________

续表

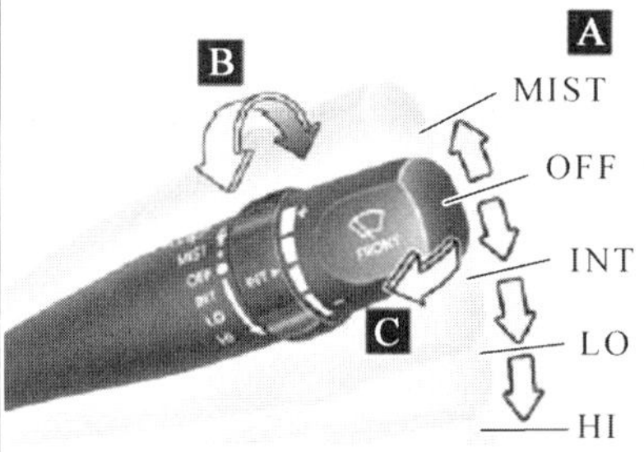	步骤 11　参照用户手册，将雨刮开关往上推至 MIST 挡，观察雨刮片的工作情况 完成情况：□正常 □不正常，原因：________
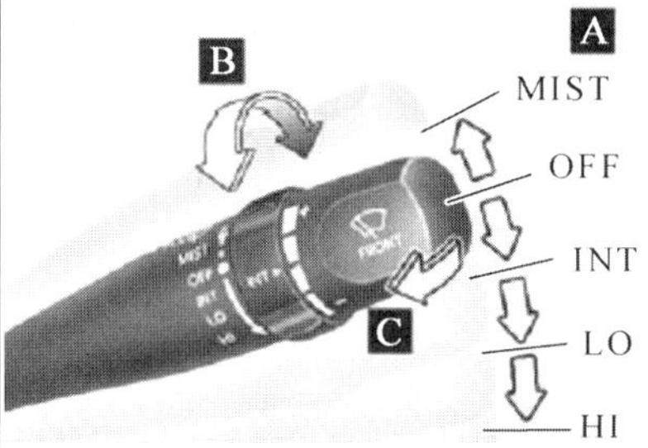	步骤 12　将雨刮开关调至 OFF 挡，复位 完成情况：□正常 □不正常，原因：________

2. 雨刮片的更换

如在上述检查中发现雨刮片刮擦不良，应使用优质清洁剂或温和洗涤剂来清洗车窗和雨刮器刮片，再用干净的水完全刷洗干净。雨刮器无法充分清洁时，说明雨刮器刮片可能已磨损或龟裂，需要更换，步骤如表 H3-3-2 所示。

表 H3-3-2　雨刮片的更换

	步骤 1：先打开点火开关，然后关闭点火开关，在 10 s 内将雨刮开关拨到点动位置，刮水片运行到前挡风玻璃中间位置 完成情况：□正常 □不正常，原因：________
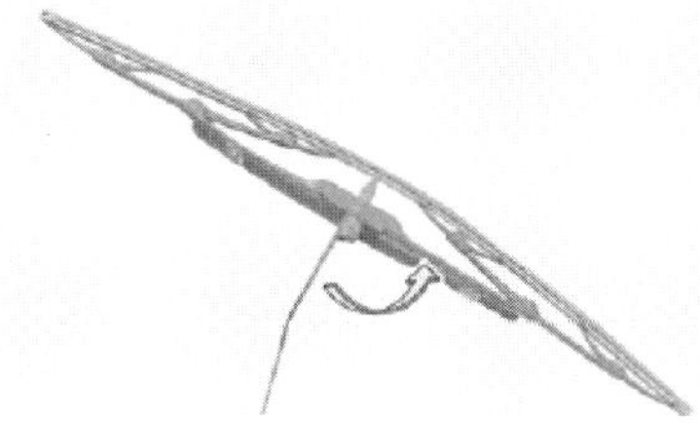	步骤 2：举起雨刮器臂并旋转雨刮器刮片总成，以便露出塑料锁定夹 技术要求：雨刮器臂不要掉落在挡风玻璃上，否则会损坏挡风玻璃。 完成情况：□正常 □不正常，原因：________
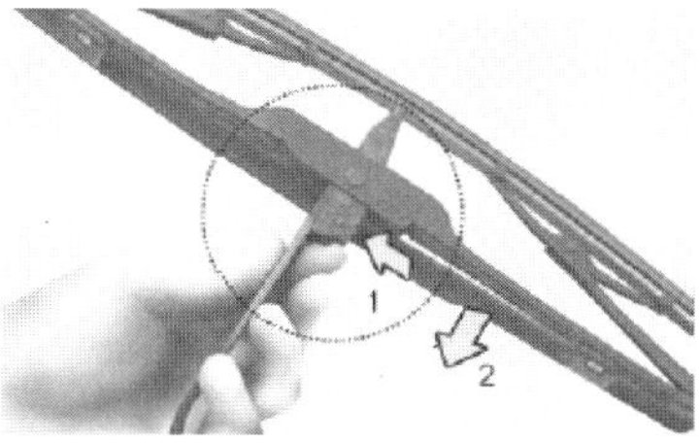	步骤 3　压住锁定夹并向下滑动雨刮器刮片总成 完成情况：□正常 □不正常，原因：________

续表

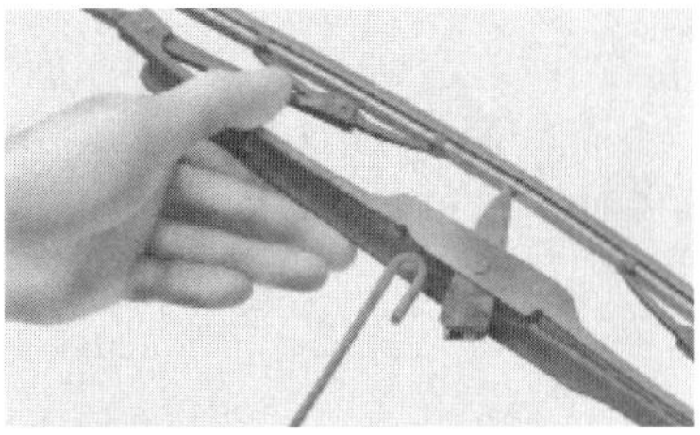	步骤 4　通过举升从雨刮器臂上拿下雨刮器刮片 完成情况：□正常 □不正常，原因：________
	步骤 5　在刮水臂下方垫上软布，平放在挡风玻璃上 技术要求：防止刮水臂击伤或刮花挡风玻璃。 完成情况：□正常 □不正常，原因：________
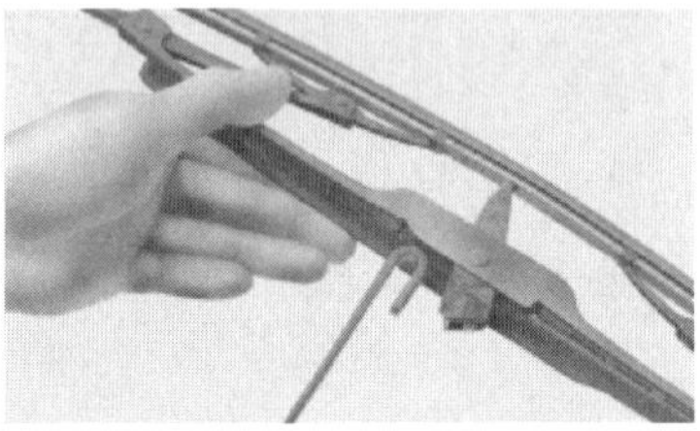	步骤 5　按拆卸的相反顺序安装雨刮器刮片总成 完成情况：□正常 □不正常，原因：________

四、评价总结

表 H3-3-3　学习任务评价表

班级____________　小组____________　学号____________　姓名____________

	主要测评项目	学生自评			
		A	B	C	D
关键能力总结	1. 遵守纪律，遵守学习场所管理规定，服从安排				
	2. 具有安全意识、责任意识、6S 管理意识，注重节约、节能与环保				
	3. 学习态度积极主动，能按时参加安排的实习活动				
	4. 具有团队合作意识，注重沟通，能自主学习及相互协作				
	5. 仪容仪表符合学习活动要求				
专业知识与能力总结	1. 会正确操作雨刮开关				
	2. 熟悉雨刮及喷水系统的工作情况				
	3. 能进行洗涤雨刮系统的检查				
个人自评总结与建议					
小组评价					
教师评价		总评成绩			

教师签字/日期：

（汽车电子电气与空调舒适系统技术）初级考题

<table>
<tr><td colspan="2">模块：汽车电子电气与空调舒适系统技术（初级）</td><td colspan="2">考核时间：30 分钟</td></tr>
<tr><td>姓名：</td><td>班级：</td><td>学号：</td><td rowspan="3">考评员签字：</td></tr>
<tr><td>监考官初评：□合格
□不合格</td><td>组长复评：□合格
□不合格</td><td>总部总评：□合格
□不合格</td></tr>
<tr><td>日期：</td><td>日期：</td><td>日期：</td></tr>
<tr><td colspan="4">考核项目三：灯光与电器系统检查保养【实操考核报告】</td></tr>
</table>

一、车辆信息记录

品牌		整车型号		生产日期	
发动机型号		发动机排量		行驶里程	
车辆识别码					

二、灯光功能检查

检查项目	检查结果	检查项目	检查结果
左前近光灯	正常□ 异常□	后雾灯	正常□ 异常□
右前近光灯	正常□ 异常□	前雾灯	正常□ 异常□
左前远光灯	正常□ 异常□	左侧转向灯	正常□ 异常□
右前远光灯	正常□ 异常□	右侧转向灯	正常□ 异常□
倒车灯	正常□ 异常□	刹车灯	正常□ 异常□

三、仪表灯及电器系统检查

检查项目	检查结果	检查项目	检查结果
低速刮水情况	正常□ 异常□	高速刮水情况	正常□ 异常□
洗涤喷水宽度	正常□ 异常□	洗涤喷水高度	正常□ 异常□
机油灯	正常□ 异常□	充电指示灯	正常□ 异常□
发动机故障灯	正常□ 异常□	燃油指示灯	正常□ 异常□
车门未关指示灯	正常□ 异常□	安全带指示灯	正常□ 异常□
近光灯指示灯	正常□ 异常□	远光灯指示灯	正常□ 异常□
示宽灯指示灯	正常□ 异常□	前雾灯指示灯	正常□ 异常□

（汽车电子电气与空调舒适系统技术）初级考题——配分评分表

考核项目三：灯光与电器系统检查保养【配分评分表】

一、考试情景

- 考试院校可根据实际情况选用整车或台架；
- 若选用整车请填写【1. 车辆信息】；
- 若选用台架请填写【2. 台架信息】；
- 若选用整车或台架具备功能需符合【应具备正常系统功能】栏。

1. 车辆信息

品牌		整车型号		生产日期	
发动机型号		发动机排量		行驶里程	
车辆识别码					
应具备正常系统功能	车辆照明系统、灯光系统正常				

2. 台架信息

台架型号		台架号		生产日期	
应具备正常系统功能	具备正常照明系统、灯光系统				

3. 使用资料情况（依据院校实际情况填写使用资料情况）

- 考试院校根据选用整车或台架填写【使用维修手册】及【使用其他的资料】信息。

使用维修手册	品牌：　车型：　年份： □中文版　□英文版	□电子档　□纸质档
使用用户手册	品牌：　车型：　年份： □中文版　□英文版	□电子档　□纸质档
使用其他的资料		
资料名称	种类	类型
光度计使用手册	□电子档　□纸质档	□中文版　□英文版
	□电子档　□纸质档	□中文版　□英文版

4. 使用设施设备情况（依据院校实际情况填写使用设施设备）

- 院校依据【使用设施设备】填写【学校实际使用设施设备名称】及【品牌】；
- 院校需按【要求数量】准备设施设备。

使用设施设备				
序号	设施设备名称	学校实际使用设施设备名称	品牌	使用项目
1	维修工具套装	180件套		调整灯光、零件拆装
2	固定屏幕/白色垂直墙体			测量前照灯光照流量
3	光度计			
4	卷尺			
依据：汽车运用与维修职业技能考核【初级】培训方案准则中【汽车电子电气与空调舒适系统技术】-【强化培训设备与工具清单】任务11-15，页码：P73-74				

5. 车辆故障信息（依据院校实际情况填写使用车辆故障信息）

- 依据院校实际情况填写【车辆原有故障信息】，车辆原有故障不应影响考核项目顺利进行。

车辆原有故障	

6. 车辆设置考题

- 院校依据【设置考题】进行考题设置。

车辆设置考题	一、外部照明灯光功能检查 可设置：左前或右前近光灯灯泡损坏、左前或右前远光灯灯泡损坏。 二、仪表灯及电器系统检查及调整 可设置：机油灯一直亮、雾灯指示灯不亮、燃油指示灯亮、电动座椅不能调节、后视镜不能调节、雨刮片异响、洗涤系统喷水异常
设置考题依据	汽车运用与维修职业技能考核【初级】培训方案准则中【汽车电子电气与空调舒适系统技术】初级任务 11-15，页码：P86-90

二、考试评分细项

- 监考官依据此项对考生进行评分。

评分项	得分条件	评分标准	配分	扣分
情意面 （作业安全） （职业操守）	1. 能进行工位 7S 操作（总分 3 分） □1.1 整理、整顿（0.5 分） □1.2 清理、清洁（1 分） □1.3 素养、节约（0.5 分） □1.4 安全（1 分） 2. 能进行设备和工具安全检查（总分 3 分） □2.1 检查作业所需要的工具设备是否完备，有无损坏（0.5 分） □2.2 检查作业环境是否配备灭火器（0.5 分） □2.3 检查检测设备的电量是否充足（1 分） □2.4 检查检测设备的插头及电缆的放置位置是否安全（1 分） 3. 能进行车辆安全防护操作（总分 3 分） □3.1 正确安装车辆绝缘翼子板布和格栅垫（1 分） □3.2 正确安装车内四件套（1 分） □3.3 正确安装后车轮挡块（1 分） 4. 能进行工具清洁校准存放操作（总分 3 分） □4.1 使用工具前对工具量具进行校准（1 分） □4.2 使用工具后对工具量具进行清洁（1 分） □4.3 作业完成后对工具进行复位（1 分） 5. 能进行三不落地操作（总分 3 分） □5.1 作业过程做到工具不落地（2 分） □5.2 作业过程做到零件不落地（1 分）	依据得分条件进行评分，按要求完成在□打√，未按要求完成在□打×并扣除对应分数，扣分不得超 15 分	15	
技能面 （应用技能） （操作技能）	1. 能正确检查外部照明灯光工作情况（总分：7 分） □1.1 能正确开启近光灯（1 分） □1.2 能正确开启远光灯（1 分） □1.3 能正确开启倒车灯（1 分） □1.4 能正确开启后雾灯（1 分）			

续表

评分项	得分条件	评分标准	配分	扣分
技能面 （应用技能） （操作技能）	□1.5 能正确开启左右转向灯（1分） □1.6 能正确开启刹车灯（1分） □1.7 能正确开启日间行车灯（1分） 2. 能正确检查雨刷洗涤系统工作情况（总分：9分） □2.1 喷水前和喷水后，能检查洗涤液是否充足，不足时，是否给予添加（1分） □2.2 喷水前，是否确认没有人员在车辆附近（1分） □2.3 刮拭前，有现清理玻璃上的污渍、杂物等（1分） □2.4 喷水后，才刮拭玻璃（1分） □2.5 调整喷孔前，需先确认喷孔是否可以调整，如果不能调整，需向考官报备（2分） □2.6 刮拭玻璃不干净时，是否清洁雨刮片及玻璃（1分） □2.7 刮拭玻璃有异响时，是否检查雨刮片有无老化、破损、变形，必要时能更好损坏的雨刮片（2分） 3. 能正确检查组合仪表指示灯（总分：5分） □3.1 打开汽车电源时，能确认机油灯、充电指示灯、发动机故障灯、燃油指示灯的点亮时间和点亮条件（1分） □3.2 启动车辆，能确认机油灯、充电指示灯、发动机故障灯、燃油指示灯的点亮时间和点亮条件（1分） □3.3 能缓慢松开安全带，避免刮伤饰板（1分） □3.4 能按顺序打开示宽灯、近光灯、远光灯、雾灯（2分） 4. 能正确检查电器工作情况（总分：4分） □4.1 能上下左右调节电动座椅高度和前后距离，检查后并能复位到原来位置（2分） □4.2 能上下左右调节后视镜位置，检查后并能复位到原来的位置（2分）	依据得分条件进行评分，按要求完成在□打√，未按要求完成在□打×并扣除对应分数，扣分不得超25分	25	
作业面 （保养作业） （拆装作业） （维修作业）	1. 能正确检查外部照明灯工作情况（总分：10分） □1.1 检查左右近光灯（1分） □1.2 检查左右远光灯（1分） □1.3 检查倒车灯（1分） □1.4 检查后雾灯（1分） □1.5 检查左右转向灯（2分） □1.6 检查刹车灯（2分） □1.7 检查日间行车灯（2分） 2. 能正确检查雨刮洗涤系统工作情况（总分：5分） □2.1 检查洗涤喷水至前挡风玻璃的宽度和高度（1分） □2.2 调整或清洁洗涤喷水的位置（1分） □2.3 喷水后，检查低速雨刮片的刮拭情况（1分） □2.4 喷水后，检查高速雨刮片的刮拭情况（1分） □2.5 调整或清洁雨刮片（1分） 3. 能正确检查组合仪表指示灯工作情况（总分：8分） □3.1 打开汽车电源，检查各个指示灯和故障灯点亮情况及点亮时间（1分）	依据得分条件进行评分，按要求完成在□打√，未按要求完成在□打×并扣除对应分数，扣分不得超25分	25	

续表

评分项	得分条件	评分标准	配分	扣分
作业面 （保养作业） （拆装作业） （维修作业）	□3.2 重新关闭汽车电源启动车辆，检查各个指示灯和故障灯点亮情况及点亮时间（1分） □3.3 打开和关闭车门，检查车门未关指示灯工作情况（1分） □3.4 扣紧和松脱安全带，检查安全带指示灯工作情况（1分） □3.5 打开示宽灯，检查示宽灯指示灯工作情况（1分） □3.6 打开近光灯，检查近光灯指示灯工作情况（1分） □3.7 打开远光灯，检查远光灯指示灯工作情况（1分） □3.8 打开前雾灯，检查前雾灯指示灯工作情况（1分） 4. 能正确检查电器的工作情况（总分：2分） □4.1 检查电动座椅调整功能工作情况（1分） □4.2 检查后视镜调整功能工作情况（1分）	依据得分条件进行评分，按要求完成在□打√，未按要求完成在□打×并扣除对应分数，扣分不得超25分	25	
信息面 （信息录入） （资料应用） （资讯检索）	1. 能正确使用用户手册查询所需资料（总分：6分） □1.1 查询灯光及电器的操作方法（1分） □1.2 查询组合仪表指示灯的说明（1分） □1.3 查询电动座椅的复位方法（2分） □1.4 查询光度计使用方法（2分） □2. 能在规定时间内查询所需资料（1分） □3. 能正确记录所需维修信息（2分）	依据得分条件进行评分，按要求完成在□打√，未按要求完成在□打×并扣除对应分数，扣分不得超10分	10	
工具及设备的使用能力 （岗位所需工具设备的使用能力） （办公软件的使用能力） （查询软件的使用能力）	□1. 能正确选用维修工具（6分） □2. 能正确使用卷尺（4分）	依据得分条件进行评分，按要求完成在□打√，未按要求完成在□打×并扣除对应分数，扣分不得超10分	10	
分析面 （诊断分析） （检测分析） （调校分析）	□1. 能判断远、近光灯是否正常（1分） □2. 能判断倒车灯是否正常（1分） □3. 能判断洗涤系统喷水情况是否正常（0.5分） □4. 能判断洗涤系统刮拭情况是否正常（0.5分） □5. 能判断机油灯工作是否正常（0.5分） □6. 能判断充电指示灯工作是否正常（0.5分） □7. 能判断发动机故障灯工作是否正常（0.5分） □8. 能判断燃油指示灯工作是否正常（0.5分） □9. 能判断车门未关指示灯工作是否正常（1分） □10. 能判断安全带指示灯工作是否正常（1分） □11. 能判断示宽灯指示灯工作是否正常（0.5分）	依据得分条件进行评分，按要求完成在□打√，未按要求完成在□打×并扣除对应分数，扣分不得超10分	10	

续表

评分项	得分条件	评分标准	配分	扣分
分析面 （诊断分析） （检测分析） （调校分析）	□12. 能判断近光灯指示灯工作是否正常（0.5 分） □13. 能判断远光灯指示灯工作是否正常（0.5 分） □14. 能判断雾灯指示灯工作是否正常（0.5 分） □15. 能判断电动座椅工作是否正常（0.5 分） □16. 能判断后视镜调节功能是否正常（0.5 分）			
表单填写与报告的撰写能力 （电子工单） （纸质工单） （任务记录单）	□1. 字迹清晰（1 分） □2. 语句通顺（1 分） □3. 无错别字（1 分） □4. 无涂改（1 分） □5. 无抄袭（1 分）	依据得分条件进行评分，按要求完成在□打√，未按要求完成在□打×并扣除对应分数，扣分不得超5分	5	
合计：				

项目四　汽车空调与舒适系统检查保养

项目目标

（1）会分析空调系统的结构与工作原理。

（2）会检查空调制冷系统性能。

（3）会检查空调制暖系统性能。

（4）能检查保养更换空调滤芯。

（5）能对车内舒适系统进行性能检查。

（6）能对车内舒适系统进行初始设定。

项目任务

任务一　汽车空调系统的认识及使用

任务二　汽车空调制冷暖风性能检查

任务三　汽车空调制冷系统检查保养

任务四　汽车空调过滤通风系统检查

任务五　汽车舒适系统初始设定

任务六　车门车窗饰件保养

资源准备

汽车电气检修一体化教室，并准备如下实训设备、仪器设备、工量具等：

（1）设备：空调系统台架或教学实训车辆（每小组1台，4～6人一组）。

（2）工量具、仪器设备：歧管压力表、温度计、风速仪、检漏仪、常用工具等。

（3）辅助工具：手电筒、车辆防护套装、车轮挡块、护目镜、手套、抹布等。

（4）其他材料：维修手册、实训指导书、教学软件、教学微课等。

任务一　汽车空调系统的认识及使用

一、任务目标

阅读下面文字内容和信息，标记出空调系统的关键内容。

（1）空调制冷系统的组成及功用。

（2）空调采暖系统的组成及功用。

（3）汽车空调的类型。

（4）汽车空调的使用注意事项。

二、情境导入

一辆悦动小轿车，行驶里程为 5 000 km，车主报修，空调冷车启动后短暂时间能制冷，热车后不制冷，仪表出风口吹暖风。经过诊断，确定是车主空调冷暖调节不当引起。如果你是一名汽车售后维修技术人员，应如何向车主介绍空调的合理使用方法?

三、信息收集

（一）汽车空调的组成

汽车空气调节装置（air conditioning device）如图 4-1-1 所示，简称汽车空调，一般由制冷系统、供暖系统、通风和空气净化装置及控制系统组成。

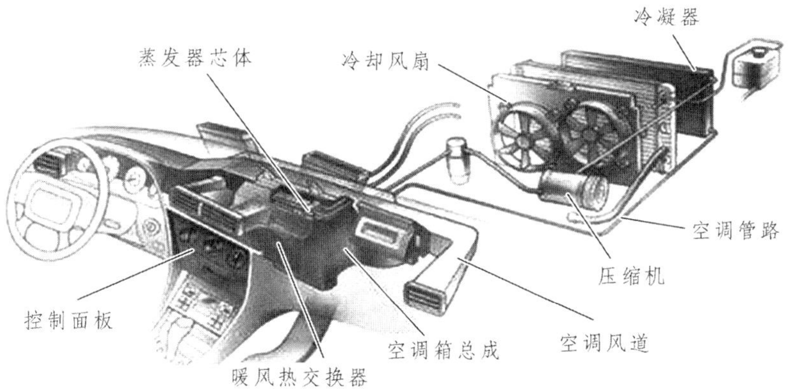

图 4-1-1　汽车空调的基本组成

1. 制冷系统

汽车空调制冷系统如图 4-1-2 所示，由压缩机、冷凝器、膨胀阀、蒸发器、储液干燥器、鼓风机、冷却风扇、连接管路及控制电子等组成。汽车空调分高压管路和低压管路，高压管路包括从压缩机输出端到膨胀阀输入口；低压管路膨胀阀输出口到压缩机输入端。制冷系统原理分为压缩过程和制冷过程。

（1）压缩过程：压缩机吸入蒸发器出口处的低温低压的制冷剂气体，把它压缩成高温高压的气体排出压缩机。

（2）制冷过程：雾状制冷剂液体进入蒸发器内温度，故制冷剂液体蒸发成气体。在蒸发过程中大量吸收周围的热量，而后低温低压的制冷剂蒸气又进入压缩机。上述过程周而复始的进行，达到降低蒸发器周围空气温度的目的。

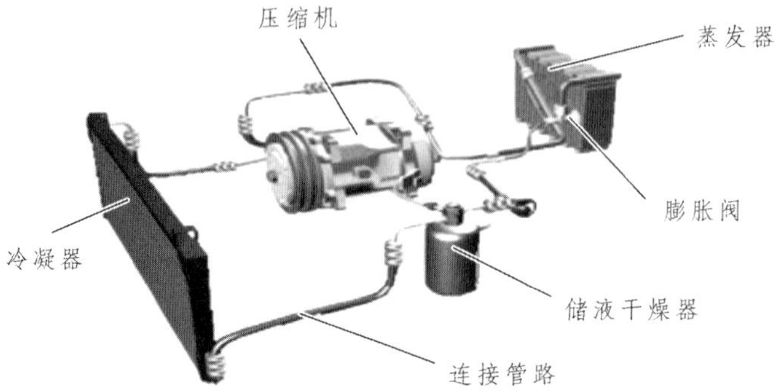

图 4-1-2　空调制冷系统组成

2. 采暖系统

采暖系统如图 4-1-3 所示，与制冷系统共用一套风道系统，通常利用发动机冷却水对车内空气或外部进入车内的新鲜空气进行加热，以达到取暖和除湿的目的。这种利用热水作为热源的采暖系统称为水暖式采暖系统，目前绝大部分汽车都采用水暖式采暖系统。水暖式采暖系统一般由发动机，出、回水管，热水阀，鼓风机，加热器芯等组成。

水暖式采暖系统原理：利用加热水，并且冷水与热水是循环的，热水上升，通过管道将热量输送到暖气片，再由暖气片将热量散发出去，达到提升环境温度。热水的温度降低，又形成冷水与热水的循环，冷水又被加热成热水，再散发出热量，如此循环往复，让环境始终保持温暖。

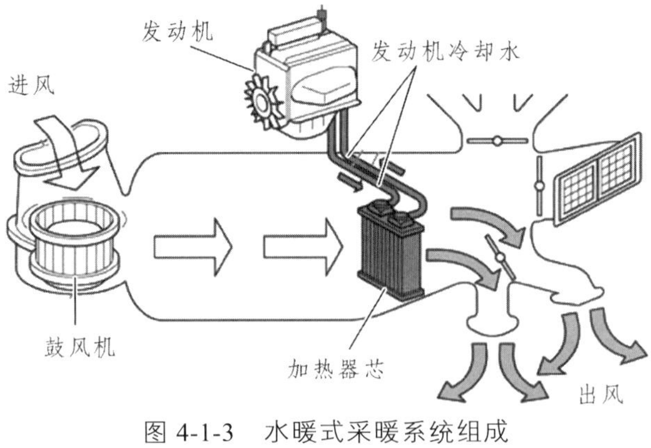

图 4-1-3　水暖式采暖系统组成

3. 通风和空气净化系统

通风和空气净化系统如图 4-1-4 所示，它的作用是在汽车行驶时对引入车内的空气进行过滤，排出和吸附混有尘埃、二氧化碳及来自发动机的其他有害气体，保证车内空气清洁。通风和空气净化系统一般由鼓风机、进出风道、滤清器、烟雾传感器、调速电阻、放大器等组成。

（1）汽车空调的通风主要有三种方式：自然通风、强制通风与综合通风。

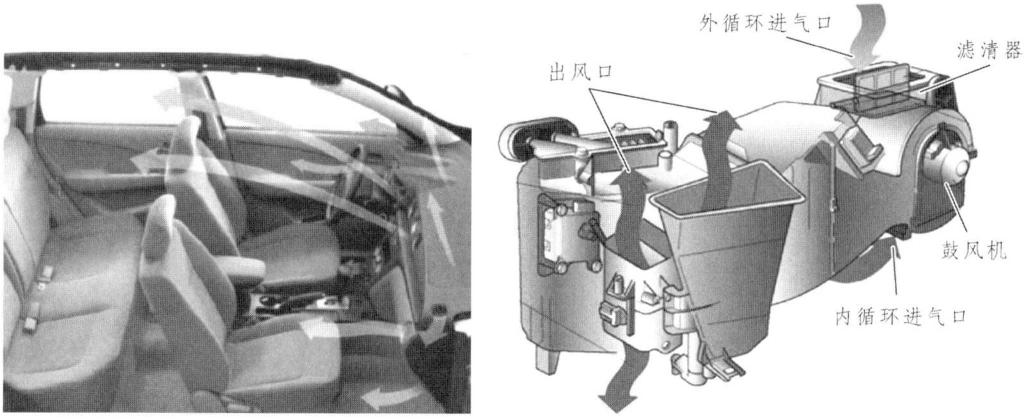

图 4-1-4 通风和空气净化系统

① 自然通风。

汽车空调中的外循环系统指的就是自然通风。自然通风是利用汽车行驶过程中车身内外表面产生的风压差，在适当的地方开设通风口，通常进气口设在副驾驶的前方，空气经过空气室盖板后通过车身上的通风口后进入室内，排气口也称泄压口设置在左右侧围钣金上，室内空气从这里流出室外，最终实现在密闭状态下的车内空气的通风换气。当然最自然的通风就是开风窗或天窗。

② 强制通风。

当汽车车速低，或停车时，车身内外表面气压差不足，仅仅依靠自然通风不能保证车内空气的新鲜，此次需要强制通风。强制通风的主要部件是鼓风机，鼓风机工作时，将车外新鲜空气强制送入车厢内，最终实现通风换气。

③ 综合通风。

综合通风是指汽车上同时采用自然通风和强制通风。目前汽车上基本都是采用综合通风的方式。

（2）汽车空调的净化包括两部分：室外流入室内的空气净化和室内循环空气的净化。

汽车行驶过程中，粉尘是最大的污染物，空调净化系统对室外空气中粉尘的净化，主要采取过滤除尘和静电除尘两种形式。

① 过滤除尘。

过滤除尘实在空调系统的送风和回风口处设置空气滤清装置，主要是对尘埃等颗粒物进行过滤。

② 静电除尘。

静电除尘是在空气进口的过滤器后面再设置一套静电除尘装置。静电除尘是利用高压电极产生高压电场，对空气进行电离，使尘粒带电，然后在电场作用下产生定向运动，沉降在正负电极上而实现对空气的过滤除尘。

4. 控制系统

汽车空调的控制系统如图 4-1-5 所示，主要由伺服电机、电器元件、操纵机构、控制开关和空调控制器等组成。其作用是对制冷和采暖系统工作的温度、压力进行控制，同时也对车内空气的温度、风量、流向进行操控，以完善空调的各项功能。

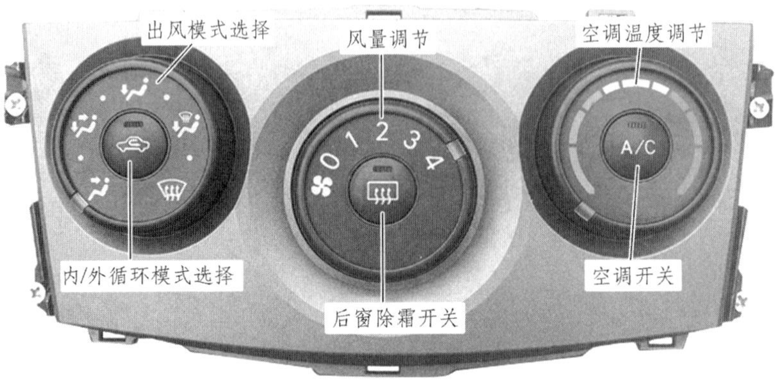

图 4-1-5　汽车空调控制面板

（二）汽车空调的基本功能

汽车空调用于把汽车车厢内的温度、湿度、空气清洁度及空气流动调整和控制在最佳状态，为乘员提供舒适的乘坐环境，减少旅途疲劳；为驾驶员创造良好的工作条件，对确保安全行车起到重要的保障作用。

1. 温度调节功能

在车外环境温度较高时，开启空调制冷功能，可以降低车内温度，使乘客感到凉爽、舒适。在车外环境温度较低时，开启空调采暖功能，可对车内的空气或由外部进入车内的新鲜空气进行加热，达到取暖、除湿的目的。

2. 湿度调节

在一定的温度和体积空气里含有的水汽越少，则空气越干燥；水汽越多，则空气越潮湿。这种区分空气干湿程度的物理量叫作“湿度”。通常所说的“相对湿度”是指空气中水汽压与饱和水汽压的百分比。人体感觉舒适的湿度是相对湿度在 30% ~ 70%。一般汽车空调可以通过制冷或采暖模式来除湿，部分高级豪华轿车的自动空调，可通过空调冷暖共用自动调节车内的湿度。

3. 气流调节

汽车空调的气流流速和方向对乘员的舒适性影响很大。尤其前排乘员，可能因自身生活习惯、年龄、健康状况不同，需要单独对气流大小和方向进行适当调节。图 4-1-6 所示为现代悦动汽车的空调出风口，通过拨动出风口中央的操纵机构可调节气流的方向；通过转动出风口下的指控轮可调节气流的大小。

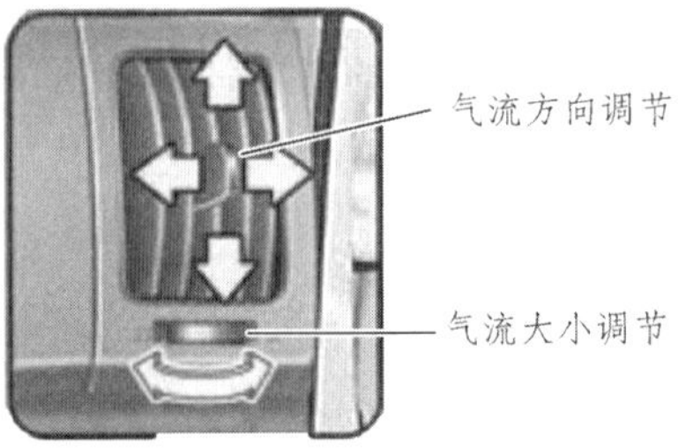

图 4-1-6　出风口气流调节

4. 空调净化

汽车车内的空气时刻受乘员呼出的二氧化碳、自身散发的异味、大气的悬浮污染物及汽车废气的影响。一般汽车的空调系统都会在进风口处装有空气过滤装置和空气净化装置，以确保车内空气的清洁。

（三）汽车空调的类型

1. 按驱动方式分类

按驱动方式分为独立式和非独立式。独立式空调由专用一台发动机驱动压缩机，制冷量大，工作稳定，但成本高，体积及重量大，多用于大、中型客车。非独立式空调压缩机由汽车发动机驱动，制冷性能受发动机工作影响较大，稳定性差，多用于小型客车和轿车。

2. 按空调性能分类

按空调性能分为单一功能型和冷暖一体型。单一功能型将制冷、供暖、通风系统各自安装、单独操作，互不干涉，多用于大型客车和载货汽车上。冷暖一体型的制冷、供暖、通风共用鼓风机和风道，在同一控制板上进行控制，工作时可分为冷暖风分别工作的组合式和冷暖风可同时工作的混合调温式。目前大部分轿车多用混合调温式。

3. 按控制方式分类

按控制方式分为手动调节式和全自动调节式。手动调节式利用拨动控制板上的功能键对温度、风速、风向进行控制。自动调节式如图 4-1-7 所示，利用计算比较电路，通过传感器信号及预调信号控制调节机构工作，自动调节温度和风量，实现对车内空气环境全方位、多功能的最佳控制和调节。

图 4-1-7　自动调节式空调控制面板

（四）汽车空调的使用

不同类型的车辆，汽车空调控制系统及开启方式略有不同，图 4-1-8 所示为现代悦动汽车手动控制空调面板。面板中有七大功能调节按（旋）钮，对应的具体功能及调节方法介绍如表 4-1-1 所示。

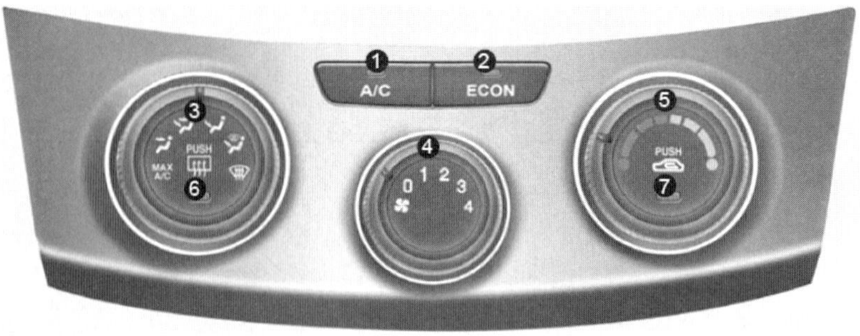

1—空调制冷按钮；2—经济运行模式；3—通风模式选择按钮；4—鼓风机速度控制按钮；
5—温度控制按钮；6—后窗除霜器按钮；7—内外气选择控制按钮。

图 4-1-8　悦动汽车空调控制面板

表 4-1-1　汽车空调控制按（旋）钮功能及使用方法

按（旋）钮图标	按（旋）钮名称	按（旋）钮功能
	通风模式选择旋钮	控制经由通风系统流出车内的气流方向
	最大通风模式	如果选择“MAX A/C”通风模式，空调会自动接通并启动“内气循环”模式，以达到最大制冷效果
	气流脸部位置	如果旋钮调节到此位置，空调控制每个通风口出风气流流向身体上部和脸部
	气流足部-脸部位置	如果旋钮调节到此位置，空调控制每个通风口出风气流流向脸部和足部
	气流足部位置	如果旋钮调节到此位置，大部分气流流到足部，少量气流流到挡风玻璃和侧面门窗除霜口
	气流足部-除霜位置	如果旋钮调节到此位置，大部分气流流到足部和挡风玻璃，少量气流流到侧面门窗除霜口
	气流除霜位置	如果旋钮调节到此位置，大部分气流流到挡风玻璃，少量气流流到侧面门窗除霜口
	温度控制旋钮	要改变室内空气温度，如箭头方向所示，把控制旋钮向右转动可以获得较暖空气和热空气，向左转动可以获得较冷空气

续表

按（旋）钮图标	按（旋）钮名称	按（旋）钮功能
	内外气模式控制旋钮	选择外气（新鲜空气）进入模式时按钮上的指示灯不亮。如图箭头所示，当按下控制按钮，指示灯亮，空调进入内气循环模式
	鼓风机风速控制旋钮	要改变鼓风机速度，可把鼓风机速度控制旋钮向右转动可以获得较高风速，向左转动可以获得较低的风速。当把鼓风机速度控制旋钮设在“0”位置时可关闭鼓风机
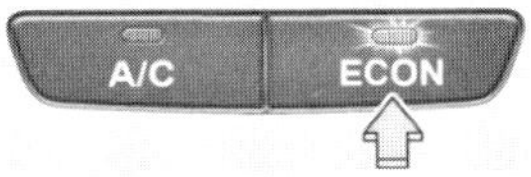	A/C 空调制冷控制按钮 ECON 空调节约运转按钮	需要开启空调制冷模式时，必须按下 A/C 开关。如果在空调系统工作期间按下 ECON（节约）按钮，指示灯点亮，空调进入节约运转动力模式，此模式可以提高燃油效率。若想获得最大制冷效果，必须关闭此按钮
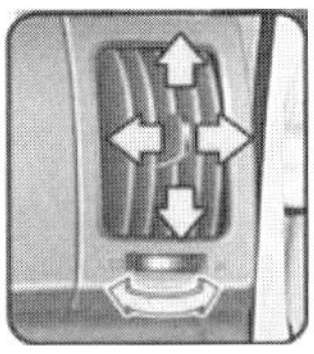	气流调节操控机构	按箭头所示方向拨动气流控制杆，可能调节出风口气流向上、下、左、右所需要方向。要关闭通风口，可以按箭头所示向左转动指控制轮到最大位置。要打开通风口，可以按箭头所示向右转动指控轮到理想位置

（五）汽车空调使用注意事项

（1）不能长时间开启内气循环模式。如果空调控制系统持续在内气循环模式运转，将导致车内湿度增大，可能会在玻璃上产生雾气，阻挡视线，从而影响行车安全。此外还会使乘员瞌睡或困倦，产生因缺氧或体温下降而导致严重伤亡事故。因此在车辆行驶中，尽可能把内外气选择控制设在外气循环模式状态。

（2）起步和急加速时关闭 A/C 开关。由于空调（非独立式空调）的开启会消耗发动机部分动力，所以在车辆起步和急加速的时候最好关闭 A/C 开关，等车辆跑起来以后再开启 A/C 开关。这样既不会导致加速和起步时发动机动力不足，还可以起到节省燃油的作用。

（3）控制好出风口方向。基于冷空气下沉、热空气上升的原理，在控制空调的出风口时，可以遵循开冷气时出风口向上，开暖气时将出风口向下，以达到最佳的制冷（暖）效果。

（4）车辆熄火之前先关空调。关闭空调再熄火，可以使空调蒸发器内的温度逐步回升、消除与外界的温差，从而可以保持空调系统的相对干燥。如果不先关空调，就容易因蒸发器潮湿而造成大量霉菌繁殖，影响乘员身体健康。此外，带着空调压缩机启动车辆，也会给启动机造成损伤。

（5）车辆暴晒后不应立即先开空调。汽车暴晒后，车内温度一般都会很高。如果此时立即启动空调，不但降温速度慢，还会增大空调和发动机负荷，从则增加油耗。最好的办法是先打开所有窗户，利用行驶车辆通风，等热气排出后再关闭车窗和打开空调。

四、接车与填写接车问诊表

表 4-1-2　接车问诊表

车牌号：______________　车架号：______________　行驶里程：______________（km）

用户名：______________　电　话：______________　来店时间：______________

用户陈述及故障发生时的状况：空调制冷不足

故障发生状况提示：（行驶速度、发动机状态、发生频率、发生时间、部位、天气、路面状况、声音描述）开启空调制冷系统，热车后车内出风口吹暖风

接车员检测确认建议：重新调节温度旋钮

车间检测确认结果及主要故障零部件：

车间检查确认者：______________

外观确认：

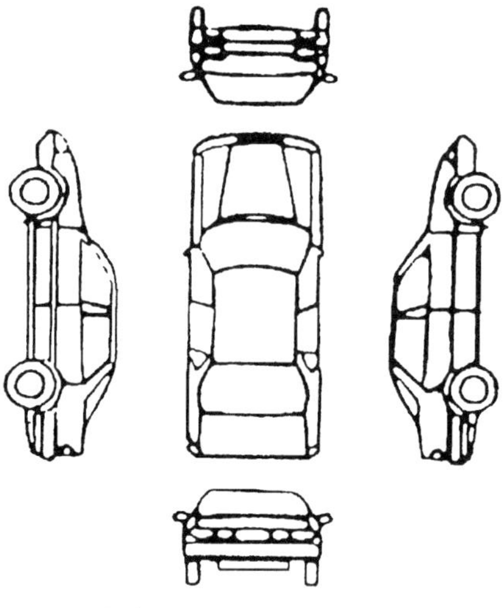

（请在有缺陷部位做标识）

功能确认：（工作正常√　不正常×）

□音响系统　□门锁（防盗器）□全车灯光

• 工具　□后视镜　□天窗　□座椅

• 点烟器　□玻璃升降器　□玻璃

物品确认：（有√　无×）

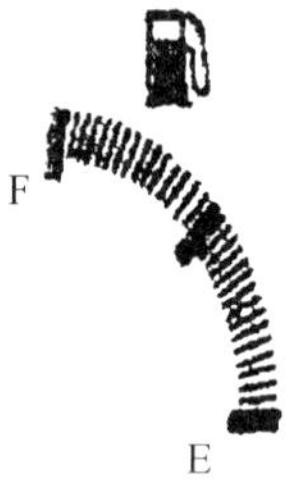

• 贵重物品提示

□工具　□备胎

□灭火器　□其他（　　）

旧件是否交还用户

□是　□否

用户是否需要洗车

□是　□否

• 检测费说明：本次检测的故障如用户在本店维修，检测费包含在修理费用内；如用户不在本店维修，请您支付检测费。本次检测费：¥　　　　　元。

• 贵重物品：在将车辆交给我店检查修理前，已提示将车内贵重物品自行收起并保存好，如有遗失恕不负责。

接车员：______________________　用户确认：______________________

活页工单一　汽车空调系统的认识及使用

一、信息测评

查阅相关维修资料，学习汽车空调系统的认识及使用，完成以下内容。

（1）对照实物，查阅资料，认识空调的基本结构，将序号与零件名称用实线连接，并在实物上找到相应的零件（见图 H4-1-1）。

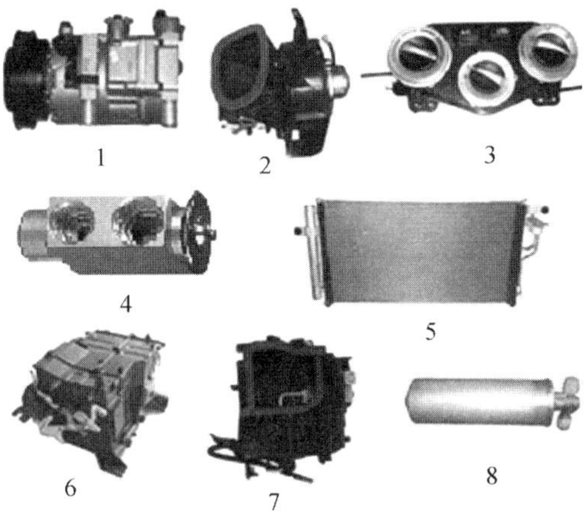

1—蒸发器；2—冷凝器；3—鼓风机；4—储液干燥器；5—压缩机；
6—膨胀阀；7—加热芯；8—控制开关。

图 H4-1-1　空调的基本结构

（2）查阅资料，学习空调控制开关的功能，将图 H4-1-2 现代悦动自动空调控制面板按钮序号对应功能名称写在下方横线上，并对照实车说出按钮名称及作用。

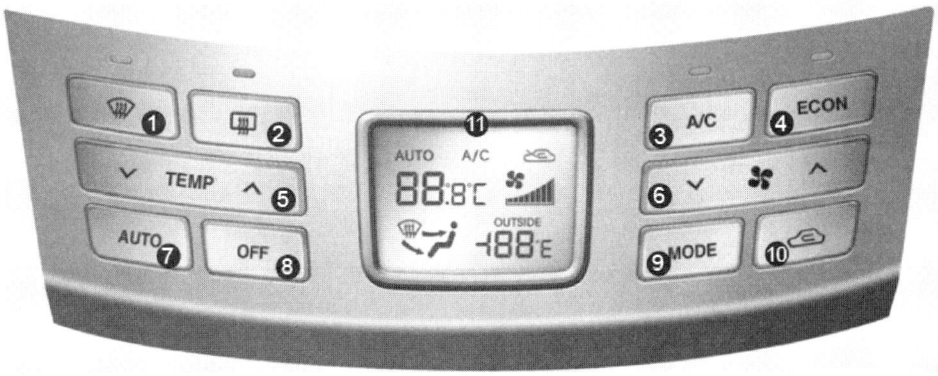

1____________	2____________	3____________
3____________	4____________	5____________
6____________	7____________	8____________
9____________	10____________	11____________

图 H4-1-2　自动空调控制面板

（3）认识暖风系统各部件作用，写出图 H4-1-3 中所标数字部件名称。

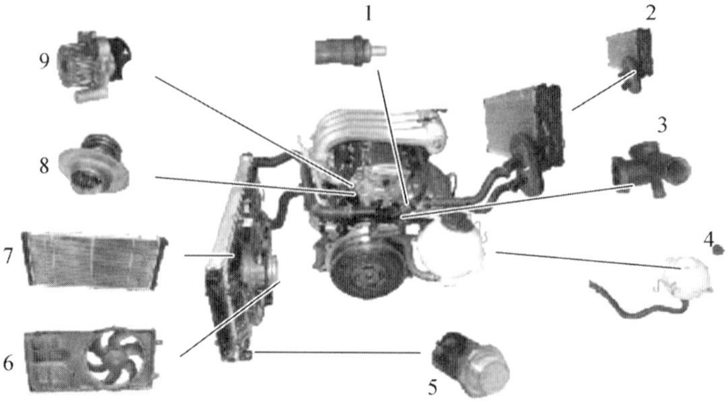

1________	2________	3________
4________	5________	6________
7________	8________	9________

图 H4-1-3　暖风系统

二、制订任务实施方案

分组查阅维修手册，认识空调系统的结构及开启方法，为维护与检测空调做准备。

1. 任务分工：

2. 任务实施步骤：

3. 异常情况处理办法：

三、任务实施

1. 空调组成部件认识

空调组成部件认识如表 H4-1-1 所示。

表 H4-1-1　空调组成部件认识

	步骤 1　检查设备、工具是否齐全和正常，必要时进行组装和校准 完成情况：□正常 □不正常，原因：________
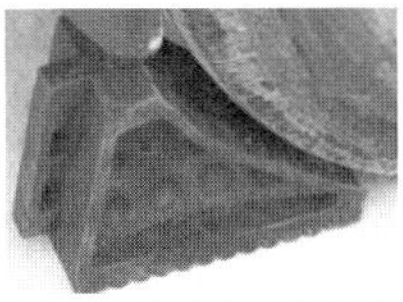	步骤 2　待测车辆安装车轮挡块、尾气排放装置 技术要求：车轮挡块卡两前驱动轮 完成情况：□正常 □不正常，原因：________
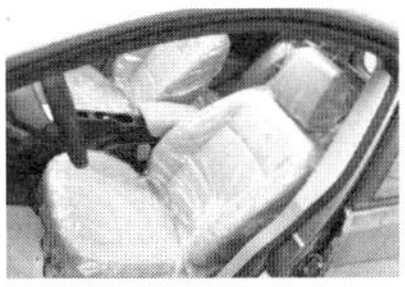	步骤 3　解锁车辆，打开所有车门，车内安装防护三件套 技术要求：座椅套必须安装到位，安装后能包住整个座椅。 完成情况：□正常 □不正常，原因：________
	步骤 4　打开发动机仓盖，按要求安装翼子板布、前格栅布 技术要求：翼子板布、前格栅布安装必须牢靠。 完成情况：□正常 □不正常，原因：________
	步骤 5　在车上找到空调压缩机 完成情况：□正常 □不正常，原因：________
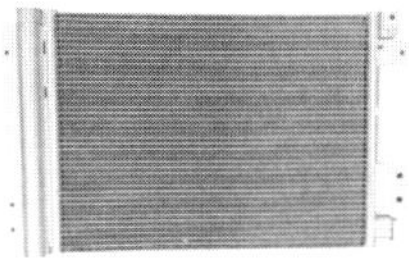	步骤 6　在车上找到冷凝器 完成情况：□正常 □不正常，原因：________
	步骤 7　在车上找到储液干燥器 完成情况：□正常 □不正常，原因：________
	步骤 8　在车上找到蒸发器总成 完成情况：□正常 □不正常，原因：________
	步骤 9　在车上找到膨胀阀 技术要求：膨胀阀如果没外露，能指认所在位置。 完成情况：□正常 □不正常，原因：________
	步骤 10　在车上找暖风加热器芯 技术要求：能指认具体位置。 完成情况：□正常 □不正常，原因：________

四、评价总结

表 H4-1-2　学习任务评价表

班级____________　小组____________　学号____________　姓名____________

<table>
<tr><td rowspan="2"></td><td rowspan="2">主要测评项目</td><td colspan="4">学生自评</td></tr>
<tr><td>A</td><td>B</td><td>C</td><td>D</td></tr>
<tr><td rowspan="5">关键能力总结</td><td>1. 遵守纪律，遵守学习场所管理规定，服从安排</td><td></td><td></td><td></td><td></td></tr>
<tr><td>2. 具有安全意识、责任意识、6S 管理意识，注重节约、节能与环保</td><td></td><td></td><td></td><td></td></tr>
<tr><td>3. 学习态度积极主动，能按时参加安排的实习活动</td><td></td><td></td><td></td><td></td></tr>
<tr><td>4. 具有团队合作意识，注重沟通，能自主学习及相互协作</td><td></td><td></td><td></td><td></td></tr>
<tr><td>5. 仪容仪表符合学习活动要求</td><td></td><td></td><td></td><td></td></tr>
<tr><td rowspan="3">专业知识与能力总结</td><td>1. 了解汽车空调的组成结构</td><td></td><td></td><td></td><td></td></tr>
<tr><td>2. 熟悉空调控制面板各类操控开关的功能</td><td></td><td></td><td></td><td></td></tr>
<tr><td>3. 能在实车上找出（或指认）空调的所有组成部件</td><td></td><td></td><td></td><td></td></tr>
<tr><td>个人自评总结与建议</td><td colspan="5"></td></tr>
<tr><td>小组评价</td><td colspan="5"></td></tr>
<tr><td rowspan="2">教师评价</td><td rowspan="2"></td><td colspan="4">总评成绩</td></tr>
<tr><td colspan="4"></td></tr>
</table>

教师签字/日期：

任务二　汽车空调制冷暖风性能检查

一、任务目标

阅读下面文字内容和信息，标记出空调制冷暖风系统的关键内容。

（1）空调制冷性能定性检查方法。

（2）空调制冷性能定量检查方法。

（3）空调制冷性能定量检查标准。

（4）暖风性能检查。

二、情境导入

一辆悦动小轿车，行驶里程为 5 000 km，车主报修，感觉空调制冷效果不佳（制冷效能下降），现需要对车辆进行制冷性能检测，以初步判断空调制冷系统故障部位。如果你是一名汽车售后维修技术人员，应如何帮车主完成空调性能检查?

三、信息收集

汽车空调系统的性能检查分定性检查和定量检查。定性检查主要依靠听、看和摸感觉来判断汽车空调的工作性能。定量检查主要借助有关仪器或设备对空调系统进行检测判断，以确定其工作性能是否符合有关规定。

（一）汽车空调定性检查

启动发动机，将风量开关置于最高挡，温度调节到最低挡，按下 A/C 开关并使空调运行 2 ~ 3 min。双手戴上手套，用目视和手摸触觉检查以下空调组成部件。

（1）压缩机：工作时无异响，用手摸吸入管应有冰手感觉，排出管有烫手的感觉。

（2）储液干燥器：目视检测储液干燥器内应是透明的，如图 4-2-1 所示，用手触摸储液干燥器进、出口管道的温度应均匀一致，若储液干燥器内部有堵塞，起节流作用，则出口温度较低。

图 4-2-1　储液干燥器

（3）冷凝器：日视检查表面清洁度，正常状态用手摸流入管的温度应比流出管的温度高。

（4）膨胀阀：膨胀阀前后应有明显的温差，前热后冷。

（5）蒸发器：蒸发器排水管可见有持续水滴流出。

（6）冷凝器出口管路至膨胀阀入口之间的高压区管道温度应均匀一致；膨胀阀出口至压缩机入口的低压管道应有冰手而不结霜感觉。

（二）汽车空调系统定量检查

1. 制冷温度、湿度、风速检查

在环境温度为 20 ~ 35 °C 的条件下，启动发动机并运转至正常工作温度，按下 A/C 开关，选择内循环模式，风机开关置于最大挡，温度调节至最低挡，打开所有车门，使发动机保持在 2 000 r/min 左右运转。测量仪表出风口的温度、湿度和风速应符合厂家规定范围。如图 4-2-2 所示，现代悦动放入温度计 10 min 后正常温度测试结果应在 10 °C 以内，相对湿度在 40% ~ 70%，风速测试结果应符合表 4-2-1 和表 4-2-2 所示。

（a）温度测试

（b）风速测试

图 4-2-2　空调出风口温度与风速测试

表 4-2-1　内循环/吹脸模式　（单位：m/s）

风机挡位	出风口位置			
	前左	前中（左）	前中（右）	前右
1 挡	1.2	0.8	0.9	1.1
2 挡	1.9	1.2	1.7	2.0
3 挡	3.2	2.0	2.6	3.2
4 挡	4.4	2.7	3.7	4.4

表 4-2-2　外循环/吹脸模式　（单位：m/s）

风机挡位	出风口位置			
	前左	前中（左）	前中（右）	前右
1 挡	1.1	0.7	0.9	1.1
2 挡	1.8	1.3	1.7	2.1
3 挡	3.1	2.0	2.5	3.1
4 挡	4.3	2.6	3.4	4.3

注：以上测量结果允许误差在 ±0.2 m/s。

2. 空调系统压力检测

（1）歧管压表的结构及使用方法。

歧管压力表如图 4-2-3 所示，由高压表、低压表、高压手动阀（HI）、低压手动阀（LO）、阀体和 3 个软管接头组成。这些部件都装在表座上，形成一个压力计量装置。歧管压力表配有 3 根不同颜色的连接软管，一般规定蓝色软管接低压工作阀，红色软管接高压工作阀，中间黄色软管接制冷剂罐或真空泵吸入口。

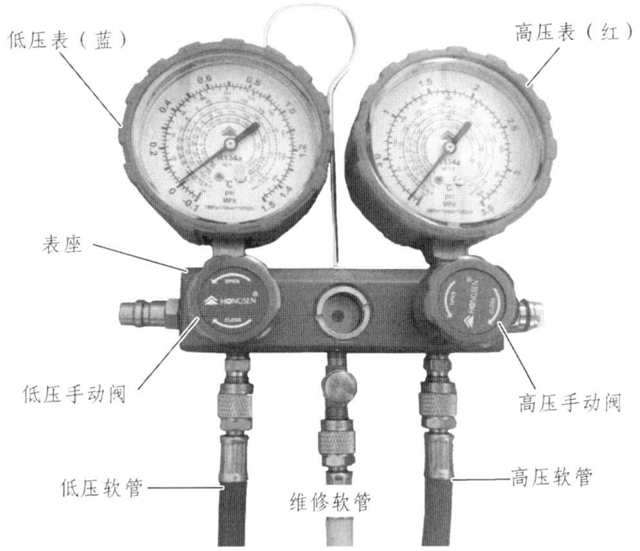

图 4-2-3 歧管压力表

汽车空调制冷系统管路上有高、低压维修接口，如图 4-2-4 所示。将歧管压力表的高、低压软管连接在制冷系统高、低压维修接口上，如图 4-2-5 所示。制冷剂流过软管和阀体到达相应的测量表，即可读出管路高、低压系统压力。压力表的读数如图 4-2-6 所示。检查和诊断汽车空调系统使用的压力测量单位通常有 MPa、psi、bar 等，各种单位之间的换算关系如表 4-2-3 所示。

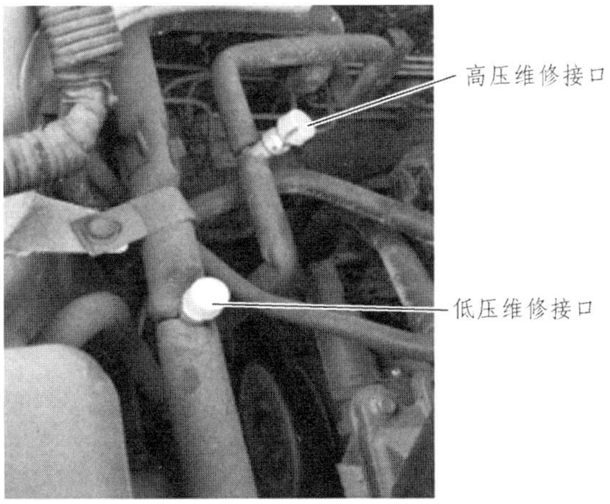

图 4-2-4 空调系统高低压维修阀

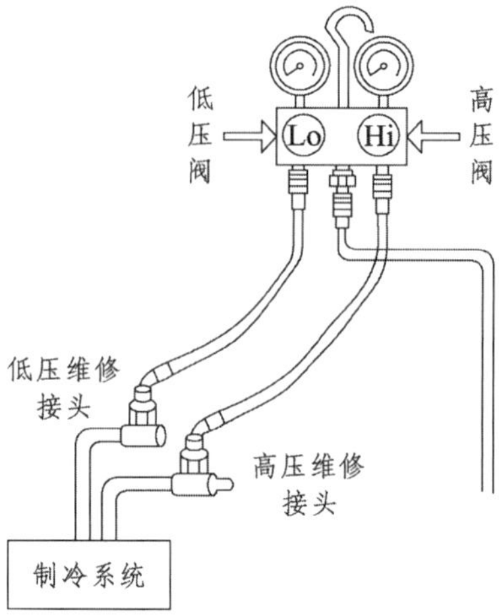

图 4-2-5 连接歧管压力表

表 4-2-3 常用压力换算关系

1 MPa = 1 000 kPa = 1 000 000 Pa
1 MPa = 9.8 kgf/cm^2 = 10 bar
100 psi = 0.7 MPa

（2）空调系统压力检测方法。

汽车空调管路压力的检查步骤是，先关闭歧管压力表高、低压手动阀，将歧管压力表高、低压接头分别与汽车空调管路上的高、低压维修接口连接并作排空处理，启动发动机，并使发动机转速保持 1 500 ~ 2 000 r/min，启动空调制冷系统，打开内循环模式，并将鼓风机控制开关置于最大挡位，温度控制开关置于最冷位置，打开所有车门，测出空调系统管路高、低压压力。一般工作性能良好的空调制冷系统的工作压力表读数如图 4-2-6 所示，现代悦动车制冷系统标准压力参数见表 4-2-4。不同类型车辆的空调制冷系统标准压力值稍有不同，具体参考相应车辆的维修手册为准。

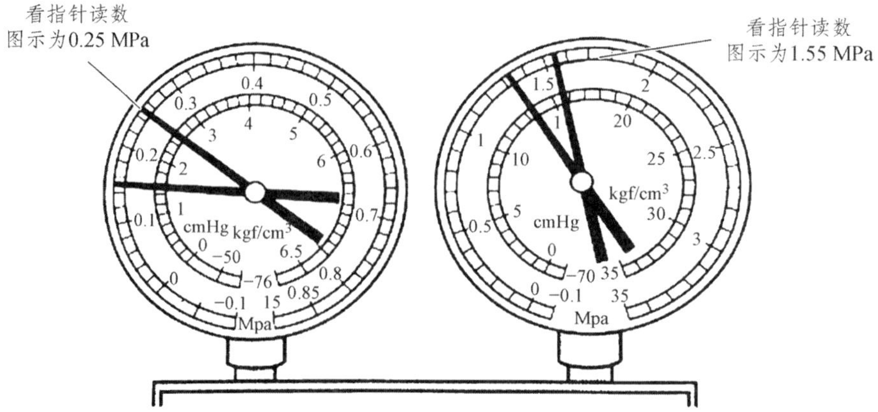

图 4-2-6 歧管压力表读数

表 4-2-4　空调系统标准压力参数

制冷剂类型	低压端压力/MPa	高压端压力/MPa
R134a	0.15 ~ 0.25	1.37 ~ 1.57

（三）空调暖风系统检查

暖风系统常见的故障是暖风不够热，既不能满足车内取暖需要，也达不到风挡除霜的目的。如果室外温度极低，从进风口吸入的空气在流经加热器时，就不易被加热至所需的温度。在这种情况，应先改变风门位置，使采暖系统变为内部空气循环状态。若在这种循环状态下取暖系统仍不能解决问题，则需对热水回路作进一步全面检查。

热水循环回路主要检查管路是否有堵塞、漏水和加热器控制阀能否正常开启。检查时首先确保散热器和膨胀水箱有足够的冷却液，然后启动发动机，使其怠速暖机运转 5 min 以上，再按表 4-2-5 进行相应的检查判断。

表 4-2-5　暖机系统故障检查与排除方法

<table>
<tr><th>故障现象</th><th>检查部位</th><th>可能原因</th><th>排除方法</th></tr>
<tr><td rowspan="3">没有暖风</td><td rowspan="3">热水回路</td><td>1. 管路堵塞</td><td>疏通管路</td></tr>
<tr><td>2. 管路漏水</td><td>修理或更换元件</td></tr>
<tr><td>3. 加热器控制阀不通畅</td><td>修理或更换控制阀</td></tr>
<tr><td rowspan="4">暖风不热
除霜效能低</td><td rowspan="4">鼓风机与风门</td><td rowspan="2">鼓风机转速低</td><td>更换鼓风机</td></tr>
<tr><td>检修风机电路</td></tr>
<tr><td rowspan="2">混合门位置不当</td><td>使混合门复位</td></tr>
<tr><td>检修混合门操纵机构</td></tr>
</table>

四、接车与填写接车问诊表

表 4-2-6　接车问诊表

<table>
<tr><td colspan="3">车牌号：______________　车架号：______________　行驶里程：______________（km）</td></tr>
<tr><td colspan="3">用户名：______________　电　话：______________　来店时间：______________</td></tr>
<tr><td colspan="3">用户陈述及故障发生时的状况：空调制冷效果不佳（制冷效能下降）</td></tr>
<tr><td colspan="3">故障发生状况提示：（行驶速度、发动机状态、发生频率、发生时间、部位、天气、路面状况、声音描述）开启空调制冷系统，车内降温效果不佳</td></tr>
<tr><td colspan="3">接车员检测确认建议：检测空调制冷性能</td></tr>
<tr><td colspan="3">车间检测确认结果及主要故障零部件：制冷剂不足</td></tr>
<tr><td colspan="3">车间检查确认者：______________</td></tr>
<tr><td rowspan="3">外观确认：
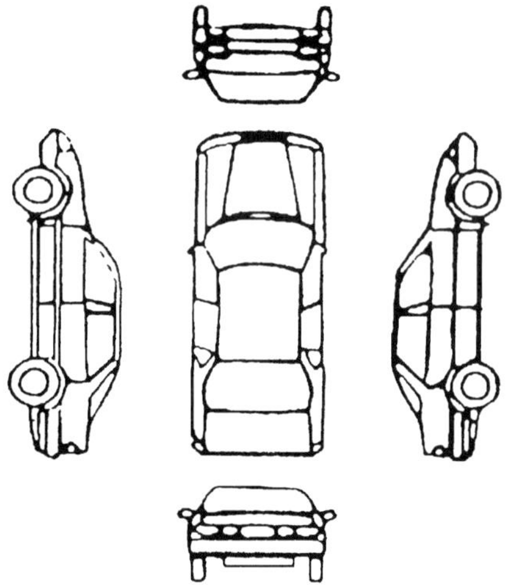
（请在有缺陷部位做标识）</td><td colspan="2">功能确认：（工作正常√　不正常×）
□音响系统　□门锁（防盗器）□全车灯光
• 工具　□后视镜　□天窗　□座椅
• 点烟器　□玻璃升降器　□玻璃</td></tr>
<tr><td colspan="2">物品确认：（有√　无×）</td></tr>
<tr><td>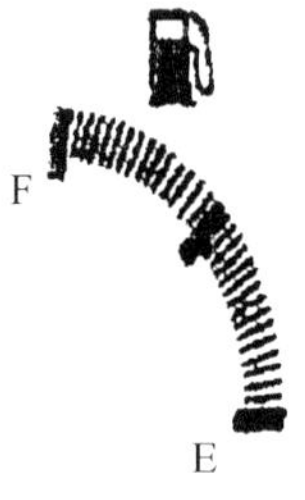</td><td>• 贵重物品提示
□工具　□备胎
□灭火器　□其他（　　）
旧件是否交还用户
□是　□否
用户是否需要洗车
□是　□否</td></tr>
<tr><td colspan="3">• 检测费说明：本次检测的故障如用户在本店维修，检测费包含在修理费用内；如用户不在本店维修，请您支付检测费。本次检测费：¥　　　　元。
• 贵重物品：在将车辆交给我店检查修理前，已提示将车内贵重物品自行收起并保存好，如有遗失恕不负责。
接车员：______________　用户确认：______________</td></tr>
</table>

活页工单二　汽车空调制冷暖风性能检查

一、信息测评

查阅相关维修资料，学习汽车空调制冷暖风性能检查，完成以下内容。

（1）查阅资料，写出图 H4-2-1 中空调检测工具的名称。

名称：____________　　名称：____________　　名称：____________

图 H4-2-1　空调检测工具

（2）对照实物，在图 H4-2-2 中检测工具标示旁边写上名称。

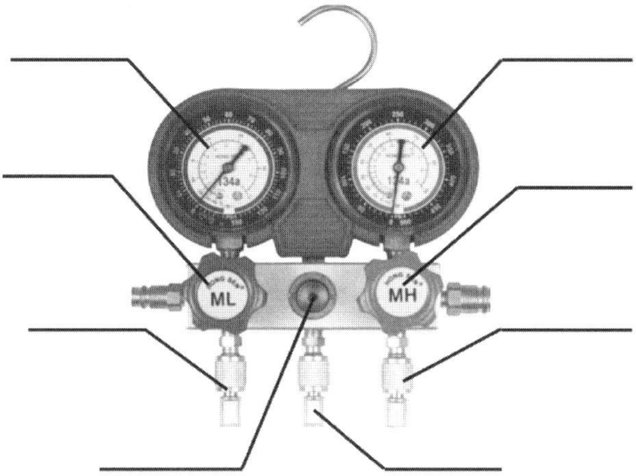

图 H4-2-2　检测工具

（3）通过查阅教材或网上查找相关资料，完成收集取暖系统不够热的原因。

① 暖风不够热故障的原因有点，分别是__________________和__________________。

② 热水阀________，造成发动机冷却液无法循环，

③ 加热器芯_______，造成发动机冷却液无法循环。

④ 混合门挡板_________，造成空气无法经过加热器芯。

⑤ ____________电路故障，造成风速太小或无风。

二、制订任务实施方案

分组查阅维修手册，认识空调系统的性能检查方法与步骤，为检测空调性能做准备。

1. 任务分工：

2. 任务实施步骤：

3. 异常情况处理办法：

三、任务实施

1. 空调制冷性能检查（见表 H4-2-1）

表 H4-2-1　空调制冷性能检查

	步骤 1　检查设备、工具是否齐全和正常，必要时进行组装和校准 完成情况：□正常 □不正常，原因：________
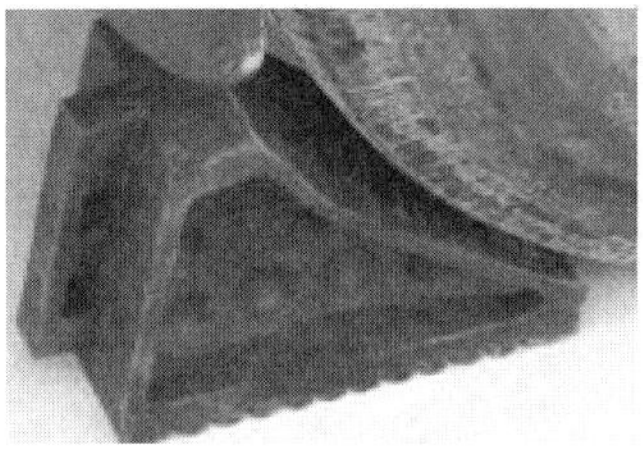	步骤 2　待检车辆安装车轮挡块、尾气排放装置 技术要求：车轮挡块卡两前驱动轮。 完成情况：□正常 □不正常，原因：________
	步骤 3　解锁车辆，打开所有车门，车内安装防护三件套 技术要求：座椅套必须安装到位，安装后能包住整个座椅。 完成情况：□正常 □不正常，原因：________

续表

	步骤 4　打开发动机仓盖，按要求安装翼子板布、前格栅布 技术要求：翼子板布、前格栅布安装必须牢靠。 完成情况：□正常 □不正常，原因：________
	步骤 5　启动发动机，打开空调开关 完成情况：□正常 □不正常，原因：________
	步骤 6　将循环模式设定为内循环，温度设定为最低状态 技术要求：指示灯点亮为内气循环模式。 完成情况：□正常 □不正常，原因：________
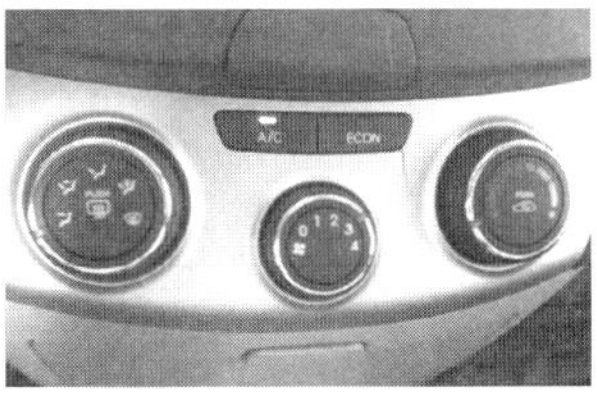	步骤 7　将鼓风机风速旋钮调到最大挡位，送风模式调到最大 技术要求：选择“MAX A/C”为最大通风模式。 完成情况：□正常 □不正常，原因：________
	步骤 8　用风速仪测试仪表板正面左、中、右出风口风速 完成情况：□正常 □不正常，原因：________
	步骤 9　用温度计测试仪表板正面中出风口温度 技术要求：测试时间为 10 min。 完成情况：□正常 □不正常，原因：________
	步骤 10　操作完成后设备、工具复位，场地实施 7S 技术要求：先关闭空调开关再关点火开关。 完成情况：□正常 □不正常，原因：________

四、评价总结

表 H4-2-2　学习任务评价表

班级____________　小组____________　学号____________　姓名____________

	主要测评项目	学生自评			
		A	B	C	D
关键能力总结	1. 遵守纪律，遵守学习场所管理规定，服从安排				
	2. 具有安全意识、责任意识、6S 管理意识，注重节约、节能与环保				
	3. 学习态度积极主动，能按时参加安排的实习活动				
	4. 具有团队合作意识，注重沟通，能自主学习及相互协作				
	5. 仪容仪表符合学习活动要求				
专业知识与能力总结	1. 会对空调制冷系统进行定性检查				
	2. 熟悉空调管路压力检测方法与步骤				
	3. 能对空调制冷性能的温度和风速进行检测				
个人自评总结与建议					
小组评价					
教师评价		总评成绩			

教师签字/日期：

任务三　汽车空调制冷系统检查保养

一、任务目标

阅读下面文字内容和信息，标记出空调制冷系统检查保养的关键内容。

（1）查阅制冷剂及压缩机机油的型号和加注量。

（2）制冷系统基本检查保养内容。

（3）检漏的常用方法。

（4）目视检漏特点。

二、情境导入

一辆悦动小轿车，行驶里程为 5 000 km，车主报修空调不制冷，经检查是空调系统泄漏制冷剂导致。如果你是一名汽车售后维修技术人员，应如何开展空调检漏工作？

三、信息收集

（一）汽车空调系统制冷剂、压缩机机油型号与加注量

目前现代汽车空调制冷系统全部都使用 R134a 制冷剂，分子式为 CH_3CH_2F，别称“冷媒”和“雪种”。技术要求 R134a 制冷剂的纯度必须大于 99.9%，含水量小于 0.001%，酸性物质含量小于 0.000 1%。制冷剂在空调系统的循环是靠压缩机来完成的。压缩机机油的质量是确保压缩机能否正常工作的必要条件。目前常见的压缩机机油型号有 PAG 和 POE 两大系列。想要确认制冷剂和压缩机机油型号及加注量，通常可以查看车辆前格栅上粘贴的注意标识或查阅车辆维修手册来确认。图 4-3-1 所示为现代悦动的空调注意标志，表 4-3-1 为车辆维修手册中型号与加注量信息。

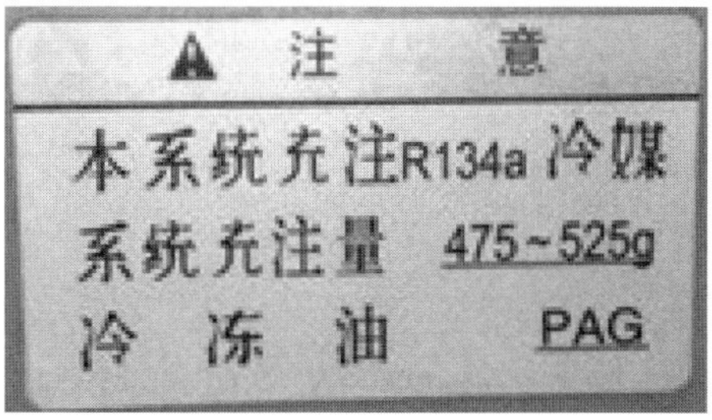

图 4-3-1　注意标识牌

表 4-3-1　空调制冷剂、冷冻油剂型号与加注量信息

项　　目		规定值
		1.6，1.8（汽油）
压缩机	类型	HS-15（斜盘）
	油类型&容量	PAG 150 ± 10cc
	皮带轮类型	6PKTYPE
	移动	160cc/rev
冷凝器与支架	散热	13 400-5%kcal/hr
APT（A/C 压力传感器）	方法测量压力	电压 = 0.008 788 35*压力 + 0.370 810 95
膨胀阀	类型	BLOCK
制冷	类型	R134a
	容量[oz（g）]	17.6 ± 0.88（500 ± 25）

（二）汽车空调系统制冷剂量检查

1. 汽车空调系统制冷剂不足与过多的危害

汽车空调制冷系统中，若制冷剂不足，蒸发器将“停止汽化”，压缩机进气压力也随之下降，由于热交换不足，会导致车内出风口温度较高，甚至发生不制冷故障。如果空调系统制冷剂过多，压缩机压缩制冷剂的能量增大，不仅加大了发动机的负荷，还会导致空调管道系统压力过高，连接管道的 O 型密封圈因高温高压软化而发生泄漏，压缩机内部压力过大而不断启停保护，这样不仅会降低制冷效果还会降低空调压缩机的使用寿命。因此，检查汽车空调制冷剂充注量是空调常规维护的一项重要工作，也是汽修从业人员必须掌握的一项基本技能。

2. 汽车空调制冷剂量的检查方法

（1）利用观察孔检查。

汽车空调大多数装配有观察孔来观察制冷系统内部制冷剂流动情况，观察孔大多安装在高压管路或储液干燥器上，如图 4-3-2 所示。

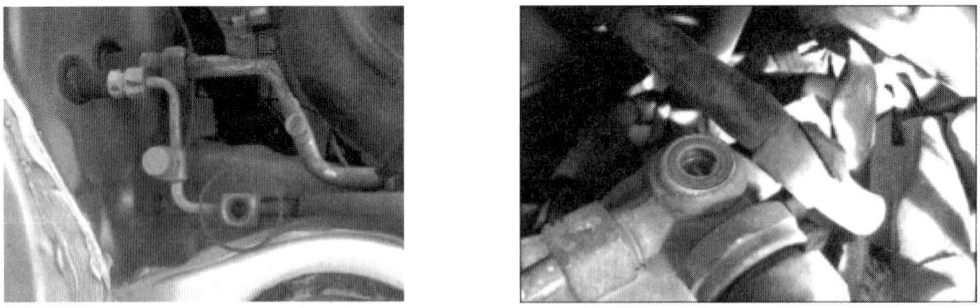

（a）观察孔在高压加注口侧　　（b）观察孔在储液干燥器上端

图 4-3-2　空调观察孔的位置

一般情况，在发动机怠速时启动空调制冷功能，通过查看观察孔制冷剂的流动情况，可初步判定空调系统制冷剂的充注量和是否存在脏污情况。观察孔制冷剂流动状态分析表如表 4-3-2 所示。

表 4-3-2　观察孔状态对应制冷剂量分析表

序号	图示	状态	制冷剂量
1	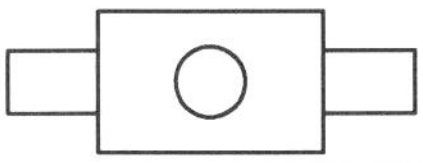	有连续的气泡流动	制冷剂量不足
2	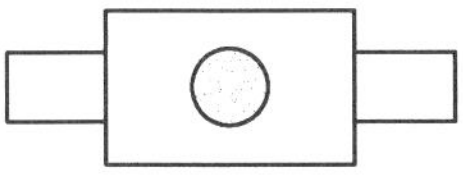	几乎没有气泡（提升发动机怠速转到 1 500 r/min 时，气泡消失，观察孔变清澈）	制冷剂适量
3	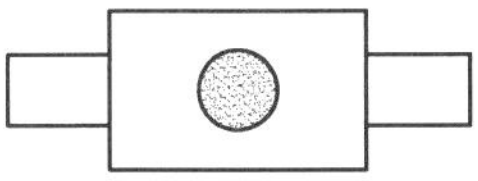	没有气泡，观察孔清澈	没有制冷剂、制冷剂适量或过量。（若压缩机无法启动，空调系统完全不制冷则可能是没有制冷剂；若空调系统的出风口时冷时不冷，压缩机频繁启停则是制冷剂加注过量）
4	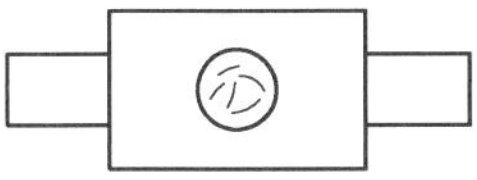	有黑脏的条纹	制冷剂被污染

3. 利用歧管压力表检查

为了获得更准确的检查结果，应使用歧管压力表对空调系统进行压力检测，空调系统制冷剂足量应符合“任务二　空调压力检查”的对应标准。

（三）空调制冷系统部件检查保养

1. 压缩机检查保养

（1）压缩机传动带检查保养。

空调压缩机是汽车空调制冷系统的动力源，而发动机是压缩机的动力源，发动机通过传动带驱动压缩机工作，所以传动带的使用状况和松紧度严重影响汽车空调的制冷性能。部分车辆压缩机与发电机、转向助力泵、水泵等共用一个传动带同时驱动。图 4-3-3 所示为现代悦动的压缩机传动带示意图。压缩机传动带的张力一般为 392 ~ 588 N，传动带张力过大，易造成压缩机带轮轴承早期损坏。传动带张力过小，易造成传动带打滑，导致压缩机转速下降，制冷效果变差。精确检查压缩机传动带的张力可使用传动带张紧计，如图 4-3-4 所示。简单检查是用母指按压传动带中部，变形量为 5 ~ 10 mm 为正常。

图 4-3-3　悦动空调压缩机传动带

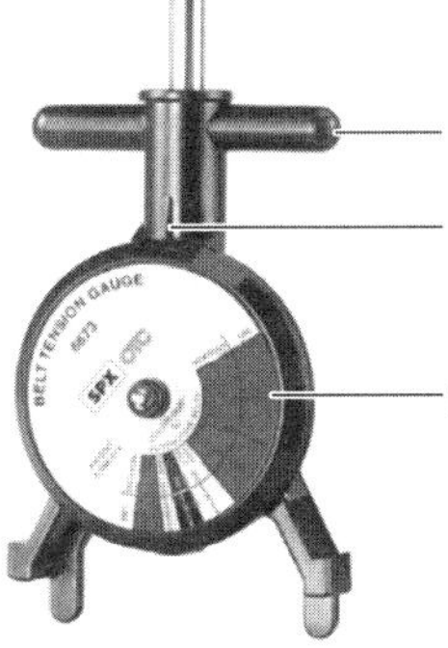

图 4-3-4　传动带张紧计

（2）压缩机电磁离合器工作状态检查。

打开鼓风机，按下空调 A/C 开关，压缩机电磁离合器应立即吸合，仪表板出风口应有冷风吹出。当关闭 A/C 开关后，压缩机电磁离合器应能马上脱离。用塞尺测量皮带轮与压力板之间的间隙，如图 4-3-5 所示，正常间隙值应为 0.4 ~ 0.8 mm。

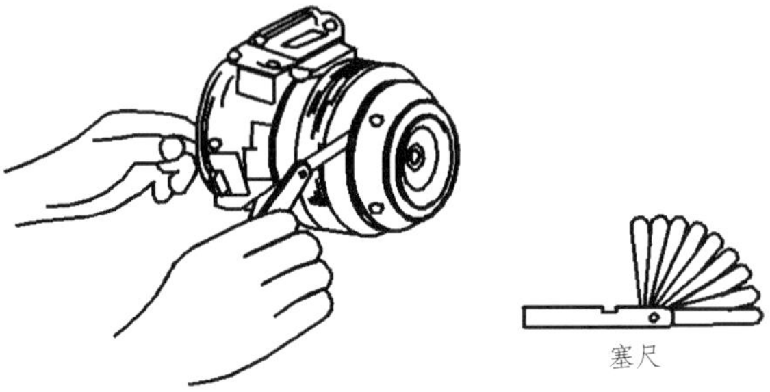

图 4-3-5　电磁离合器吸合间隙检查

2. 储液干燥器检查

观察储液干燥器的视液镜，如图 4-3-2 所示。正常情况下观察窗视液镜内应没有气泡。若异常参照表 4-3-2 处理。用手摸储液干燥器，应感觉温热，且进口处与出口处无明显温差为正常。

3. 蒸发器检查

观察蒸发器淌水情况，一般情况下空调运行 5 min 左右，水从蒸发器接水盘持续淌出为正常。

4. 冷凝器检查

手摸冷凝器，感觉的温热为正常，且冷凝器从下至上有温差。

5. 膨胀阀检查

用手摸热力膨胀阀，前后有明显温差为正常。

6. 管路检查

观察低压回路的结霜情况，表面结霜为正常。手摸制冷系统的高低压管路，接触高压管路时感觉烫手、接触低压管路时感觉冰凉为正常。

（四）空调控制开关功能检查

（1）启动发动机，开启鼓风机，空调温度调节调至最冷挡，A/C 开关打开后，出风口应有冰凉感觉。

（2）鼓风机风量检查

正常情况是随着挡位升高风量增大。鼓风机工作无异响，冷风无异味　。

（3）吹风模式检查

各档位应对应各部位出风口，如吹脚档只在下部位出风，其他风口不出风。

（4）空气循环模式检查

打开外循环模式，鼓风机工作的声音变大，用纸片靠近外引风口应有明显引力。

切换内循环模式，鼓风机工作声音变小，用纸片靠近仪表右下部进风口，吸力明显。

（五）其他检查内容

1. 空调怠速提升功能检查

启动发动机，一般车辆热车后未开启空调前的发动机怠速为 750 r/min 左右，启动空调后的发动机怠速应为 850 r/min 左右，开启空调后发动机怠速应有明显提高。

2. 制冷系统泄漏检查

如果空调制冷效果不好，测得的制冷剂量不足，在加注制冷剂前应先对空调管路系统进行检漏。

（1）制冷剂泄漏的主要部位。

汽车空调的大部分泄漏故障是因为简单的振动和螺纹接头松动引起的，此外软管与结构件摩擦，软管接头处密封圈变形也是引起泄漏的常见原因。制冷剂容易出现泄漏的部位除管道连接处外，主要集中在冷凝器、压力卸压阀、压缩机前密封圈、压缩机后端盖等位置。

（2）制冷剂泄漏的检查方法。

空调制冷系统检漏的方法很多，常用的检漏方法有外观检漏、皂泡检漏、真空检漏、荧光检漏、电子检漏仪检漏等。

① 外观检漏，也称目视检漏。制冷系统只要有泄漏，制冷剂将带着冷冻油一起逸出，制冷剂蒸发，冷冻油则留在泄漏口附近而被发现。这种方法简单，但是当泄漏量很少或无法看见的部位就比较难发现。

② 皂泡检漏。在被怀疑泄漏部位表面涂抹肥皂水，如果有泄漏发生就会产生气泡和泡沫。皂泡检漏的操作方法和步骤如表 4-3-3 所示。

表 4-3-3 皂泡检漏的操作步骤

序号	操作步骤	图　示
1	确定制冷系统中保持一定的压力，如果系统内的压力泄漏完毕，必须对系统充入氮气（或制冷剂）使压力达 100 ~ 200 kPa	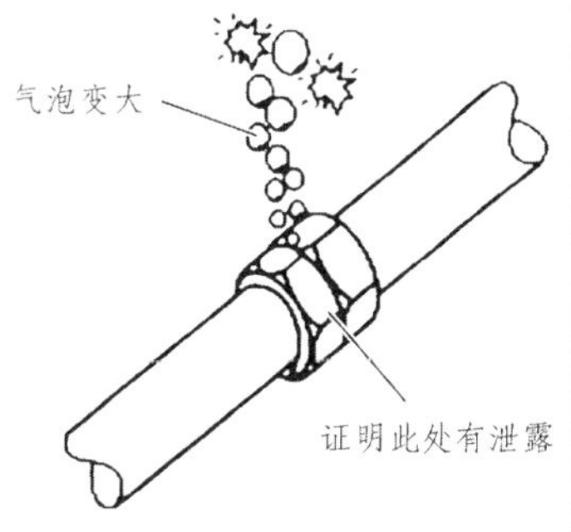
2	用皂液涂抹在怀疑泄漏的全部接口、接头、配件处，如果使用高浓度皂液，最好使用刷子涂抹	
3	如右图所示，观察气泡是否有胀大现象，如果有，就证明此处存在泄漏的情况	

③ 真空检漏。这种方法一般适用于空调系统维修或更换配件后的检漏，但只能判断系统有无泄漏，不能判断具体泄漏部位。启动真空泵，并观察低压表上的真空部分，直到将压力抽至 – 80 ~ – 100 kPa。然后关闭歧管压力表上的手动高、低压阀，保压 5 ~ 10 min，观察压力表真空度是否回升，如回升则表示空调系统有泄漏。

④ 荧光检漏。如果空调系统漏完制冷剂，可利用荧光剂的特性进行检漏。荧光检漏的操作方法和步骤如表 4-3-4 所示。

表 4-3-4　荧光检漏的操作方法和步骤

序号	操作步骤	图　　示
1	将定量的荧光剂加入到空调系统，再往系统中加入制冷剂，并用清洗剂把加注口清洗干净	
2	启动发动机，打开空调制冷功能，让压缩机工作 10 min 以上，使荧光剂与制冷剂充分循环	
3	用荧光检漏仪的射灯照射需要检查的管路和部件，若发现有黄绿色亮光，则说明该处有渗漏。蒸发器表面无法照到的地方，可用干净的容器收集蒸发器处流出的水，再用射灯照射收集的水，如有荧光剂成分，则表明蒸发器表面有泄漏。这种检漏方法尤其能够精确定微小泄漏之处	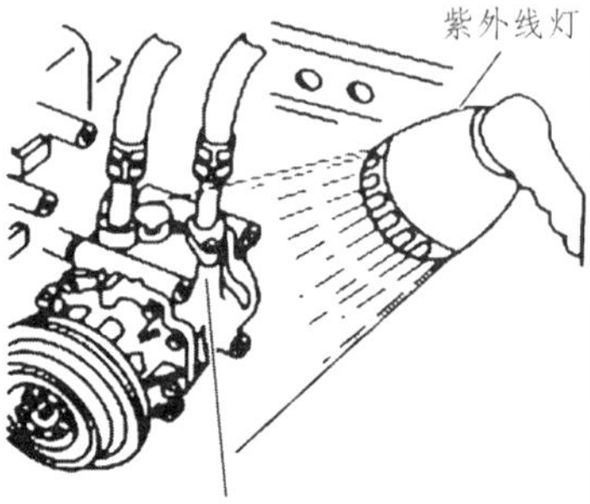

⑤ 电子检漏仪检漏。电子检漏仪可以通过探针吸收任何漏出的制冷剂，如果发现制冷剂时，检漏仪会发出声响报警或发出闪烁光。电子检漏仪检漏的操作方法与步骤如表 4-3-5 所示。

表 4-3-5　电子检漏仪检漏的操作步骤

序号	操作步骤	图示
1	将电源开关旋转至“ON”位置	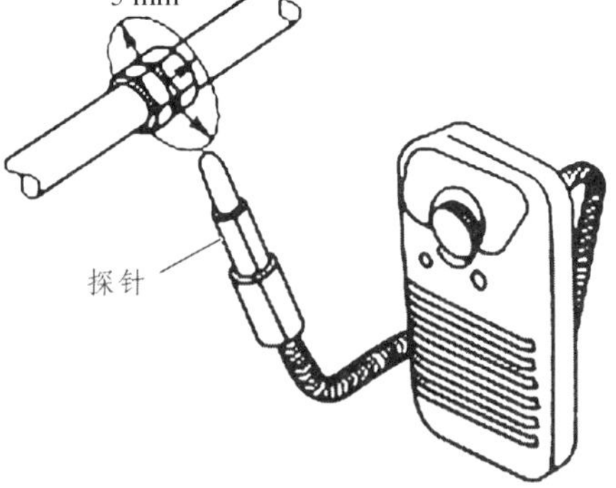
2	接通电源开关后预热 5 min	
3	将灵敏度开关拨至“L”挡（R12）或“H”挡（R134a）	
4	见右图所示，检漏仪调好后，在空调系统各管路、密封圈及接头下面移动探针，当有地方出现泄漏时检漏仪会发出报警指示	
注意：检测时，探头不能与检测部位接触，严禁探头长时间停在已知存在严重泄漏的地方，否则会损坏检测仪内的灵敏元件		

四、接车与填写接车问诊表

表 4-3-6 接车问诊表

车牌号：__________ 车架号：__________ 行驶里程：__________（km）

用户名：__________ 电 话：__________ 来店时间：__________

用户陈述及故障发生时的状况：空调制冷不足。

故障发生状况提示：（行驶速度、发动机状态、发生频率、发生时间、部位、天气、路面状况、声音描述）空调制冷不足

接车员检测确认建议：检查空调制冷剂量

车间检测确认结果及主要故障零部件：冷凝器泄漏制冷剂

车间检查确认者：__________

外观确认：

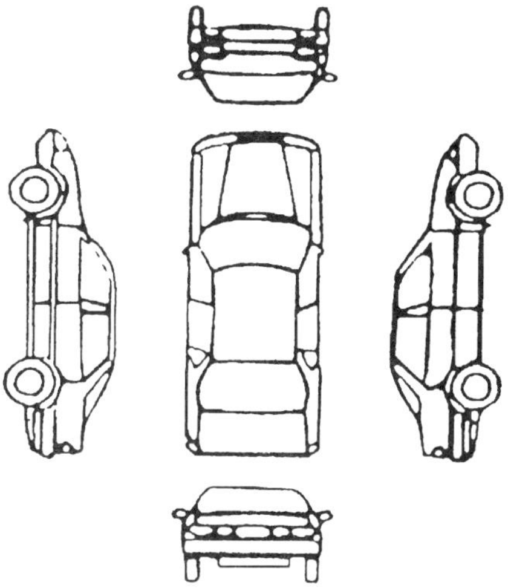

（请在有缺陷部位做标识）

功能确认：（工作正常√ 不正常×）

□音响系统 □门锁（防盗器）□全车灯光

- 工具 □后视镜 □天窗 □座椅
- 点烟器 □玻璃升降器 □玻璃

物品确认：（有√ 无×）

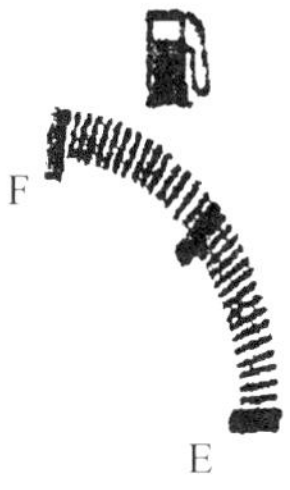

- 贵重物品提示

□工具 □备胎

□灭火器 □其他（ ）

旧件是否交还用户

□是 □否

用户是否需要洗车

□是 □否

- 检测费说明：本次检测的故障如用户在本店维修，检测费包含在修理费用内；如用户不在本店维修，请您支付检测费。本次检测费：¥ 元。
- 贵重物品：在将车辆交给我店检查修理前，已提示将车内贵重物品自行收起并保存好，如有遗失恕不负责。

接车员：______________ 用户确认：______________

活页工单三　制冷系统检查保养

一、信息测评

查阅相关维修资料，学习汽车空调制冷系统检查保养的相关信息，完成以下内容：

（1）日常出车前汽车空调基本检查有哪些项目，用线将相应的检查项目连接起来。

		隐蔽性的线路短路
		空调滤芯过脏
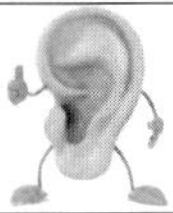		正常情况下，干燥瓶壳体应微热
		冷凝器表面过脏或散热片变形
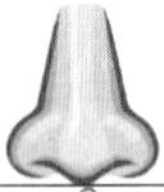		汽车空调正常的情况下，视液窗应成透明状态，说明制冷足够
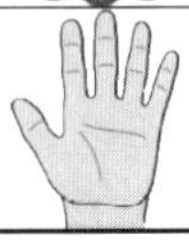		空调压缩机皮带异响
		压缩机内部异响，可借用专业设备来诊听

（2）查阅资料，写出表 H4-3-1 中汽车空调定期检查项目名称。

表 H4-3-1　汽车空调定期检查项目名称

序号	操作图片	检查项目	序号	操作图片	检查项目
1	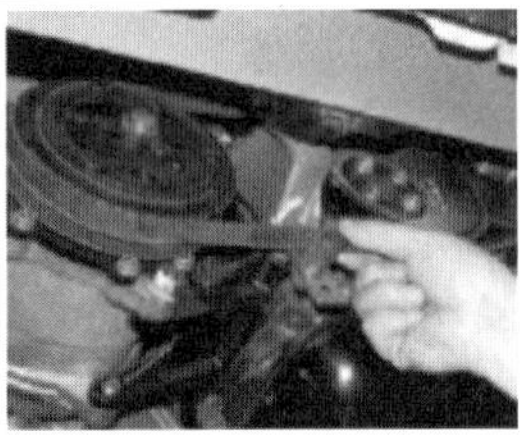		4		
2			5		
3			6		

（3）根据自己制订的作业计划，结合收集的资料，小组合作，教师指导完成制冷系统部件故障检查（见表 H4-3-2）。

表 H4-3-2　汽车空调制冷系统检查作业

检查项目	步骤及操作方法	检查结果	操作记录
保养检查	检查压缩机皮带是否良好、有无异响、张紧力是否正常	正常 □ 不正常 □	完成 □ 没完成 □
	汽车空调工作时，诊听有无异响	正常 □ 不正常 □	完成 □ 没完成 □
	检查冷凝器的表面是否有碎片、杂物、油泥，散热片有无变形	正常 □ 不正常 □	完成 □ 没完成 □
	观察干燥瓶的视液镜判断制冷剂是否充足	正常 □ 不正常 □	完成 □ 没完成 □
	检查管路各连接接口处是否有油污、松动	正常 □ 不正常 □	完成 □ 没完成 □
	检查空调空气滤芯是否过脏	正常 □ 不正常 □	完成 □ 没完成 □
	检查吹风模式功能，各挡位对应个部位出风口	正常 □ 不正常 □	完成 □ 没完成 □
	检查内/外循环模式功能是否正常	正常 □ 不正常 □	完成 □ 没完成 □
	定期清洁出风口和驾驶室内的灰尘与污垢，以防止“异味”的产生	正常 □ 不正常 □	完成 □ 没完成 □
	定期清洁冷凝器散热面灰尘与污垢	正常 □ 不正常 □	完成 □ 没完成 □
	使用专用汽车空调清洗剂进行管道或内饰清洁	正常 □ 不正常 □	完成 □ 没完成 □
	使用专业设备进行车室内消毒，如蒸汽、臭氧等	正常 □ 不正常 □	完成 □ 没完成 □

四、评价总结

表 H4-3-3　学习任务评价表

班级＿＿＿＿＿＿　小组＿＿＿＿＿＿　学号＿＿＿＿＿＿　姓名＿＿＿＿＿＿

<table>
<tr><td rowspan="2"></td><td rowspan="2">主要测评项目</td><td colspan="4">学生自评</td></tr>
<tr><td>A</td><td>B</td><td>C</td><td>D</td></tr>
<tr><td rowspan="5">关键能力总结</td><td>1. 遵守纪律，遵守学习场所管理规定，服从安排</td><td></td><td></td><td></td><td></td></tr>
<tr><td>2. 具有安全意识、责任意识、6S 管理意识，注重节约、节能与环保</td><td></td><td></td><td></td><td></td></tr>
<tr><td>3. 学习态度积极主动，能按时参加安排的实习活动</td><td></td><td></td><td></td><td></td></tr>
<tr><td>4. 具有团队合作意识，注重沟通，能自主学习及相互协作</td><td></td><td></td><td></td><td></td></tr>
<tr><td>5. 仪容仪表符合学习活动要求</td><td></td><td></td><td></td><td></td></tr>
<tr><td rowspan="3">专业知识与能力总结</td><td>1. 会通过查阅维修手册或车辆贴标找出空调制冷和压缩冷冻油型号与加注量</td><td></td><td></td><td></td><td></td></tr>
<tr><td>2. 熟悉空调制冷部件的常规检查保养</td><td></td><td></td><td></td><td></td></tr>
<tr><td>3. 能对空调制冷性系统进行目视检漏</td><td></td><td></td><td></td><td></td></tr>
<tr><td>个人自评总结与建议</td><td colspan="5"></td></tr>
<tr><td>小组评价</td><td colspan="5"></td></tr>
<tr><td rowspan="2">教师评价</td><td rowspan="2"></td><td colspan="4">总评成绩</td></tr>
<tr><td colspan="4"></td></tr>
</table>

教师签字/日期：

任务四　汽车空调过滤通风系统检查

一、任务目标

阅读下面文字内容和信息，标记出空调过滤通风系统的关键内容。

（1）空调过滤通风系统的组成。

（2）空调滤芯的作用。

（3）空调滤芯的更换。

（4）空调过滤通风系统的清洗。

二、情境导入

一辆现代悦动小轿车，行驶里程为 65 000 km，车主报修开启空调后有异味，经检查是空调滤清器长时间没清理和更换导致。如果你是一名汽车售后维修技术人员，你会清理和更换空调滤清器吗?

三、信息收集

（一）汽车空调过滤通风系统的认识

汽车空调过滤通风系统如图 4-4-1 所示，由汽车空调空气净化系统和空调通风系统组成。

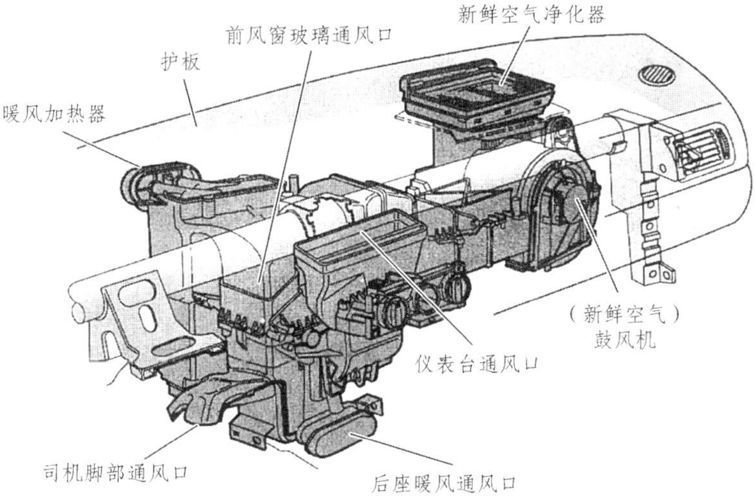

图 4-4-1　汽车空调空气净化和通风系统

1. 汽车空调空气净化系统

为了保持车内空气的清洁新鲜，除了通过通风换气外，还采用空气净化装置。常用的空气净化装置主要依靠空调滤清器，部分高级轿车还装有电子集尘器及负离子发生器等。

（1）空调滤芯的作用。

汽车空调滤芯是空调过滤系统的一部分，是一种专门用于汽车室内空气过滤的过滤器。一般采用高效的吸附材料-活性炭与长丝无纺布复合的活性炭复合滤布。空调滤芯结构紧凑，能有效过滤烟臭、花粉、尘埃、有害气体和各种异味。部分高级轿车的空调滤芯还能高效过滤吸附颗粒杂质，达到滤油、净化空气性能的同时，又能很好的去除 TVOC（总挥发性有机化合物）、苯、酚、氨、甲醛、二甲苯、苯乙稀等有机气体。

（2）空调滤芯的分类。

根据空调滤芯的材质与工作原理，空调滤芯有以下几种分类方式。

根据不同材料分为纸质和无纺布材料两种，如图 4-4-2 所示。

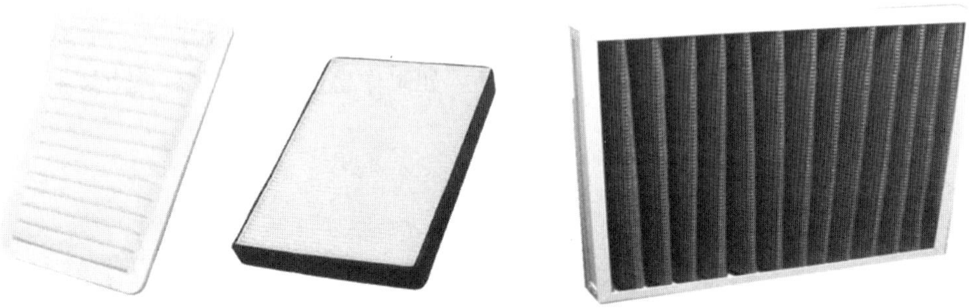

（a）纸质滤芯　　（b）无纺布滤芯

图 4-4-2　不同材质的空调滤芯

根据滤芯吸附粉尘的方式分为干式和湿式两种，如图 4-4-3 所示。

（a）干式滤芯　　（b）湿式滤芯

图 4-4-3　干式与湿式滤芯

（3）空调滤芯的安装位置。

汽车空调滤芯的安装位置一般分车内安装和车外安装两种。车内安装一般在储物箱的内部鼓风机上部或底部，如图 4-4-4 所示。车外安装一般在前风挡玻璃下面靠近副驾驶员侧，如图 4-4-5 所示。

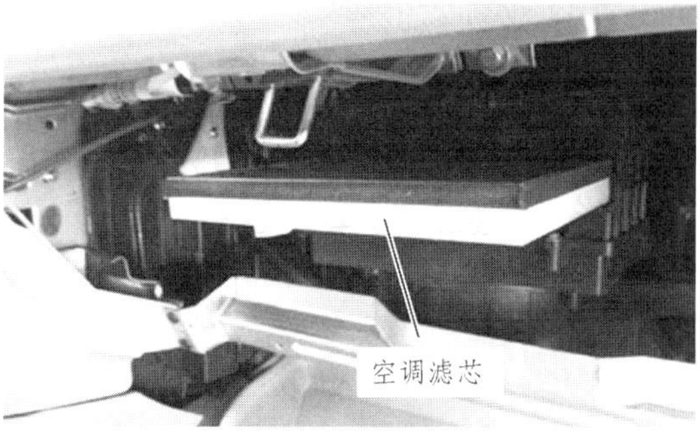

图 4-4-4　车内安装空调滤芯

图 4-4-5　车外安装空调滤芯

2. 空调通风系统

汽车空调通风一般分为自然通风和强制通风。自然通风利用汽车行驶时车内外的空气压力差，通过进、出风口进行自然通风换气。强制通风利用鼓风机对车内空气进行置换。轿车通常利用空调的外循环装置，根据需要开闭进风口的风门，通过控制风门开度和位置进行进风模工和进风量的控制。

汽车空调不仅能将新鲜空气引入车内进行通风换气，还能将冷气、热风、新鲜空气有机地进行配合调节，形成冷暖适宜的气流吹出，图 4-4-6 所示为空调通风配气系统结构图。

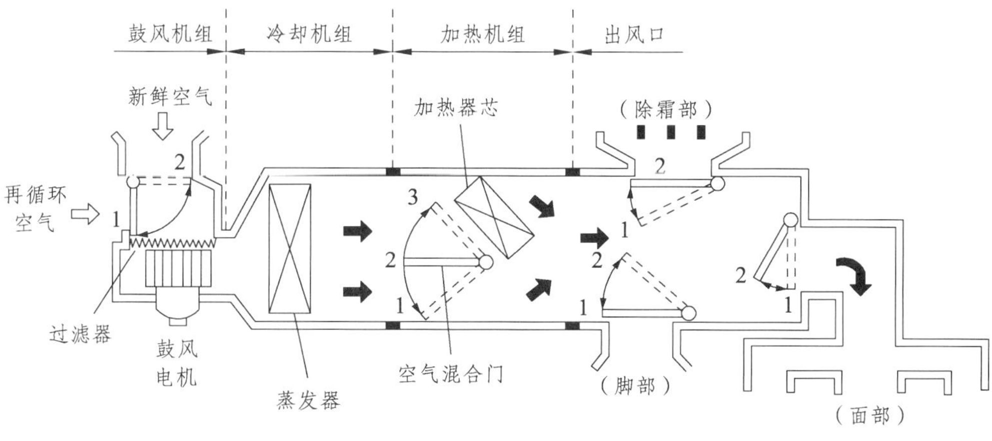

图 4-4-6　空调通风配气系统

（二）汽车空调过滤通风系统检查

汽车长时间使用空调后，空调滤芯可能会被灰尘、杂物等堵塞，造成空调出风量变小。长时间未更换空调滤芯，滤芯会因吸附杂质或潮湿发生霉变等不良现象，造成出风有异味。因此，空调过滤通风系统需进行定期检查维护。

1. 清理或更换空调滤芯

为保证空调过滤通风系统的良好工作状态，需根据厂家的技术规定，定期对空调滤芯进行清理和更换。以现代悦动轿车为例，空调滤芯每 1 万千米需进行清洁，每 3 万千米需进行更换。空调滤芯的更换周期应参照维修手册规定执行，一般为汽车行驶 20 000 ~ 30 000 km 时更换。此外，还应根据行车的外部环境来定，如果行车环境干湿度差异大，或常年气候干燥、风沙大，应经常清洁和提前进行更换。清洁汽车空调滤芯时，如果滤芯上有杂物，应先用毛刷去除表的附着物，然后使用压缩空气从底侧向滤芯方向吹气（由里向外），如图 4-4-7 所示。

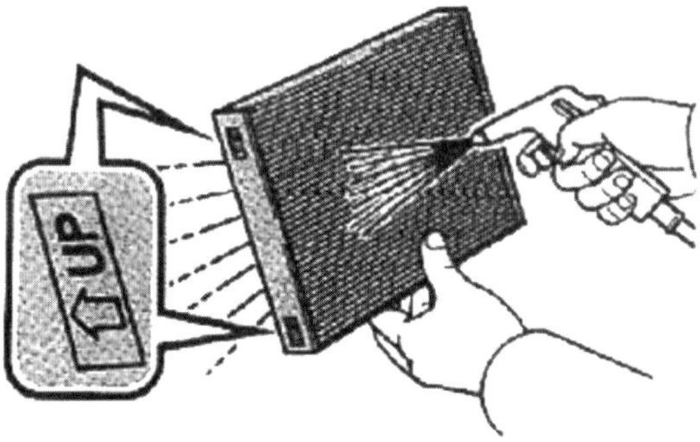

图 4-4-7　清洁空调滤芯

2. 清洗过滤通风系统

夏季空调制冷系统处于满负荷运行阶段，空调蒸发器上容易聚积不少杂质，造成细菌滋生，引发车内异味或生成霉斑。冬季暖风与春秋季节的自然通风，风道路径不同，一个季节风道内积留的灰尘较多，同时风道内会滋生一定的细菌，因此换季时有必要清洁空调滤芯和空调风道。清清过滤通风系统一般使用专用清洁剂，从进风口位喷入泡沫清洁剂，如图 4-4-8 所示，利用鼓风机强制通风把清洁剂带入各风道，关闭风机后脏水可以从蒸发器出水口排出。

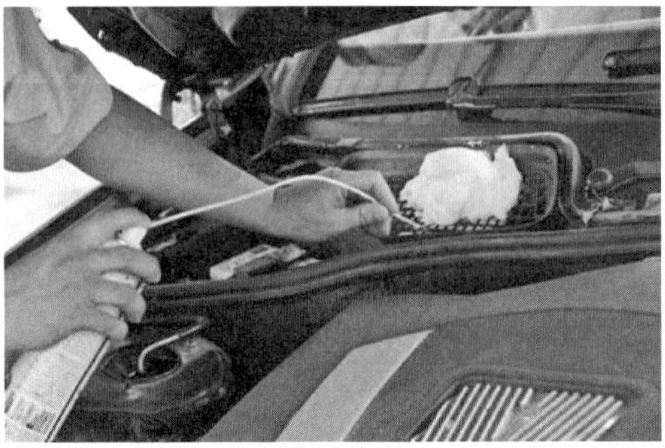

图 4-4-8　清洗空调通风道

四、接车与填写接车问诊表

表 4-4-1　接车问诊表

<table>
<tr><td colspan="3">车牌号：__________　车架号：__________　行驶里程：__________（km）</td></tr>
<tr><td colspan="3">用户名：__________　电　话：__________　来店时间：__________</td></tr>
<tr><td colspan="3">用户陈述及故障发生时的状况：空调有异味</td></tr>
<tr><td colspan="3">故障发生状况提示：（行驶速度、发动机状态、发生频率、发生时间、部位、天气、路面状况、声音描述）开启空调制冷系统，出风口的冷风能闻到异味</td></tr>
<tr><td colspan="3">接车员检测确认建议：检查空调过滤通风系统</td></tr>
<tr><td colspan="3">车间检测确认结果及主要故障零部件：更换空调滤芯</td></tr>
<tr><td colspan="3">车间检查确认者：__________</td></tr>
<tr><td rowspan="3">外观确认：
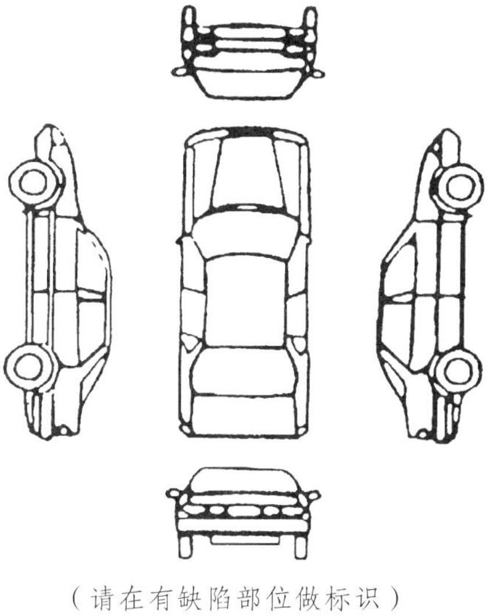
（请在有缺陷部位做标识）</td><td colspan="2">功能确认：（工作正常√　不正常×）
□音响系统　□门锁（防盗器）□全车灯光
• 工具　□后视镜　□天窗　□座椅
• 点烟器　□玻璃升降器　□玻璃</td></tr>
<tr><td colspan="2">物品确认：（有√　无×）</td></tr>
<tr><td>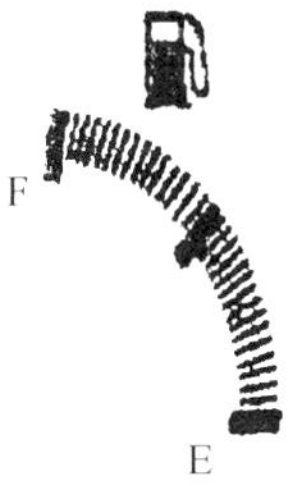</td><td>• 贵重物品提示
□工具　□备胎
□灭火器　□其他（　　）
旧件是否交还用户
□是　□否
用户是否需要洗车
□是　□否</td></tr>
<tr><td colspan="3">• 检测费说明：本次检测的故障如用户在本店维修，检测费包含在修理费用内；如用户不在本店维修，请您支付检测费。本次检测费：¥　　　　元。
• 贵重物品：在将车辆交给我店检查修理前，已提示将车内贵重物品自行收起并保存好，如有遗失恕不负责。
接车员：______________　用户确认：______________</td></tr>
</table>

活页工单四　汽车空调过滤通风系统的检查

一、信息测评

1. 查阅相关维修资料，学习汽车空调系统的认识及使用，完成以下填空内容：

（1）汽车空调“异味”的产生主要是______产生，其产生的三大条件是________、________、_______。

（2）在汽车空调中导致霉菌产生的“营养源”三大部件是________、_________、__________。

（3）汽车空调滤芯安装在________________，其也是产生“异味”的霉菌之一。

（4）“异味”产生除了三方面因素外，还有___________及__________或________而造成。

（5）清洁汽车空调系统，主要包括_______、________。准备工具设备，主要包括_________、________。拆卸空调滤芯时，注意不要让空调滤芯上的灰土掉落在车上（注意：取下时，入口较脏的一面朝上）。

（6）汽车空调滤芯按滤芯材质有__________________、________________两种。

（7）汽车空调滤按滤芯是否有吸附剂分为 ________、____________两种。

（8）汽车空调滤芯的安装位置，车外一般安装在_____、车内一般安装在_____。

2. 查阅资料，了解空调滤芯的作用，完成下列填空题

（1）汽车空调滤芯是空调__________系统的一部分，是一种专门用于汽车室厢内空气________的过滤器。

（2）空调滤芯的分类。根据空调滤芯的材质与工作原理，空调滤芯有以下几种分类方式：根据不同材料分为__________和______________两种，如图 H4-4-1 所示。根据空气滤芯吸附粉尘的方式分为__________和__________两种，如图 H4-4-2 所示。

图 H4-4-1

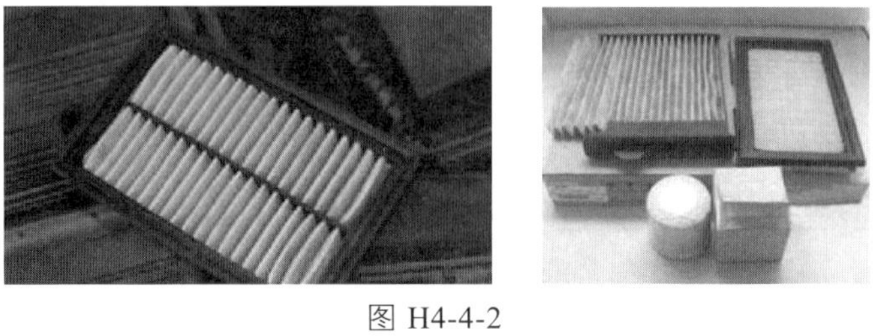

图 H4-4-2

（3）空调滤芯的安装位置一般有两种：________安装或__________安装。其中一种安装一般在__________的内部或底部（副驾驶座仪表台下），如图 H4-4-3 所示。另外一种安装一般在________________下面靠近副驾驶员侧，如图 H4-4-4 所示。

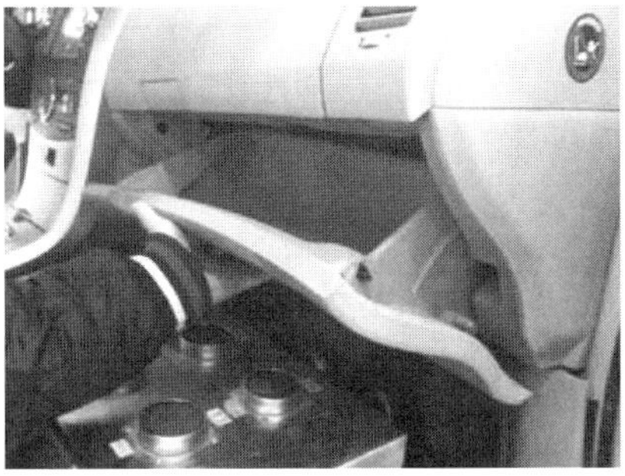

图 H4-4-3

图 H4-4-4

空调滤芯一般需要定期清洁，否则会造成空调制冷不足等状况，主要有：

①____。

②____。

二、制订任务实施方案

分组查阅维修手册，认识空调系统的结构及开启方法，为维护与检测空调做准备。

1. 任务分工：

2. 任务实施步骤：

3. 异常情况处理办法：

三、任务实施

1. 清查与更换空调滤芯（见表 H4-4-1）

表 H4-4-1　清查与更换空调滤芯

	步骤 1　检查设备、工具是否齐全和正常，必要时进行组装和校准 完成情况：□正常 □不正常，原因：________
	步骤 2　待测车辆安装车轮挡块、尾气排放装置 技术要求：车轮挡块卡两前驱动轮。 完成情况：□正常 □不正常，原因：________
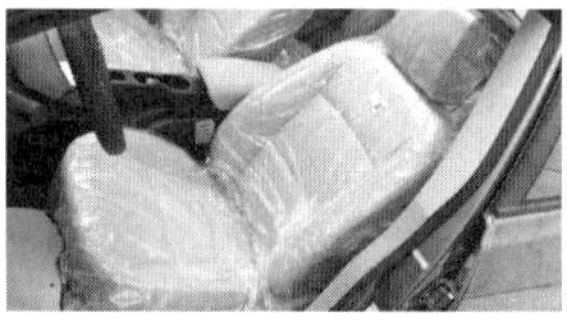	步骤 3　解锁车辆，打开所有车门，车内安装防护三件套 技术要求：座椅套必须安装到位，安装后能包住整个座椅。 完成情况：□正常 □不正常，原因：________
	步骤 4　打开发动机仓盖，按要求安装翼子板布、前格栅布 技术要求：翼子板布、前格栅布安装必须牢靠。 完成情况：□正常 □不正常，原因：________
	步骤 5　关闭发动机 完成情况：□正常 □不正常，原因：________
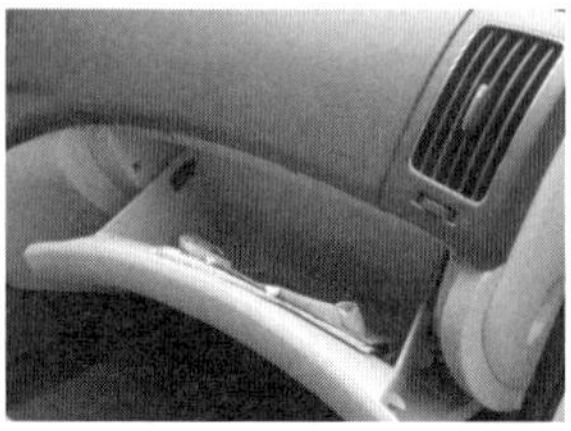	步骤 6　打开杂物箱，清空内部物品 技术要求：物品打包单独存好。 完成情况：□正常 □不正常，原因：________

续表

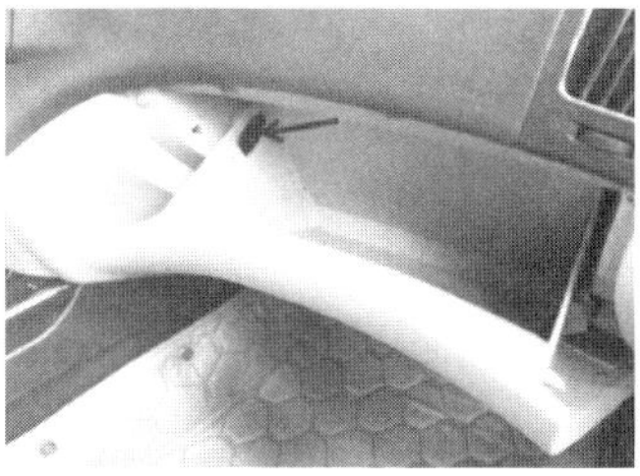	步骤 7　打开杂物箱，拆卸两侧止动块，让杂物箱自然悬垂在铰链上 完成情况：□正常 □不正常，原因：
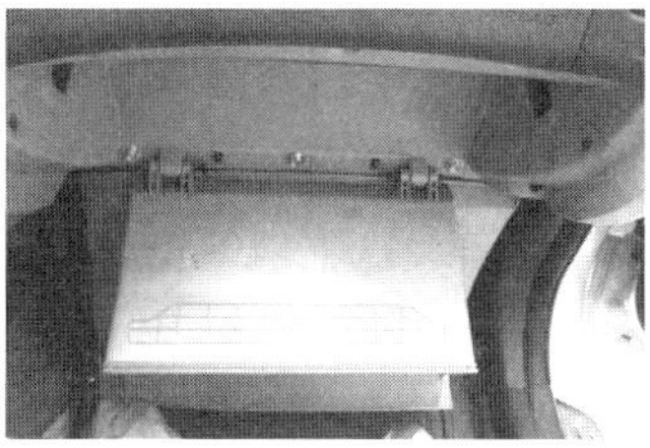	步骤 8　拆下空调滤芯盖板 完成情况：□正常 □不正常，原因：
	步骤 9　取出空调滤芯，视情况进行清洁或更换 技术要求：清洁时用压缩空气由内往外吹。 完成情况：□正常 □不正常，原因：
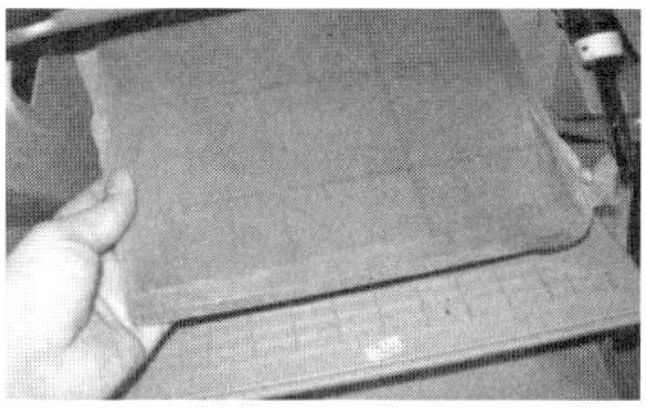	步骤 10　按拆卸相反顺序装回空调滤芯及杂物箱 技术要求：注意方向（入口朝上）。 完成情况：□正常 □不正常，原因：
	步骤 11　操作完成后 7S 复位 技术要求：能指认具体位置。 完成情况：□正常 □不正常，原因：

四、评价总结

表 H4-4-2　学习任务评价表

班级____________　小组____________　学号____________　姓名____________

	主要测评项目	学生自评			
		A	B	C	D
关键能力总结	1. 遵守纪律，遵守学习场所管理规定，服从安排				
	2. 具有安全意识、责任意识、6S 管理意识，注重节约、节能与环保				
	3. 学习态度积极主动，能按时参加安排的实习活动				
	4. 具有团队合作意识，注重沟通，能自主学习及相互协作				
	5. 仪容仪表符合学习活动要求				
专业知识与能力总结	1. 能识别空调滤芯类型				
	2. 会清洁和更换空调滤芯				
	3. 能对空调过滤通风系统进行清洗				
个人自评总结与建议					
小组评价					
教师评价		总评成绩			

教师签字/日期：

任务五　汽车舒适系统初始设定

一、任务目标

阅读下面文字内容和信息，标记出舒适系统初始设定的关键内容。

（1）电动车窗数据流的读取及初始化设定。

（2）电动天窗数据流的读取及初始化设定。

（3）电动座椅数据流的读取及初始化设定。

（4）电动转向柱、电动后视镜的记忆模式设定。

（5）中控门锁数据流的读取及初始化设定。

二、情境导入

一辆现代悦动轿车，由于驾驶员侧车窗升降控制故障，经检查是车窗电机损坏，需更换电机，更换电机后需对车窗进行初始化设定，还有很多电气系统经检修后都需要做初始化设定。如果你是维修技术人员，如何对车窗、座椅等舒适系统进行初始化设定，完成检修任务？

三、信息收集

（一）舒适系统组成及原理

1. 电动车窗

（1）电动车窗组成及工作原理。

电动车窗系统一般由车窗、车窗升降器、电动机（双向）、继电器、开关组成，如图 4-5-1 所示。每个车窗都装有 1 个电动机，通过开关控制其电流方向，使车窗玻璃实现上升或下降。

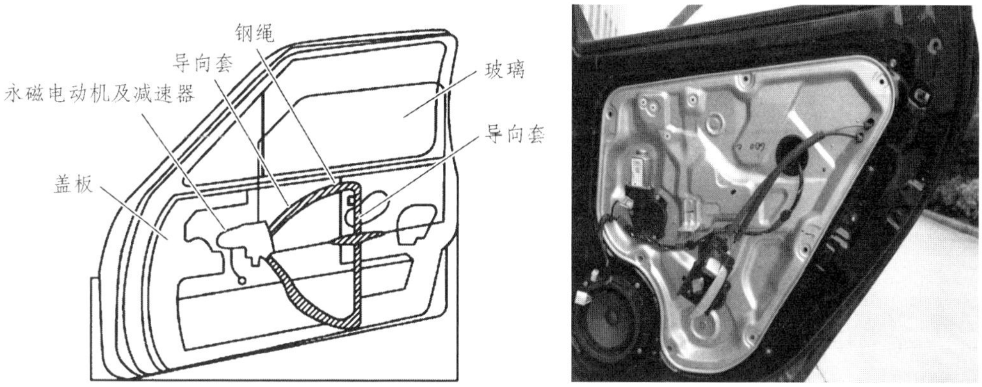

图 4-5-1　电动车窗结构

驾驶员侧车窗电机主控制开关还包含乘客、左后和右后窗功能的控制开关。当按下车窗开关后，将 1 个串行数据信息发送至车身控制模块（BCM），车身控制模块检验该请求并检查是否有来自其他电动车窗电机的禁止车窗移动的信息。如果没有收到禁止信息，车身控制模块将向乘客侧车窗电机或相应的后车窗电机发送串行数据信息以按照请求执行指令。

（2）车窗控制开关。

车窗控制开关分为主开关和分开关两种，主开关由驾驶人操纵，可控制每个车窗的升降。分开关由乘客操纵，可单独控制一个车窗，如图 4-5-2 所示。一般主开关上带有锁止开关，当锁止开关启动后，分开关不起作用。

（a）主开关

（b）分开关

图 4-5-2　控制开关实物图

（3）电动玻璃升降器。

车用的电动玻璃升降器多是由电动机、减速器、导绳、导向板、玻璃安装托架等组成。因导绳的材料或制作工艺方式不同，又分为绳轮式、软轴式和塑料带式三种电动玻璃升降器。前两种是用钢丝绳作为导绳，后一种是用塑料带作为导绳，如图 4-5-3 所示。

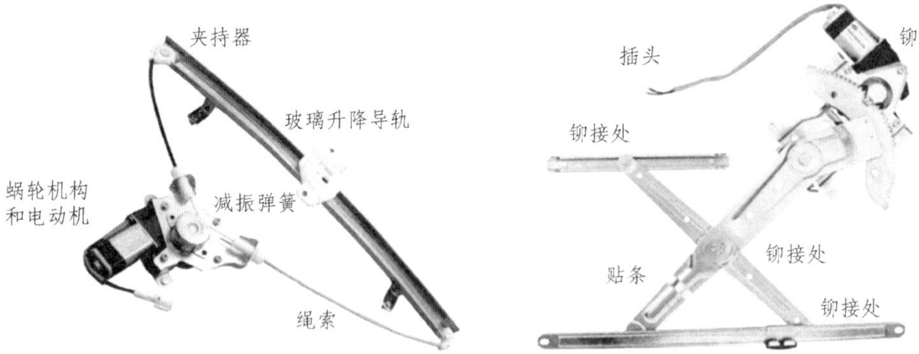

图 4-5-3　车窗升降器

2. 电动天窗

（1）电动天窗组成及工作原理。

汽车电动天窗主要由滑动机构、驱动机构、开关、控制系统（主要包括 ECU、限位传感器）、电动机、传动机构、滑动螺杆、导向销、导向块、连杆、托架、（前、后）枕座等组成，如图 4-5-4 所示。

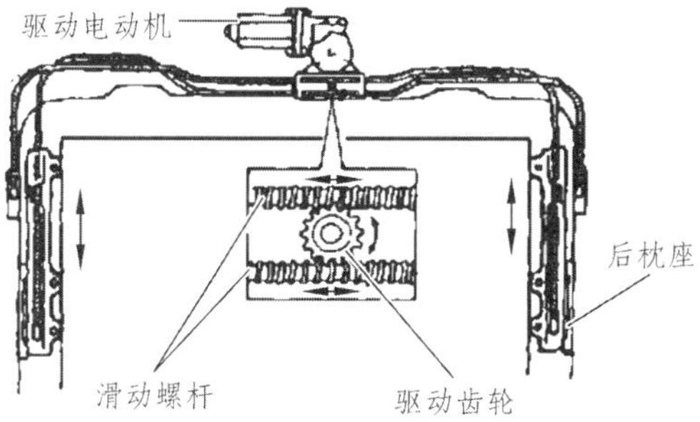

图 4-5-4　汽车电动天窗结构

电动天窗滑动机构主要由导向块、导向销、连杆、托架和前、后枕座等构成；驱动机构主要由电动机、传动机构和滑动螺杆等组成。电动机通过传动装置向天窗的开闭提供动力，能双向转动，即通过改变电流的方向以改变电动机的旋转方向，实现天窗的开闭。

齿轮传动机构接受电机的动力，改变旋转方向，并将动力传给滑动螺杆，使天窗实现开闭；同时又将动力传给凸轮，使凸轮触动限位开关进行开闭。主动中间齿轮与蜗轮固定在同一轴上，并与蜗轮同步转动；过渡中间齿轮与驱动齿轮固定在同一输出轴上，被主动中间齿轮驱动，使驱动齿轮带动玻璃开闭。

（2）电动天窗开关。

车辆关闭电源时，是无法对天窗进行操作的，使用前排车顶处的按键即可打开/关闭车窗。

① 打开/关闭天窗。

开启和关闭按键分为两挡，如图 4-5-5 所示。拉动开启按键到第一挡可手动控制天窗的打开度，推动关闭按键到第一挡可关闭天窗。拉动开启按键到二挡位置，可自动打开天窗。（关闭同理）

② 关闭升起（天窗通风）。

如果要打开天窗通风，可轻拉打开按键后马上松开。

③ 遮阳帘注意事项。

遮阳帘和天窗开关是同步的，当天窗自动打开时，遮阳帘也会自动打开。同时，车辆不支持在打开天窗时完全关闭遮阳帘。

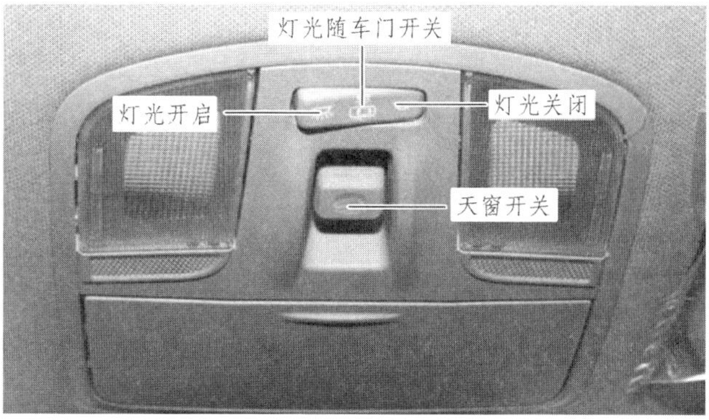

图 4-5-5　天窗开关（现代悦动）

（2）电动天窗的作用。

① 通风换气。换气是汽车加装天窗最主要的目的。换气原理如图 4-5-6 所示。

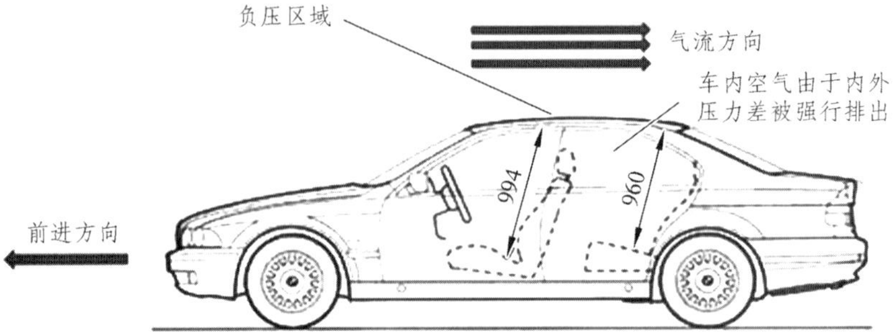

图 4-5-6　天窗换气原理

② 节能。夏日里汽车在阳光下暴晒，车内温度可高达 60 °C，这时打开天窗比开空调降温速度快 2 ~ 3 倍，亦可节约能耗 30%左右。

③ 除雾。春夏两季雨水多、湿度大，前风挡玻璃常有雾气，车内空气也容易污浊，这时打开天窗至后翘通风位置，顷刻间雾气消失，空气清新，又无雨水进入车内，给开车增加了舒适与安全。

④ 开阔视野。天窗可以使我们的视野开阔，并且能够亲近自然和沐浴阳光，驱除被封在车厢内的压抑感。当独自长时间驾车在高速公路上行驶时，风噪声会使人心烦意乱，侧窗风过强，这时可以打开天窗享受一下自然，而且没有噪声的干扰。

3. 电动座椅组成及工作原理

电动座椅一般由调节开关、双向直流电机、传动和执行机构及控制装置等组成，如图 4-5-7 所示。

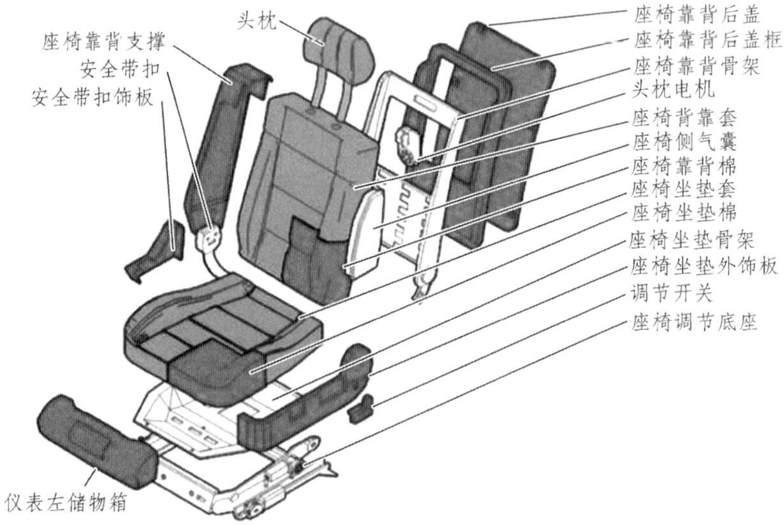

图 4-5-7　电动座椅结构

常见的电动座椅电路如图 4-5-8 所示，它由前端高度调节电机、后端高度调节电机和前后调节电机组成。电动座椅最普通的形式是使用 3 个电动机实现座椅 6 个不同方向的位置调整：上、下、前、后、前倾、后倾。3 个电动机分别称为前高度调整电动机、后高度调整电动机与前后移动电动机。用这 3 个电动机控制座椅前部的高度、后部高度及座椅的前后移动来实现座椅位置的调整，座椅开关通过控制电动机的搭铁和与电源的连接，使 3 个电动机按所需的方向旋转。

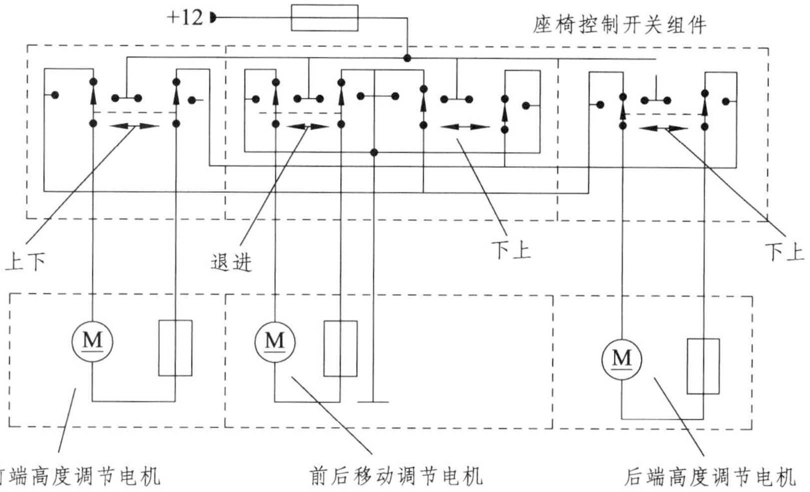

图 4-5-8　电动座椅原理

4. 中控门锁的组成与工作原理

中控门锁电路主要由门锁开关、门锁控制器和门锁电动机等组成，如图 4-5-9 所示。其中门锁开关可以是门锁钥匙，也可以是车门内的门锁开关，或者是通过门锁按钮来完成门锁齐闭的作用。门锁控制器可以是独立装置，也可以集中于防盗电脑或车身控制单元内。

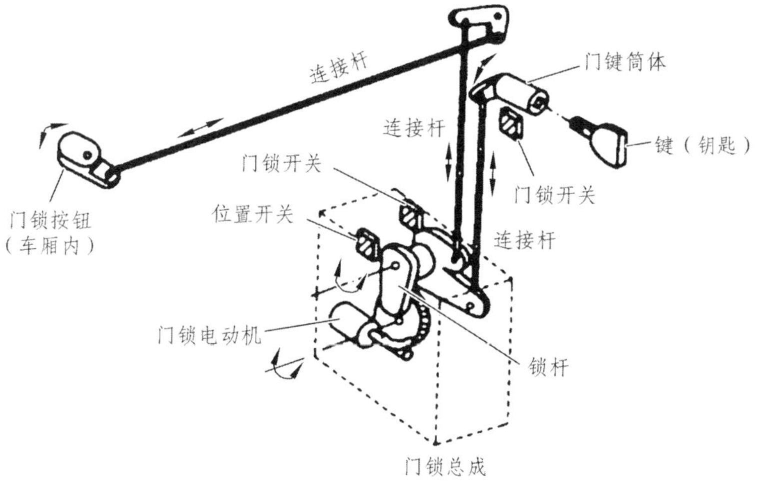

图 4-5-9　中控门锁结构

中控门锁基本控制电路主要由左右侧门锁控制开关、门锁控制器和门锁电动机等组成，如图 4-5-10 所示。

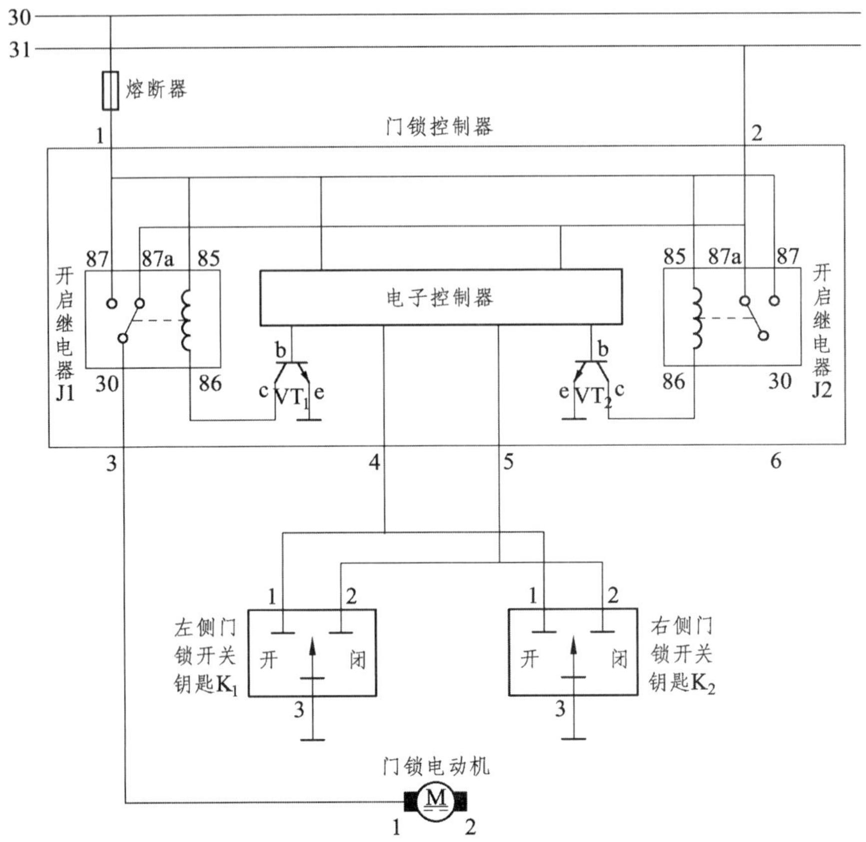

图 4-5-10　中控门锁基本控制原理

电路工作原理:

该门锁开关输出负极性的信号，故控制电路为负触发方式，且左、右门锁开关为并联关系；门锁控制器内有电子控制部分，主要负责接收门锁开关的触发信号，输出具有时间控制功能的继电器驱动信号；门锁电动机可以是全车门锁电动机或包括后备厢锁电动机。

① 门锁开启。将门锁开关（左或右）置于 K_1（K_2）/开位置，搭铁→K_1（K_2）/3→K_1（K_2）/1→门锁控制器 4 号端子→将门锁开启触发信号送给门锁控制器内，电子控制器将控制晶体管 VT_1 工作在开关状态，晶体管 VT_1 的 c 极和 e 极导通，搭铁信号送至 J1/86，J1/85 因有 30 电源，开锁继电器工作。门锁电动机电路为 30 电源→门锁控制器 1 号端子→J1/87→J1/30→门锁控制器 3 号端子→M/1→M/2→门锁控制器 6 号端子→J2/30→J2/87a→门锁控制器 2 号端子→31 搭铁→蓄电池负极。此时门锁电动机 M/1 为正，M/2 为负，打开门锁。动作时间取决于门锁控制器电子控制部分。

② 门锁闭锁。将门锁开关（左或右）置于 K_1（K_2）/闭锁位置，搭铁→K_1（K_2）/3→K_1（K_2）/2→门锁控制器 5 号端子→将门锁闭锁触发信号送给门锁控制器内，电子控制器将控制晶体管 VT_2 工作在开关状态，晶体管 VT_2 的 c 极和 e 极导通，搭铁信号送至 J2/86，J2/85 因有 30 电源，闭锁继电器工作。门锁电动机电路为 30 电源→门锁控制器 1 号端子→J2/87→J2/30→门锁控制器 6 号端子→M/2→M/1→门锁控制器 1 号

端子→J2/30→J2/87a→门锁控制器 2 号端子→31 搭铁→蓄电池负极。此时门锁电动机 M/2 为正，M/1 为负，闭锁门锁。动作时间取决于门锁控制器电子控制部分。

5. 电动助力转向

电动助力转向系统（EPS）由转向机（含转向轴柱和减速机构等）、电动机、转矩传感器、EPS 控制器等部件组成，如图 4-5-11 所示。EPS 控制器根据各传感器输出的信号计算所需的转向助力，并通过功率放大模块控制助力电动机的转动，电动机的输出经过减速机构减速增矩后，驱动齿轮齿条机构产生相应的转向助力。

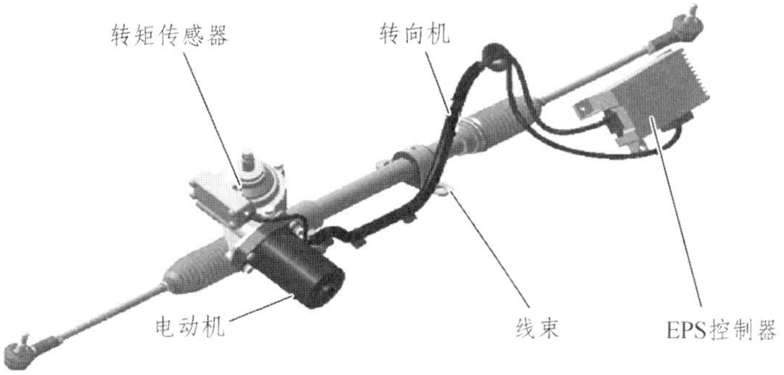

图 4-5-11　电动助力转向系统组成

6. 电动后视镜组成及工作原理

电动后视镜主要由枢轴、微型电动机、永久磁铁及控制系统等组成，如图 4-5-12 所示。电动后视镜的背面装有两套电动机和驱动器，可以操纵其上下及左右运动。通常垂直方向的运动由一个微型电动机控制，水平方向的倾斜运动由另一个微型电动机控制。微型电动机为永磁型直流电动机。电动后视镜的工作原理是通过开关调节直流电机的电流方向，从而调节电机的转动方向，由此带动镜片移动。

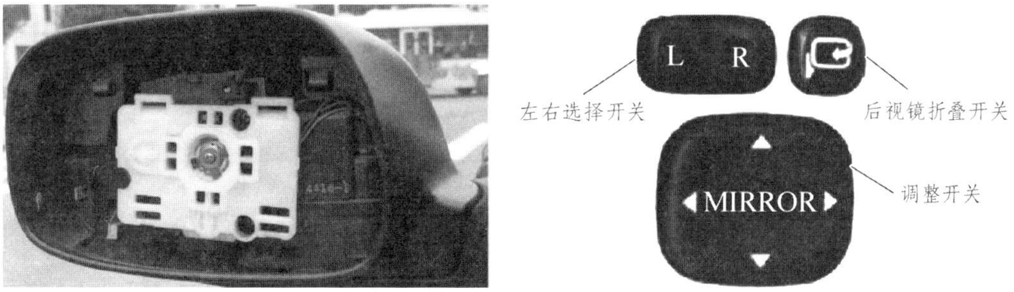

图 4-5-12　电动后视镜结构

（二）读取数据流

1. 读取数据流的作用

汽车数据流是指电子控制单元（ECU）与传感器和执行器交流的数据参数通过诊断接口，由专用诊断仪读取的数据，且随时间和工况而变化。

汽车电子控制单元（ECU）中所记忆的数据流真实地反映了各传感器和执行器的工作电压和状态，为汽车故障诊断提供了依据。数据流只能通过专用诊断仪器读取。

汽车数据流可作为汽车 ECU 的输入输出数据,方便维修人员可以随时了解汽车的工作状况，及时诊断汽车的故障，如图 4-5-13 所示。

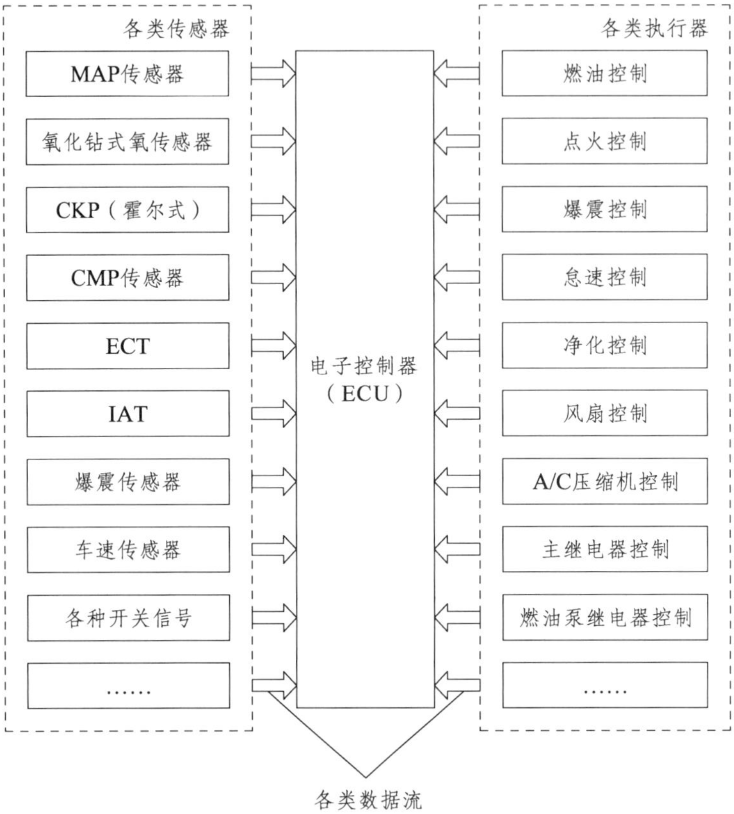

图 4-5-13　汽车数据流

2. 读取汽车数据流

读取汽车数据流可以检测汽车各传感器的工作状态，并检测汽车的工作状态；同时通过数据流还可以设定汽车的运行数据。读取汽车数据流步骤见表 4-5-1。

表 4-5-1　读取汽车数据流步骤

序号	操作步骤	图　　示
1	首先将诊断插头插在 OBD 插孔上	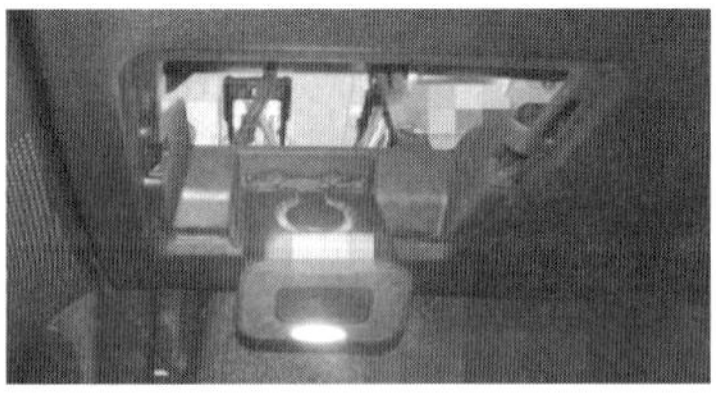
2	打开点火开关，点亮仪表灯	

续表

序号	操作步骤	图　示
3	选中要诊断的 BCM 系统	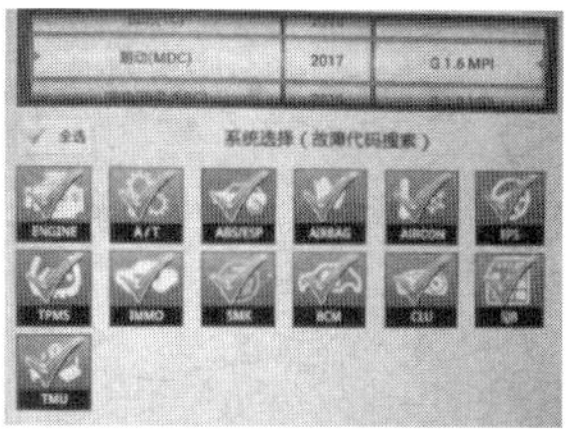
4	查看各舒适系统数据流	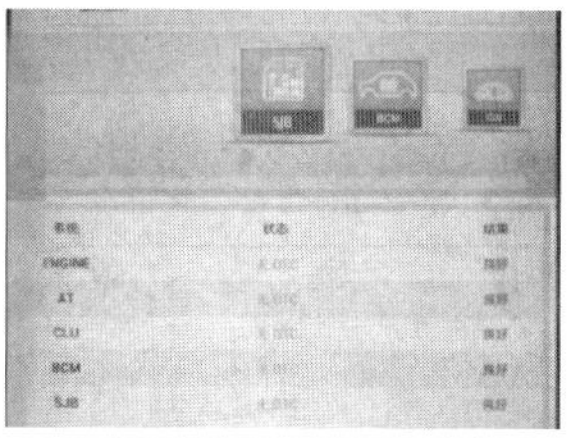

（三）舒适系统初始化设定

在维修中如果断开过蓄电池或更换过电源熔丝，需对电动系统执行初始化设定。以悦动汽车为例。

1. 电动车窗初始化设定

（1）初始化前电动门窗操作：先手动上升/下降功能有效，自动上升功能无效。

（2）初始化方式。在车窗打开位置关闭车窗，保持开关在车窗全关闭位置 0.2 s 以上。（如果在车窗全关闭状态关闭车窗，初始化失败。）

（3）如果在卡住状态中进行安全电动车窗初始化，可能会出现安全功能无效的情况。

2. 电动天窗初始化设定

电动天窗初始化设定方法如表 4-5-2 所示。

表 4-5-2　电动天窗初始化设定方法

序号	操作步骤	图　示
1	将点火开关转至“ON”位置	
2	如果天窗已经处于完全或倾斜状态，按下电动天窗的“TILT UP”按键 1 s；如果电动天窗已经滑动打开，则按下电动天窗的“TILT UP”按键 5 s，直至电动大窗完全关闭，然后再次按下电动天窗的“TILT UP”按键 1 s，松开电动天窗的“TILT UP”按键	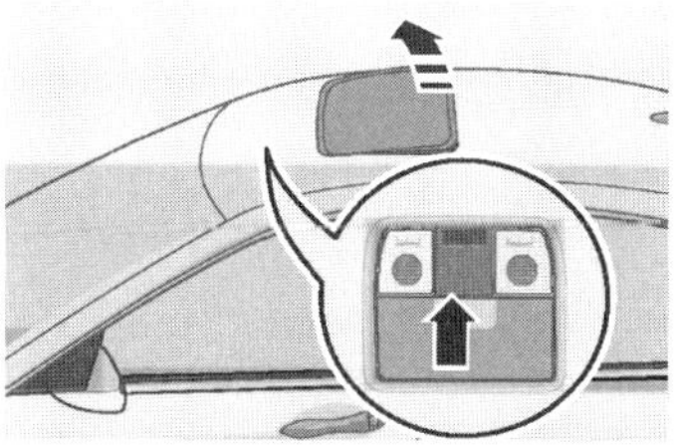
3	等到天窗上升到比“TILT UP”的最大位置更高的位置后，再次按下电动天窗的“TILT UP”按键，直至天窗返回原来的“TILT UP”位置，此时初始化设定	

3. 电动座椅及后视镜位置记忆的设定

（1）存储记忆位置设定。

存储键可记忆 3 组司机座椅及外后视镜的最佳位置数据。

操作步骤：打开点火开关，不得挂倒挡，将座椅调整到最佳位置，将外后视镜调整到最佳位置，按住 SET 键 1 秒钟以上，之后在 10 秒钟内按下 3 个存储键中的 1 个，等待系统发出一锣声后，记忆成功。

（2）电动座椅初始化设定。

更换座椅后必须先将座椅记忆存储系统初始化，然后才能进行司机侧座椅和车外后视镜记忆设定。

操作步骤：打开驾驶员侧车门，操作座椅靠背调节按钮，使座椅靠背向前移动到极限位置，座椅靠背向前移动到极限位置后，松开调节按钮，听到一声锣声后，再次按下该按钮。

四、接车与填写接车问诊表

表 4-5-3　接车问诊表

<table>
<tr><td colspan="3">车牌号：__________　　车架号：__________　　行驶里程：__________（km）</td></tr>
<tr><td colspan="3">用户名：__________　　电　话：__________　　来店时间：__________</td></tr>
<tr><td colspan="3">用户陈述及故障发生时的状况：</td></tr>
<tr><td colspan="3">故障发生状况提示：</td></tr>
<tr><td colspan="3">接车员检测确认建议：</td></tr>
<tr><td colspan="3">车间检测确认结果及主要故障零部件：</td></tr>
<tr><td colspan="3">车间检查确认者：__________</td></tr>
<tr><td rowspan="3">外观确认：
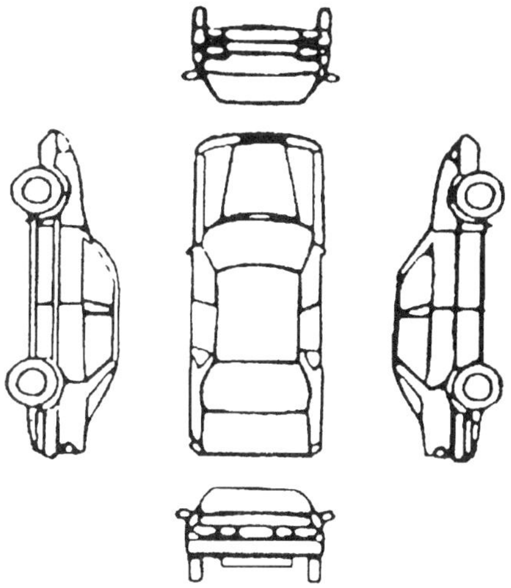
（请在有缺陷部位做标识）</td><td colspan="2">功能确认：（工作正常√　不正常×）
□音响系统　□门锁（防盗器）□全车灯光
• 工具　□后视镜　□天窗　□座椅
• 点烟器　□玻璃升降器　□玻璃</td></tr>
<tr><td colspan="2">物品确认：（有√　无×）</td></tr>
<tr><td></td><td>• 贵重物品提示
□工具　□备胎
□灭火器　□其他（　　）
旧件是否交还用户
□是　□否
用户是否需要洗车
□是　□否</td></tr>
<tr><td colspan="3">• 检测费说明：本次检测的故障如用户在本店维修，检测费包含在修理费用内；如用户不在本店维修，请您支付检测费。本次检测费：¥　　　元。
• 贵重物品：在将车辆交给我店检查修理前，已提示将车内贵重物品自行收起并保存好，如有遗失恕不负责。
接车员：__________　　用户确认：__________</td></tr>
</table>

活页工单五　汽车舒适系统初始设定

一、信息测评

查阅相关维修资料，认识汽车舒适系统，完成以下内容。

（1）对照实物查阅资料，认识舒适系统，在图 H4-5-1 中写出相应名称。

图 H4-5-1　舒适系统

（2）查阅资料完成下列填空。

① 电动天窗滑动机构主要由__________、__________、连杆、托架和前后枕座等构成；驱动机构主要由__________、__________和滑动螺杆等组成。

② 电动天窗的作用有__________、__________、__________和开阔视野。

③ 电动座椅一般由______________、______________、传动和执行机构及控制装置等组成。

二、制订任务实施方案

分组查阅使用手册，操作舒适系统，制订舒适系统初始化设定的方案。

1. 任务分工：

2. 任务实施步骤：

3. 异常情况处理办法：

三、任务实施

1. 读取舒适系统数据流（见表 4-5-1）

表 H4-5-1　读取舒适系统数据流

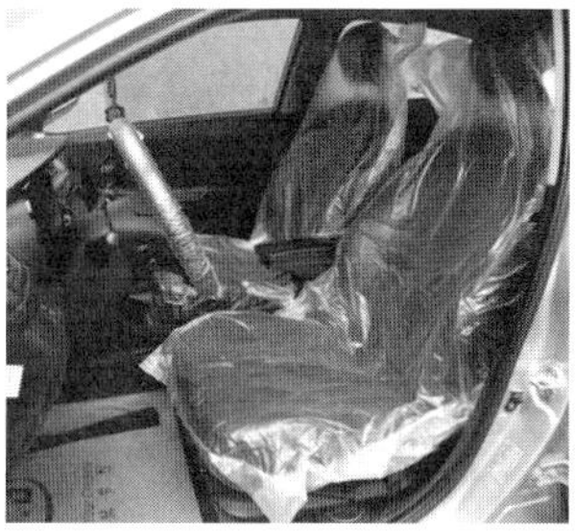	步骤 1　安装车内四件套 完成情况：□正常 □不正常，原因：________
	步骤 2　安装车轮挡块 完成情况：□正常 □不正常，原因：________
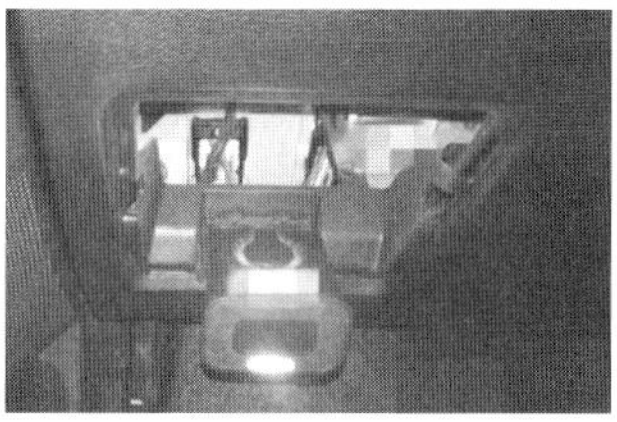	步骤 3　将诊断插头插在 OBD 插孔上 完成情况：□正常 □不正常，原因：________
	步骤 4　打开点火开关，点亮仪表灯 完成情况：□正常 □不正常，原因：________
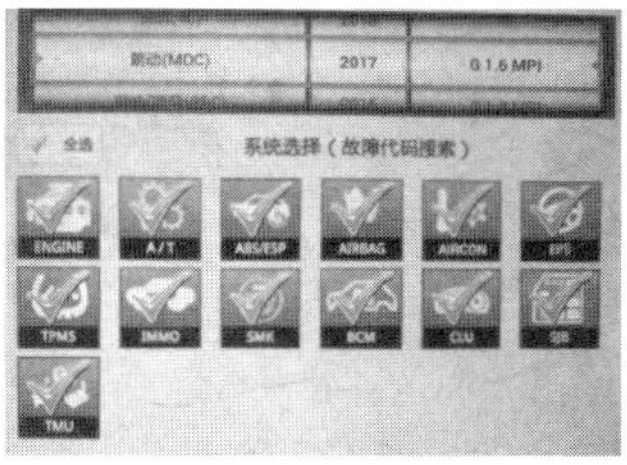	步骤 5　选中要诊断的 BCM 系统 完成情况：□正常 □不正常，原因：________

续表

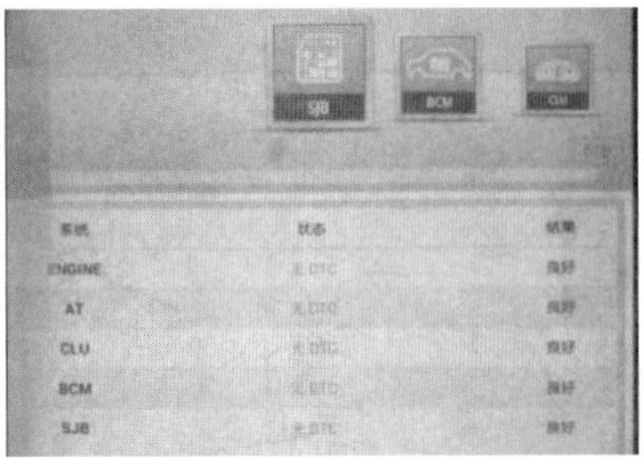	步骤 6　查看各舒适系统数据流（电动天窗、电动门窗、电动座椅、车外后视镜） 完成情况：□正常 □不正常，原因：________

2. 初始化设定（见表 H4-5-2）

表 H4-5-2　初始化设定

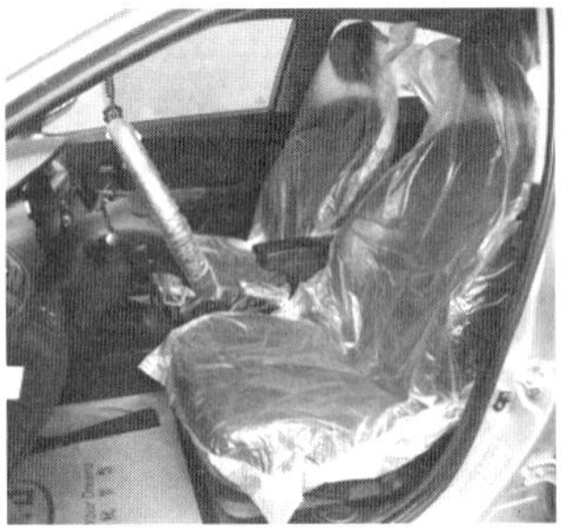	步骤 1　安装车内四件套 完成情况：□正常 □不正常，原因：________
	步骤 2　安装车轮挡块 完成情况：□正常 □不正常，原因：________
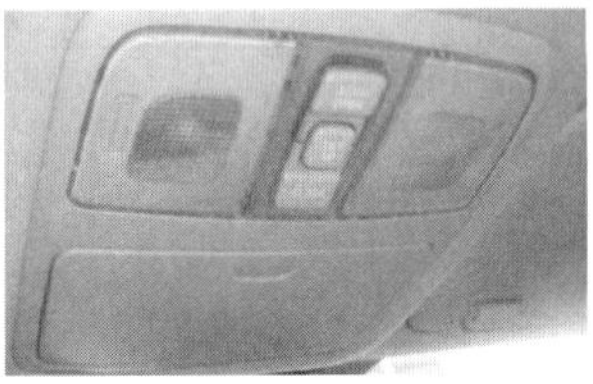	步骤 3　电动天窗初始化设定 完成情况：□正常 □不正常，原因：________
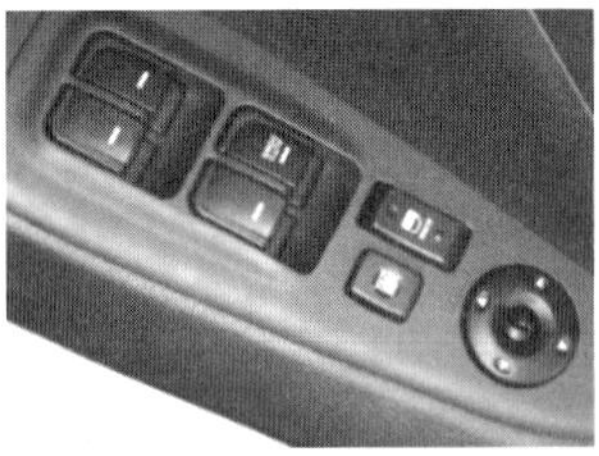	步骤 4　电动门窗初始化设定 完成情况：□正常 □不正常，原因：________
	步骤 5　中控门锁初始化设定 完成情况：□正常 □不正常，原因：________
	步骤 6　电动座椅及后视镜记忆功能模式设定 完成情况：□正常 □不正常，原因：________

四、评价总结

表 H4-5-3　学习任务评价表

班级____________　小组____________　学号____________　姓名____________

	主要测评项目	学生自评			
		A	B	C	D
关键能力总结	1. 遵守纪律，遵守学习场所管理规定，服从安排				
	2. 具有安全意识、责任意识、6S 管理意识，注重节约、节能与环保				
	3. 学习态度积极主动，能按时参加安排的实习活动				
	4. 具有团队合作意识，注重沟通，能自主学习及相互协作				
	5. 仪容仪表符合学习活动要求				
专业知识与能力总结	1. 能正确操作车辆舒适系统				
	2. 能正确读取车辆舒适系统的数据流				
	3. 能进行车辆舒适系统的初始设定及记忆功能模式设置				
个人自评总结与建议					
小组评价					
教师评价		总评成绩			

教师签字/日期：

任务六　车门车窗饰件保养

一、任务目标

阅读下面文字内容和信息，标记出车门车窗的关键内容。

（1）汽车车门及天窗功能检查。

（2）汽车天窗保养。

（3）车窗车门保养。

（4）车窗车门动作测试。

（5）加装饰件检查清洁拆装。

二、情境导入

一辆现代悦动轿车，行驶 55 000 km，现对整车车门、车窗饰件进行保养检查。如果你是维修技术人员，如何对车门车窗进行保养及检查，完成作业任务?

三、信息收集

（一）门窗内饰

前门内饰包括门框胶条、后视镜内装饰、前门铰链、前门装饰板中央框、前门限位器、门槛装饰板、前门扬声器、轮胎标签、车窗玻璃开关、前门锁体、前门内开把手、前门内开锁柄、前门窗密封胶条、前门密封胶条等，如图 4-6-1 所示。

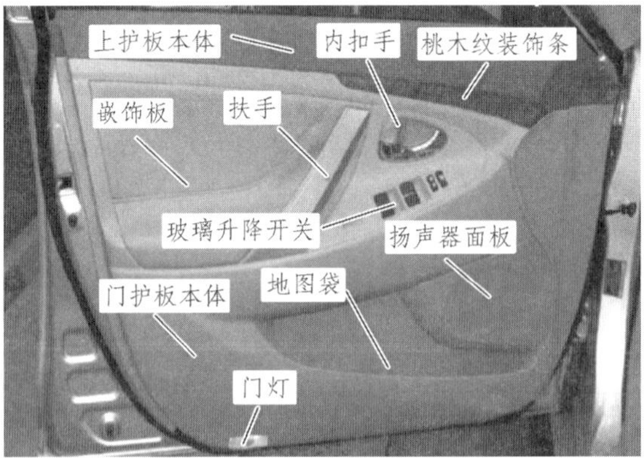

图 4-6-1　前车门内饰

后门内饰包括门框胶条、后门锁销、后门装饰板中央框架、门槛装饰板、车窗玻璃升降开关、后门减振垫、儿童锁开关、后门锁体、后门密封胶条、右门内开锁柄。

（二）汽车车门、车窗功能检查

对后视镜/车窗/天窗功能的检查，在开启、闭合的过程中应开闭自如、平稳、顺畅，无明显的噪音。

1. 后视镜检查

后视镜视野合理、成像清晰，两侧后视镜及中央后视镜经过调整后能基本覆盖身后视野，如图 4-6-2 所示。带有后视镜折叠功能（电动或者手动）的需要测试折叠的可靠性。

2. 车窗、天窗检查

车窗应该洁净、平整，视线清晰，如图 4-6-3 所示。带有天窗的，对天窗的滑动/开启/倾斜等进行检查。如果车窗/天窗带有一键式或防夹功能，应在保证安全的条件下进行必要的测试。各项调整功能，尤其是电动调节功能必须都能够调整到最大限位。如果是带有记忆功能的高级轿车，还应该对记忆功能进行测试

图 4-6-2　后视镜检查

图 4-6-3　车窗检查

（三）汽车车门、车窗保养

1. 汽车车窗保养

（1）清洁车窗玻璃。

车窗玻璃过脏，除了影响外观，还会影响开车视野，此外也会影响到电动车窗的开闭动作。因为汽车在出厂时为了防止下雨时雨水流入车内，会在车窗窗框上附上橡胶带，这个橡胶带也是和玻璃经常接触的地方，如果玻璃过脏，与橡胶带的摩擦增大，就会影响到车窗开闭。

（2）保养车窗开关和熔丝。

如果按了电动车窗开关，而车窗玻璃却没有任何反应，第一时间要检查的就是车窗的开关，如果是车窗开关出现故障，则需进行更换，而如果是电子装置失灵，则先查看熔丝，看哪一条熔丝是用于控制车窗的，若熔丝断裂，也应进行更换。

（3）车窗升降机构。

当车窗开关动作不太顺畅时，可能是车门内部升降机构润滑度不够，所以要时常

对升降机构进行润滑。进行润滑时要先取下内盖，剥开下面用于防水的塑料纸，取下隐蔽螺钉，拆下快动开关；然后在车窗齿轮的内部逐步喷上润滑油和涂油脂，如图 4-6-4 所示，同时上下移动。这样做的目的是可以使很细小的部分也能润滑到位。

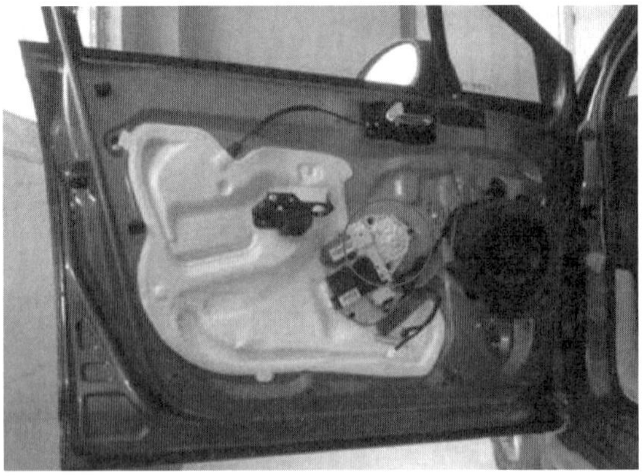

图 4-6-4 车窗齿轮

（4）检查车窗橡胶支撑件。

做好车窗升降机构部分的润滑之后，还需对支撑玻璃两端的橡胶部分进行检查，如图 4-6-5 所示。这部分同样也会影响到车窗玻璃的正常使用，若玻璃的滑动状况差时，可涂上橡胶保护剂，起到润滑和保护的作用。

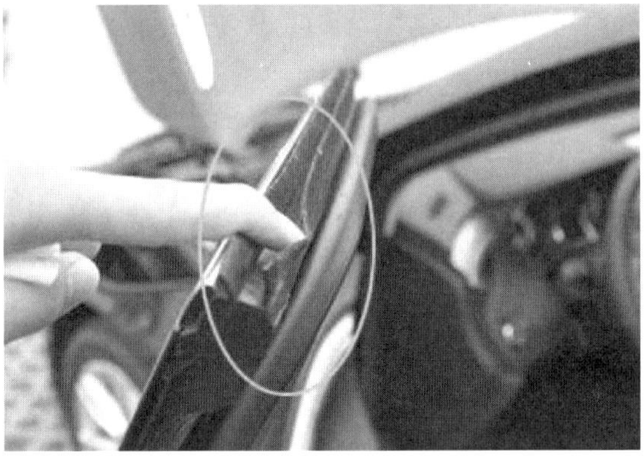

图 4-6-5 检查车窗橡胶

（5）车窗升降器常见故障。

一是玻璃振动异响。可能是玻璃升降器螺丝松动引起。解决方法是：紧固升降器螺丝。

二是玻璃升降器卡滞。多半是因为玻璃泥槽变形或损坏、升降器固定螺丝松动、导轨安装位置偏差或者玻璃升降器损坏。解决方法是：清洗、更换玻璃泥槽或者松开玻璃安装螺丝，调整玻璃位置。

三是所有玻璃升降器都无法工作。这种严重状况可能是组合开关搭铁线脱落、总电源线脱落、继电器接触不良、损坏或者锁定开关接触不良或未关闭，这时就需要检修电路了。

2. 汽车车门保养

（1）正确使用车门，进行车门铰链润滑。

乘客或驾驶人会大力开关门或把车门开得很大，久而久之车门铰链会发生磨损变形，出现车门闭合不紧的情况。平时要经常保持车门铰链润滑，如图 4-6-6 所示，降低磨损程度。开关车门时，要将车窗玻璃全闭或全开。窗玻璃半开状态下关车门受到的振动冲击大，车窗、车门都易受损；另外在关车门时先轻缓地拉开门 20° ~ 30°，再稍用力关上，这样能使车门铰链经久耐用，车门开合自如。

图 4-6-6　车门铰链润滑

（2）涂抹保护剂，防密封条老化。

车门周边的橡胶密封条起到提高气密性的作用，一旦老化破损，会造成车厢漏水、增大行驶风噪等不良现象。在保养时，先用刷子清理密封条缝隙里堵塞的沙尘，再涂覆一层高渗透性的保护剂，以防止密封条老化。密封条需要定期检查、保养、更换，在修补密封条、涂抹保护剂或洗车时，最好把密封条拆下来，如图 4-6-7 所示。

图 4-6-7　拆下密封条涂抹保护剂

3. 汽车天窗的保养

（1）清洁天窗滑轨轨道。

天窗在使用一段时间后，在滑轨接触面和缝隙中会堆积一些尘土、沙粒，应及时清理，以防天窗过度磨损。清洁时应使用棉布或纱布擦拭滑轨轨道，擦拭干净后在滑轨轨道上涂抹少许润滑油脂，如图 4-6-8 所示。

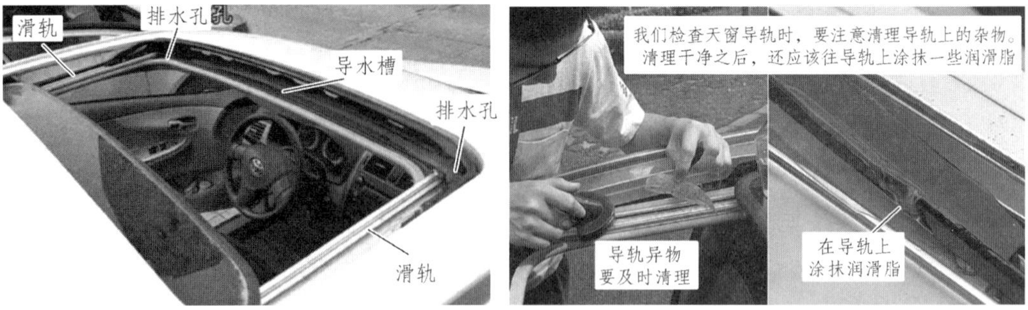

图 4-6-8　滑轨轨道保养

（2）定期检查天窗胶条的密封性。

天窗四周有密封胶条，日晒雨淋后容易老化、硬化、密封性下降，从而影响开窗的寿命。因此，需定期检查天窗胶条的密封性，如出现老化、硬化现象，应及时更换，避免出现天窗损坏导致的漏水现象。

（3）颠簸路段关闭天窗。

汽车在极为颠簸的路段不关闭天窗，极有可能因天窗和滑轨之间振动强烈而影响天窗滑动机构和电机损坏，如图 4-6-9 所示。

（4）雨雪天气或洗车时的天窗维护。

在雨雪后或洗车后，天窗玻璃与密封胶框有可能被冻住，这时若使用蛮力打开天窗，容易导致天窗电机及橡胶密封条损坏。正确的做法是：在雪后或洗车后，清除附着在表面的雪花，然后再打开天窗，擦干边缘残留的水分，如图 4-6-10 所示。同时在洗车的过程中，避免用高压水柱直接对准密封胶条。这样不仅容易使密封胶条在高压水柱的压力下变形导致车内进水，也会在一定程度上损坏密封胶条。

图 4-6-9　车辆行驶在颠簸路段

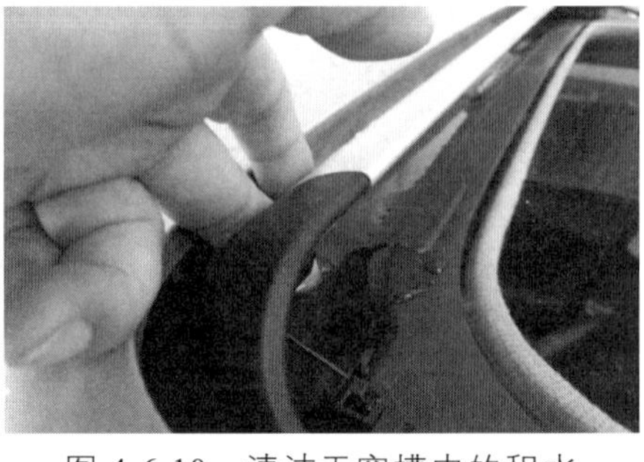

图 4-6-10　清洁天窗槽内的积水

四、接车与填写接车问诊表

表 4-6-1　接车问诊表

车牌号：__________　车架号：__________　行驶里程：__________（km）

用户名：__________　电　话：__________　来店时间：__________

用户陈述及故障发生时的状况：

故障发生状况提示：

接车员检测确认建议：

车间检测确认结果及主要故障零部件：

车间检查确认者：__________

外观确认：

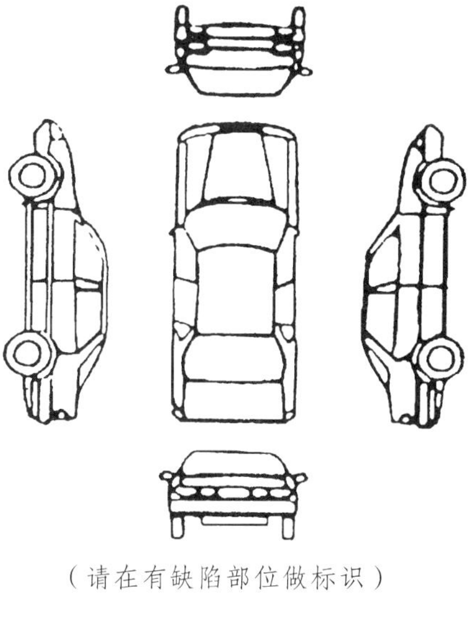

（请在有缺陷部位做标识）

功能确认：（工作正常√　不正常×）

□音响系统　□门锁（防盗器）□全车灯光
- 工具　□后视镜　□天窗　□座椅
- 点烟器　□玻璃升降器　□玻璃

物品确认：（有√　无×）

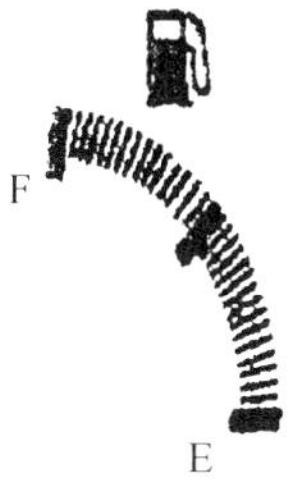

- 贵重物品提示

□工具　□备胎
□灭火器　□其他（　　）
旧件是否交还用户
□是　□否
用户是否需要洗车
□是　□否

- 检测费说明：本次检测的故障如用户在本店维修，检测费包含在修理费用内；如用户不在本店维修，请您支付检测费。本次检测费：¥　　　元。
- 贵重物品：在将车辆交给我店检查修理前，已提示将车内贵重物品自行收起并保存好，如有遗失恕不负责。

接车员：__________　用户确认：__________

活页工单六　车门车窗饰件保养

一、信息测评

查阅相关维修资料，熟悉汽车舒适系统，完成以下内容。

（1）查阅资料完成下列填空。

① 对后视镜/车窗/天窗功能的检查，在______________过程中应开闭自如、平稳、顺畅，无明显的噪音。

② 后视镜视野合理、_________，两侧后视镜及中央后视镜经过调整后能基本覆盖身后视野。

③ 对天窗的________、_______、______等进行检查。如果车窗/天窗带有一键式或防夹功能，应在保证安全的条件下进行必要的测试。如果是带有记忆功能的高级轿车，还应该对_________功能进行测试

（2）对照实物，在图 H4-6-1 中填写相应名称。

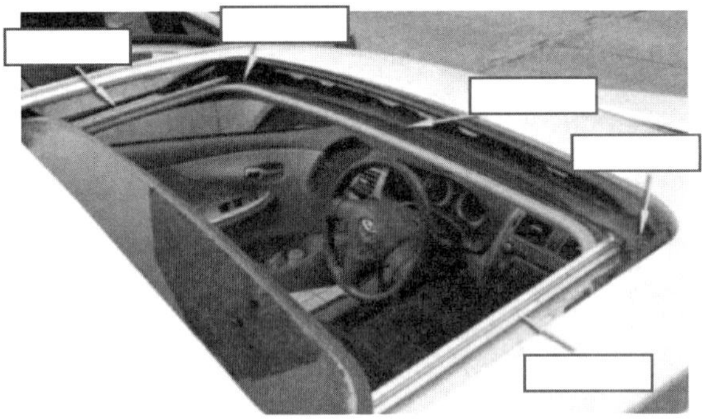

图 H4-6-1　天窗滑轨轨道

二、制订任务实施方案

分组查阅使用手册，操作汽车门窗，制订汽车门窗饰件保养的方案。

1. 任务分工:

2. 任务实施步骤:

3. 异常情况处理办法：

三、任务实施

1. 车门/窗功能检查（见表 H4-6-1）

表 H4-6-1　车门/窗功能检查

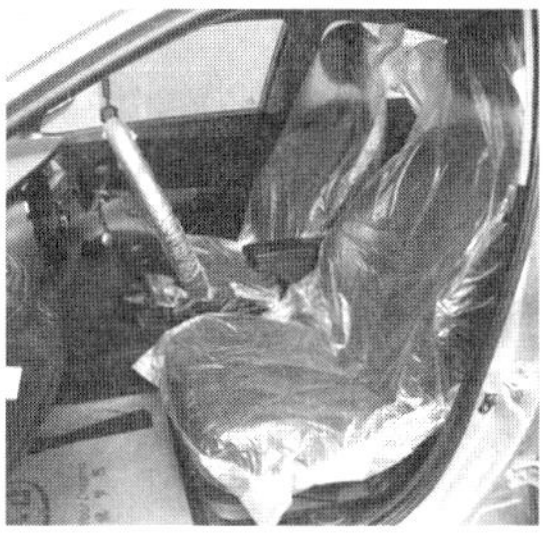	步骤 1　安装车内四件套 完成情况：□正常 □不正常，原因：________
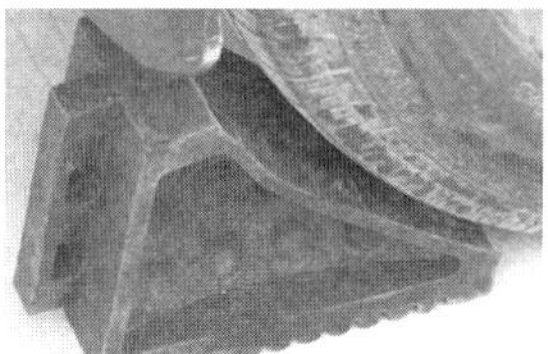	步骤 2　安装车轮挡块 完成情况：□正常 □不正常，原因：________
	步骤 3　后视镜功能检查 完成情况：□正常 □不正常，原因：________
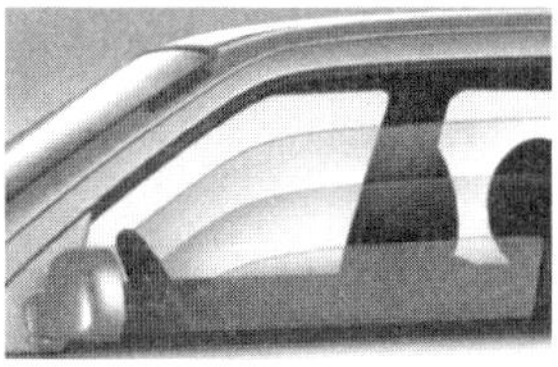	步骤 4　车窗功能检查 完成情况：□正常 □不正常，原因：________
	步骤 5　天窗功能检查 完成情况：□正常 □不正常，原因：________

2. 汽车车窗保养（见表 H4-6-2）

表 H4-6-2 汽车车窗保养

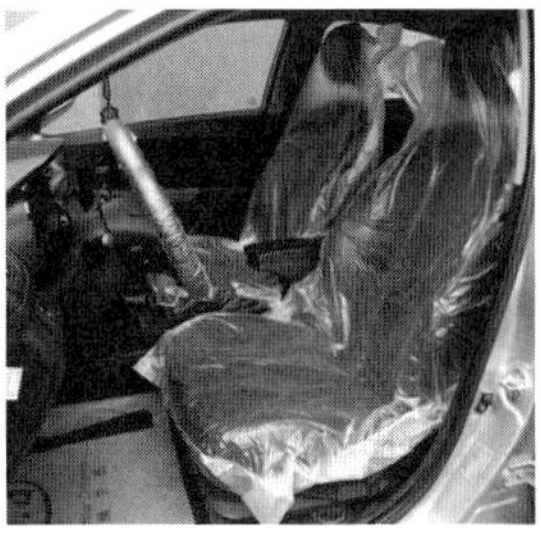	步骤 1 安装车内四件套 完成情况：□正常 □不正常，原因：________________
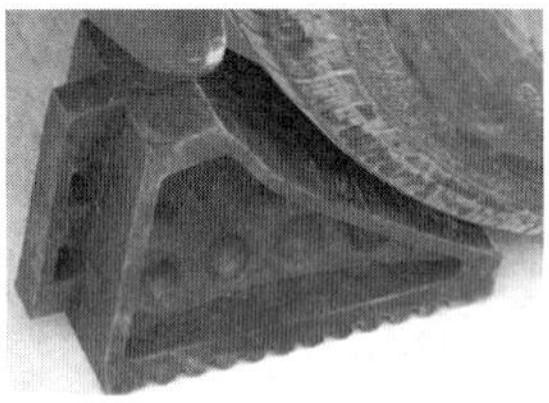	步骤 2 安装车轮挡块 完成情况：□正常 □不正常，原因：________________
	步骤 3 清洁车窗玻璃 完成情况：□正常 □不正常，原因：________________
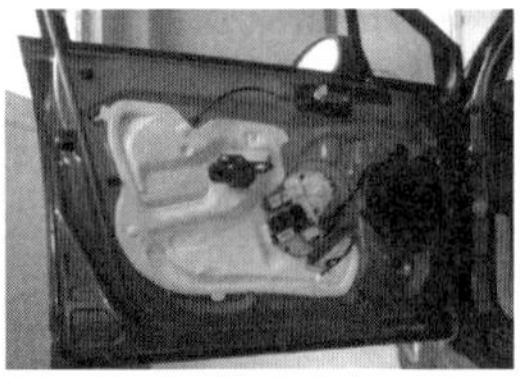	步骤 4 车窗齿轮内部润滑 完成情况：□正常 □不正常，原因：________________
	步骤 5 车窗橡胶支撑件保养 完成情况：□正常 □不正常，原因：________________
	步骤 6 车窗升降机异响和卡滞检查 完成情况：□正常 □不正常，原因：________________

续表

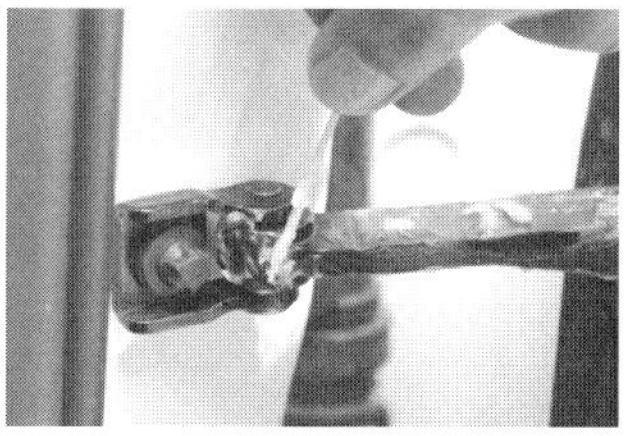	步骤 7　车门铰链润滑 完成情况：□正常 □不正常，原因：________________
	步骤 8　车门橡胶密封条防老化保养 完成情况：□正常 □不正常，原因：________________

3. 汽车天窗保养（见表 H4-6-3）

表 H4-6-3　汽车天窗保养

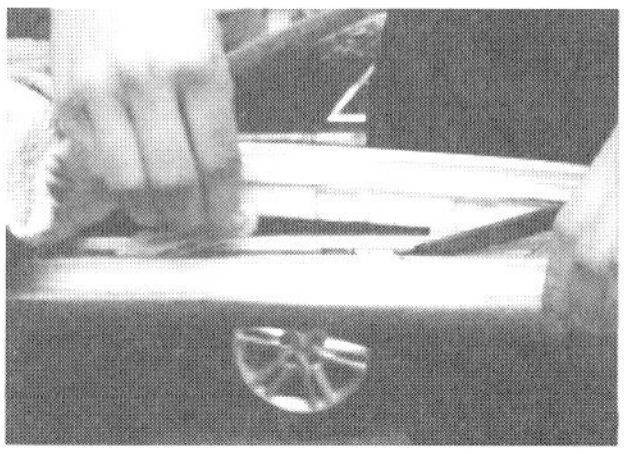	步骤 1　天窗滑轨清洁 完成情况：□正常 □不正常，原因：________________
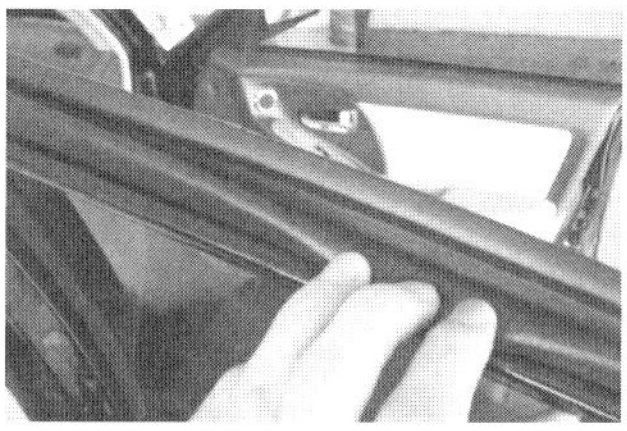	步骤 2　天窗胶条密封性检查 完成情况：□正常 □不正常，原因：________________
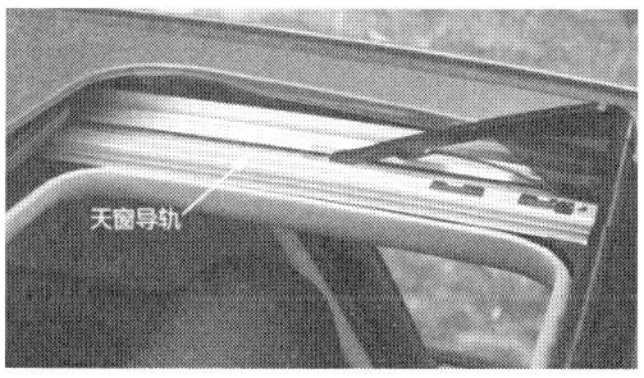	步骤 3　天窗导轨润滑 完成情况：□正常 □不正常，原因：________________
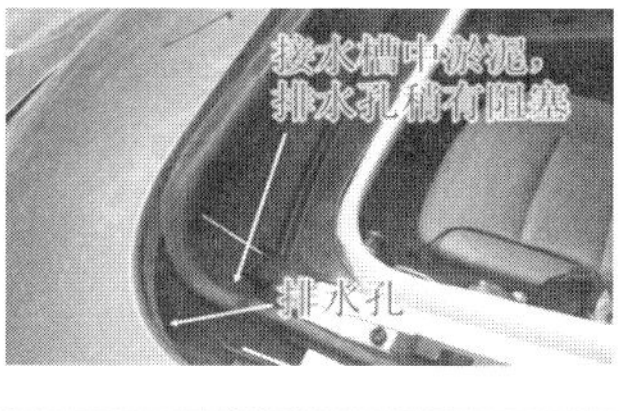	步骤 4　天窗排水孔清洁 完成情况：□正常 □不正常，原因：________________

四、评价总结

表 H4-6-4　学习任务评价表

班级____________　小组____________　学号____________　姓名____________

<table>
<tr><td rowspan="2"></td><td rowspan="2">主要测评项目</td><td colspan="4">学生自评</td></tr>
<tr><td>A</td><td>B</td><td>C</td><td>D</td></tr>
<tr><td rowspan="5">关键能力总结</td><td>1. 遵守纪律，遵守学习场所管理规定，服从安排</td><td></td><td></td><td></td><td></td></tr>
<tr><td>2. 具有安全意识、责任意识、6S 管理意识，注重节约、节能与环保</td><td></td><td></td><td></td><td></td></tr>
<tr><td>3. 学习态度积极主动，能按时参加安排的实习活动</td><td></td><td></td><td></td><td></td></tr>
<tr><td>4. 具有团队合作意识，注重沟通，能自主学习及相互协作</td><td></td><td></td><td></td><td></td></tr>
<tr><td>5. 仪容仪表符合学习活动要求</td><td></td><td></td><td></td><td></td></tr>
<tr><td rowspan="3">专业知识与能力总结</td><td>1. 能对车窗/车门功能进行检查</td><td></td><td></td><td></td><td></td></tr>
<tr><td>2. 能正确进行车窗/后视镜的保养</td><td></td><td></td><td></td><td></td></tr>
<tr><td>3. 能正确进行车门/天窗的保养</td><td></td><td></td><td></td><td></td></tr>
<tr><td>个人自评总结与建议</td><td colspan="5"></td></tr>
<tr><td>小组评价</td><td colspan="5"></td></tr>
<tr><td rowspan="2">教师评价</td><td rowspan="2"></td><td colspan="4">总评成绩</td></tr>
<tr><td colspan="4"></td></tr>
</table>

教师签字/日期：

（汽车电子电气与空调舒适系统技术）初级考题

<table>
<tr><td colspan="3">模块：汽车电子电气与空调舒适系统技术（初级）</td><td colspan="2">考核时间：30 分钟</td></tr>
<tr><td>姓名：</td><td>班级：</td><td>学号：</td><td rowspan="3" colspan="2">考评员签字：</td></tr>
<tr><td>监考官初评：□合格
□不合格</td><td>组长复评：□合格
□不合格</td><td>总部总评：□合格
□不合格</td></tr>
<tr><td>日期：</td><td>日期：</td><td>日期：</td></tr>
<tr><td colspan="5">考核项目四：空调与舒适系统检查保养【实操考核报告】</td></tr>
</table>

一、车辆信息记录

品牌		整车型号		生产日期	
发动机型号		发动机排量		行驶里程	
车辆识别码					

二、更换新的空调滤清器后，检查制冷系统性能（空调开至最冷状态）

检查项目	检测数据	检查项目	检测数据
室外环境温度		左出风口风速	
室内环境温度		右出风口风速	
室内中间出风口			

三、制冷剂泄漏检查

泄漏检查位置	空调管路	膨胀阀	冷凝器	干燥器	压缩机
	正常□ 异常□	正常□ 异常□	正常□ 异常□	正常□ 异常□	正常□ 异常□

四、查询维修手册，记录以下信息

检查项目	记录	检查项目	记录
制冷剂加注量		制冷剂类型	

五、舒适系统功能检查

检查项目	检查结果	检查项目	检查结果
车窗功能检查	正常□ 异常□	电动座椅功能检查	正常□ 异常□
左前电动车窗升降检查	正常□ 异常□	右前电动车窗升降检查	正常□ 异常□
左后电动车窗升降检查	正常□ 异常□	右后电动车窗升降检查	正常□ 异常□
左前电动后视镜功能检查	正常□ 异常□	右前电动后视镜功能检查	正常□ 异常□

（汽车电子电器与空调舒适系统技术）初级考题——配分评分表

考核项目四：空调与舒适系统检查保养【配分评分表】

一、考试情景

- 考试院校可根据实际情况选用整车或台架；
- 若选用整车请填写【1. 车辆信息】；
- 若选用台架请填写【2. 台架信息】；
- 若选用整车或台架具备功能需符合【应具备正常系统功能】栏。

1. 车辆信息

品牌		整车型号		生产日期	
发动机型号		发动机排量		行驶里程	
车辆识别码					
应具备正常系统功能	车辆空调系统正常				

2. 台架信息

台架型号		台架号		生产日期	
应具备正常系统功能	具备正常空调系统				

3. 使用资料情况（依据院校实际情况填写使用资料情况）

- 考试院校根据选用整车或发动机台架填写【使用维修手册】及【使用其他的资料】信息。

使用维修手册	品牌： 车型： 年份： □中文版 □英文版	□电子档 □纸质档
使用用户手册	品牌： 车型： 年份： □中文版 □英文版	□电子档 □纸质档
使用其他的资料		
资料名称	种类	类型
温度计使用手册	□电子档 □纸质档	□中文版 □英文版
湿度计使用手册	□电子档 □纸质档	□中文版 □英文版
风速仪使用手册	□电子档 □纸质档	□中文版 □英文版

4. 使用设施设备情况（依据院校实际情况填写使用设施设备）

- 院校依据【使用设施设备】填写【学校实际使用设施设备名称】及【品牌】；
- 院校需按【要求数量】准备设施设备；

使用设施设备				
序号	设施设备名称	学校实际使用设施设备名称	品牌	使用项目
1	维修工具套装	180 件套		空调滤清器拆装、进气口外罩拆装
2	空调压力表			空调管路压力检测
3	温度计			用于检测室外和室内温度

续表

使用设施设备				
序号	设施设备名称	学校实际使用设施设备名称	品牌	使用项目
4	湿度计			用于检测室外和室内湿度
5	风速仪			用于检测出风口和进气口风速
6	检漏仪			用于检测制冷剂泄漏
依据：汽车运用与维修职业技能考核【初级】培训方案准则中【汽车电子电气与空调舒适系统技术】-【强化培训设备与工具清单】任务15-20，页码：P74				

5. 车辆故障信息（依据院校实际情况填写使用车辆故障信息）

- 依据院校实际情况填写【车辆原有故障信息】，车辆原有故障不应影响考核项目顺利进行。

车辆原有故障	

6. 车辆设置考题

- 院校依据【设置考题】进行考题设置。

车辆设置考题	一、更换新的空调滤清器后，检查制冷系统性能（空调开至最冷状态） 可设置：空调滤清器脏污、制冷剂偏多、制冷剂偏少。 二、制冷剂泄漏检查 可设置：冷凝器泄漏、干燥器泄漏、膨胀阀泄漏、空调压缩机泄漏、管路泄漏、压力检测头泄漏。 三、查询维修手册，记录以下信息 四、舒适系统功能检查 可设置：电动车窗不能升降、电动座椅不能前进和后退
设置考题依据	汽车运用与维修职业技能考核【初级】培训方案准则中【汽车电子电气与空调舒适系统技术】初级任务15-20，页码：P91-95

二、考试评分细项

评分项	得分条件	评分标准	配分	扣分
情意面 （作业安全） （职业操守）	1. 能进行工位7S操作（总分3分） □1.1 整理、整顿（0.5分） □1.2 清理、清洁（1分） □1.3 素养、节约（0.5分） □1.4 安全（1分） 2. 能进行设备和工具安全检查 （总分3分） □2.1 检查作业所需要的工具设备是否完备，有无损坏（0.5分） □2.2 检查作业环境是否配备灭火器（0.5分） □2.3 检查检测设备的电量是否充足（1分） □2.4 检查检测设备的插头及电缆的放置位置是否安全（1分） 3. 能进行车辆安全防护操作（总分3分） □3.1 正确安装车辆绝缘翼子板布和格栅垫（1分） □3.2 正确安装车内四件套（1分） □3.3 正确安装后车轮挡块（1分）	依据得分条件进行评分，按要求完成在□打√，未按要求完成在□打×并扣除对应分数，扣分不得超15分	15	

续表

评分项	得分条件	评分标准	配分	扣分
情意面 （作业安全） （职业操守）	4. 能进行工具清洁校准存放操作（总分 3 分） □4.1 使用工具前对工具量具进行校准（1 分） □4.2 使用工具后对工具量具进行清洁（1 分） □4.3 作业完成后对工具进行复位（1 分） 5. 能进行三不落地操作（总分 3 分） □5.1 作业过程做到工具不落地（2 分） □5.2 作业过程做到零件不落地（1 分）	依据得分条件进行评分，按要求完成在□打√，未按要求完成在□打×并扣除对应分数，扣分不得超 15 分	15	
技能面 （应用技能） （操作技能）	1. 能正确更换空调滤清器（总分：3 分） □1.1 安装前是否检查空调滤清器有无脏堵、破损（1 分） □1.2 空调滤清器安装方向是否正确（1 分） 2. 能正确检查环境和室内的温度和湿度（总分：3 分） □2.1 测量环境温度不少于 2 次，且位置不同（1 分） □2.2 测量室内温度，应等待数据稳定后，方可读数（1 分） □2.3 能正确记录读取的数据且单位正确（1 分） 3. 能正确检查出风口的风速（总分：4 分） □3.1 检查风速前，是否检查出风口是否开启（2 分） □3.2 测量室内出风口风速时，应等待数据稳定后，方可读数（1 分） □3.3 能正确记录读取的数据且单位正确（1 分） 4. 能正确检查空调管路压力（总分：9 分） □4.1 压力表表头安装前，是否有将管路检测头的帽子拆除并合理放置（1 分） □4.2 压力表安装前，是否清理压力表内的压力（1 分） □4.3 压力表安装前，是否旋紧检测开关（1 分） □4.4 压力表安装后，是否检查表头安装是否牢固（1 分） □4.5 压力表安装后，是否旋松检测开关（1 分） □4.6 能正确记录读取的数据且单位正确（1 分） □4.7 压力表没有放置在发动机或其他可能存在危险位置（1 分） □4.8 压力表拆卸前，是否旋紧检测开关（1 分） □4.9 压力表拆卸后，是否采取正确的方法回收管路内的制冷剂（1 分） 5. 能正确检查制冷剂泄漏情况（总分：2 分） □5.1 是否佩戴护目镜（1 分） □5.2 是否能写明泄漏具体位置（1 分） 6. 能正确检查舒适系统工作情况（总分：4 分） □6.1 能操作电动车窗快速升降（1 分） □6.2 能操作电动车窗暂停升降（1 分） □6.3 电动座椅功能检查后是否复位（1 分） □6.4 电动后视镜功能检查后是否复位（1 分）	依据得分条件进行评分，按要求完成在□打√，未按要求完成在□打×并扣除对应分数，扣分不得超 25 分	25	

续表

评分项	得分条件	评分标准	配分	扣分
作业面 （保养作业） （拆装作业） （维修作业）	1. 能正确更换空调滤清器（总分：5分） □1.1 拆除副驾驶室储物箱或饰板（1分） □1.2 拆除空调滤清器外壳螺栓（1分） □1.3 拆除空调滤清器（1分） □1.4 清洁蒸发箱内的杂物（1分） □1.5 安装空调滤清器及外壳螺栓（1分） 2. 能正确开启空调至最冷状态（总分：1分） □2.1 启动发动机，开启空调，风速调至最大、温度最低、内循环（0.5分） □2.2 降下车窗（0.5分） 3. 能正确检查环境和室内的温度（总分：3分） □3.1 站在车辆1米外，测量当前环境温度（1分） □3.2 进入车内，将仪器放置在出风口位置（1分） □3.3 读取当前出风口的温度（1分） 4. 能正确检查出风口的风速（总分：3分） □4.1 将风速仪放置在中央出风口位置，读取当前风速（1分） □4.2 将风速仪放置在左侧出风口位置，读取当前风速（1分） □4.3 将风速仪放置在右侧出风口位置，读取当前风速（1分） 5. 能正确检查空调管路的压力（总分：5分） □5.1 发动机熄火后，安装空调压力表（1分） □5.2 安装压力表后，检查表头安装是否牢固（1分） □5.3 读取不启动时空调高压和低压压力（1分） □5.4 启动发动机，将空调开至最冷状态（风速最大、温度最低、内循环）（1分） □5.5 读取怠速时空调高压和低压压力（1分） 6. 能正确检查制冷剂泄漏情况（总分：4分） □6.1 检查膨胀阀泄漏情况（1分） □6.2 检查冷凝器、干燥器泄漏情况（1分） □6.3 检查压缩机泄漏情况（1分） □6.4 检查管路及高低压检测头的泄漏情况（1分） 7. 能正确检查舒适系统工作情况（总分：4分） □7.1 检查电动车窗锁止功能（1分） □7.2 检查电动座椅按键调节功能（1分） □7.3 检查全车电动车窗升降功能（1分） □7.4 检查电动后视镜调节功能（1分）	依据得分条件进行评分，按要求完成在□打√，未按要求完成在□打×并扣除对应分数，扣分不得超25分	25	
信息面 （信息录入） （资料应用） （资讯检索）	1. 能正确使用维修手册查询资料（总分：4分） □1.1 查询制冷剂压力规格（1分） □1.2 查询室内外温度和湿度规格（1分） □1.3 查询制冷剂加注量（1分） □1.4 查询制冷剂类型（1分）	依据得分条件进行评分，按要求完成在□打√，未按要求完成在□打×并扣除对应分数，扣分不得超10分	10	

续表

评分项	得分条件	评分标准	配分	扣分
信息面 （信息录入） （资料应用） （资讯检索）	2. 能正确使用用户手册查询所需资料（总分：2分） □2.1 查询电动座椅的复位方法（1分） □2.2 查询后视镜的复位方法（1分） □3. 能正确使用设备使用手册查询所需资料（总分：1分） □4. 能在规定时间内查询所需资料（1分） □5. 能正确记录所需维修信息（2分）	依据得分条件进行评分，按要求完成在□打√，未按要求完成在□打×并扣除对应分数，扣分不得超10分	10	
工具及设备的使用能力 （岗位所需工具设备的使用能力） （办公软件的使用能力） （查询软件的使用能力）	□1. 能正确选用维修工具（1分） □2. 能正确使用维修工具拆装（1分） □3. 能正确使用空调压力表（2分） □4. 能正确使用风速仪（2分） □5. 能正确使用温度计（2分） □6. 能正确使用制冷剂泄漏检测设备（2分）	依据得分条件进行评分，按要求完成在□打√，未按要求完成在□打×并扣除对应分数，扣分不得超10分	10	
分析面 （诊断分析） （检测分析） （调校分析）	□1. 能判断室外温度是否正常（1分） □2. 能判断室外湿度是否正常（1分） □3. 能判断室内温度是否正常（1分） □4. 能判断室内湿度是否正常（1分） □5. 能判断出风口风速是否正常（1分） □6. 能判断进气口风速是否正常（1分） □7. 能判断空调管路压力是否正常（1分） □8. 能判断电动车窗工作是否正常（1分） □9. 能判断电动座椅工作是否正常（1分） □10. 能判断电动后视镜工作是否正常（1分）	依据得分条件进行评分，按要求完成在□打√，未按要求完成在□打×并扣除对应分数，扣分不得超10分	10	
表单填写与报告的撰写能力 （电子工单） （纸质工单） （任务记录单）	□1. 字迹清晰（1分） □2. 语句通顺（1分） □3. 无错别字（1分） □4. 无涂改（1分） □5. 无抄袭（1分）	依据得分条件进行评分，按要求完成在□打√，未按要求完成在□打×并扣除对应分数，扣分不得超5分	5	
合计：				

参考文献

[1] 郝军. 汽车自动空调[M]. 北京：高等教育出版社，2007.

[2] 林钢. 汽车空调[M]. 北京：机械工业出版社，2007.

[3] 丁问司，谭本忠. 汽车空调维修教程[M]. 北京：机械工业出版社，2007

[4] 林振江. 汽车空调实务[M]. 北京：人民交通出版社，2006.

[5] 田小龙. 汽车空调检修[M]. 北京：人民交通出版社，2007.